よくわかる四柱推命占い

甲斐四柱推命学院学院長
山田凰聖

知道出版

はじめに

書店の占いコーナーに、必ず一冊は並んでいるのが「四柱推命」の本です。中身を開けば、それこそ訳のわからない言葉（主に見慣れない漢字）の羅列で、そのまままもとの本棚に戻してしまいたくなります。また、仮に理論がある程度理解できたとしても、鑑定の仕方の段になると、さっぱり要領がつかめなかったりするのです。

この本は、そういった従来の本のような、わかりにくい説明を極力排除して、しかも、鑑定にも役立てるように書いた、初心者向けの「四柱推命」の本です。

前著の『ピンチをチャンスに変える四柱推命』『よくわかる四柱推命占い』は、二〇〇九年五月に発刊して、はや十年が経ちました。

二〇一九年五月一日より元号が〝令和〟となり、この機に、四柱推命をさらにわかりやすく解説した「改訂版」を刊行することになりました。

また、巻末の「十年間の運勢」は、二〇一九年から二〇二九年まで掲載しました。

甲斐四柱推命学院学院長　山田凰聖

よくわかる四柱推命占い ◯ 目次

第一章

四柱推命の基礎

陰陽説

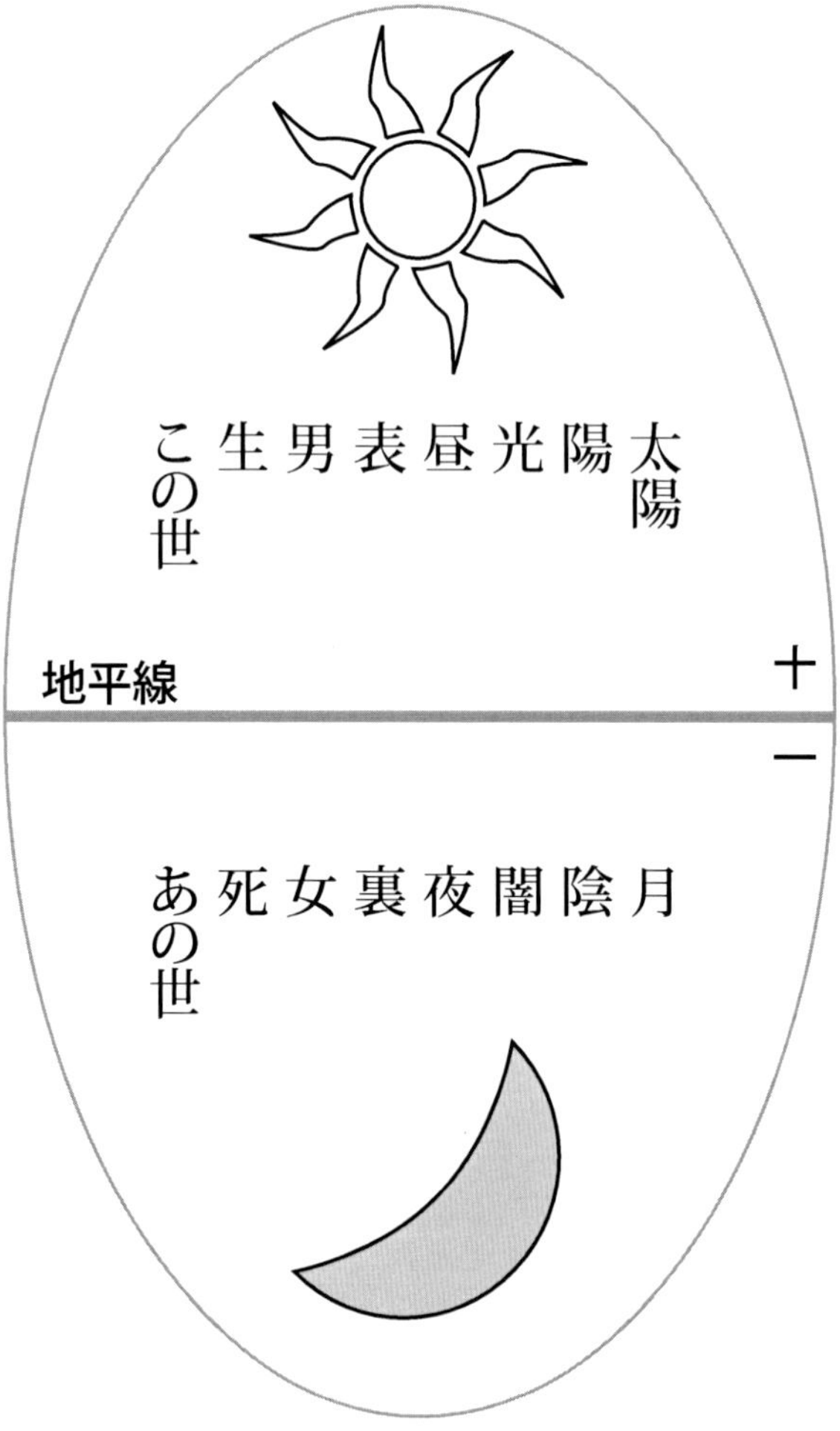

天地創造１

まだ、この世もあの世も区別がなく、天も地も混沌としていた太古のこと。
創造主（神）が、天と地を分けられた。
そして、光が生まれ、その光を昼と名づけ、この世を支配させた。
光の当たらない闇を夜と名づけ、あの世を支配させた。
地上には草木が生え、太陽が地上を照らした。
地下には鉱石が埋蔵され、水が湛えられた。

前頁の図は、陰陽それぞれの性質を表しています。
陽の性質は太陽に象徴され、陰の性質は月に象徴されます。
そして、すべての事象がこの陰陽どちらかの性質を備えているといわれています。

天地創造2

第一日目・初めに、神が天と地を創造した。神が「光あれ」といわれると光が生まれた。神はその光を「昼」と名づけ、闇を「夜」と名づけられた。

第二日目・次に、神は光を分けて大空をつくり、これを「天」とされた。

第三日目・神は水を分けて陸と海とをつくられ、地には草や木が生え、種々の実りをつくられた。

第四日目・神は太陽と月と星をつくって天に置き、昼と夜を支配させた。

第五日目・神は海の魚や、水の中に住む生き物や鳥をつくられた。

第六日目・地には様々な獣が、神の言葉にしたがってつくられた。

第七日目・そして、神は最後にご自分の形に似せて人をつくられ、これらのものをおさめさせた。

こうして神は六日間で世界を完成し、七日目に全ての創造のわざを終って休まれた。

旧約聖書『創世記』第一章より

酒の肴

漢字の一

言葉は言霊《ことだま》というように、魂が宿っているといわれています。魂とは「鬼が云う」という事で、鬼すなわち神の声が聞こえるという意味になります。とりわけ、漢字には霊力が強く働くのです。

例えば漢字の一。物事の初めを意味しますが、同時に漢字の初めを意味します。つまり、最初にできた漢字が一だという事なのです。創世記に、神が天と地を分けられたとあるように、一は天と地を分けた形をあらわしているのです。

陰陽説によると、一は陽で男を、二は陰で女を示しています。つまり、一は最初に生まれた男でアダムを、二は次に生まれた女でイブをあらわしているのです。

一はアダムが大地に横たわっている姿を、二はアダムのあばら骨をとってイブが生まれてきた姿を形にしているのです。二の上の横棒が下の横棒よりも小さいのは、イブを示しているからなのです。ですから、女性はもともと男性より小さくできているものなのです。例外はかなりあるようですが…。

五行説

五行《ごぎょう》の相生《そうしょう》・相剋《そうこく》

世の中の森羅万象、全てのものは「木《もく》火《か》土《ど》金《ごん》水《すい》」の五つから成り立っているという考え方を「五行《ごぎょう》説《せつ》」といいます。

これらは全てお互いに関連し合っていて、木が燃えて火を生じ、火が燃え尽きて土になり、土の中から金が生まれ、金から水がわき出し、水が木を育てるという考え方です。

これを五行の「相生《そうしょう》」といいます。

また、木は土の養分を吸い取り、土は水の氾濫を堰《せ》き止め、水は火を消し、火は金を溶かし、金は木を切り倒すという考え方があります。

これを五行の「相剋《そうこく》」といいます。

五行の相生と相剋

酒の肴

節分の豆まき

節分には豆をまいて鬼を追い払うと、一般的に考えられています。豆は「固いもの」ということで、五行では金にあたります。そして、節分は冬から春に移る、季節の分かれ目を意味します。そこで、春の気である木を剋しにくる金の象徴である豆をまくことで、春が来やすいようにしようという、五行の相剋の考え方から成っているのです。

また、イワシの頭に柊《ひいらぎ》を刺して戸口に吊すという風習も、五行の相生の考え方から成り立っています。イワシは水の中に棲んでいるという事で、五行では水にあたります。

柊は木の一種なので、五行では木にあたります。そこで、水から木が生じるという事で、水の気の象徴であるイワシの頭に、木の象徴である柊を刺すことで、木の春の気を呼び込むという考え方から成り立っているのです。

何だか無理やりこじつけたような感もなきにしもあらずですが、何気なく行っている風習の中にも、五行の考え方がその根本にある事は大変興味深いことです。

十干

陰陽五行説

世の中の森羅万象、全てのものは、陰と陽に分かれ、「木《もく》・火《か》・土《ど》・金《ごん》・水《すい》」の五つから成り立っているという考え方は「陰陽《いんよう》五行説《ごぎょうせつ》」ですが、この五行が陰陽に分かれて十《じゅ》干《かん》となりました。

木は陽が「甲《きのえ》」、陰は「乙《きのと》」に分けられ、火は陽が「丙《ひのえ》」で陰は「丁《ひのと》」に、土は陽が「戊《つちのえ》」で陰は「己《つちのと》」に、金は陽が「庚《かのえ》」で陰は「辛《かのと》」に、水は陽が「壬《みずのえ》」で陰は「癸《みずのと》」に、それぞれ五行が陰陽に分けられるのです。

このように五行が陰陽に分かれて十干《じっかん》となり、陽には「え」が、陰には「と」の語尾がつきます。

	＋	－
木	甲	乙
火	丙	丁
土	戊	己
金	庚	辛
水	壬	癸

木
火
水
土
金

十二支

十二支《じゅうにし》は、時間や方位を表しますが、陰陽五行説に従ってきちんと分類されます。

陽《よう》の十二支《じゅうにし》（陽支）……子《ね》・寅《とら》・辰《たつ》・午《うま》・申《さる》・戌《いぬ》

陰《いん》の十二支《じゅうにし》（陰支）……丑《うし》・卯《う》・巳《み》・未《ひつじ》・酉《とり》・亥《い》

十二支が支配する時間帯

子（午後11時～午前1時）
丑（午前1時～3時）
寅（午前3時～5時）
卯（午前5時～7時）
辰（午前7時～9時）
巳（午前9時～11時）
午（午前11時～午後1時）
未（午後1時～3時）
申（午後3時～5時）
酉（午後5時～7時）
戌（午後7時～9時）
亥（午後9時～11時）

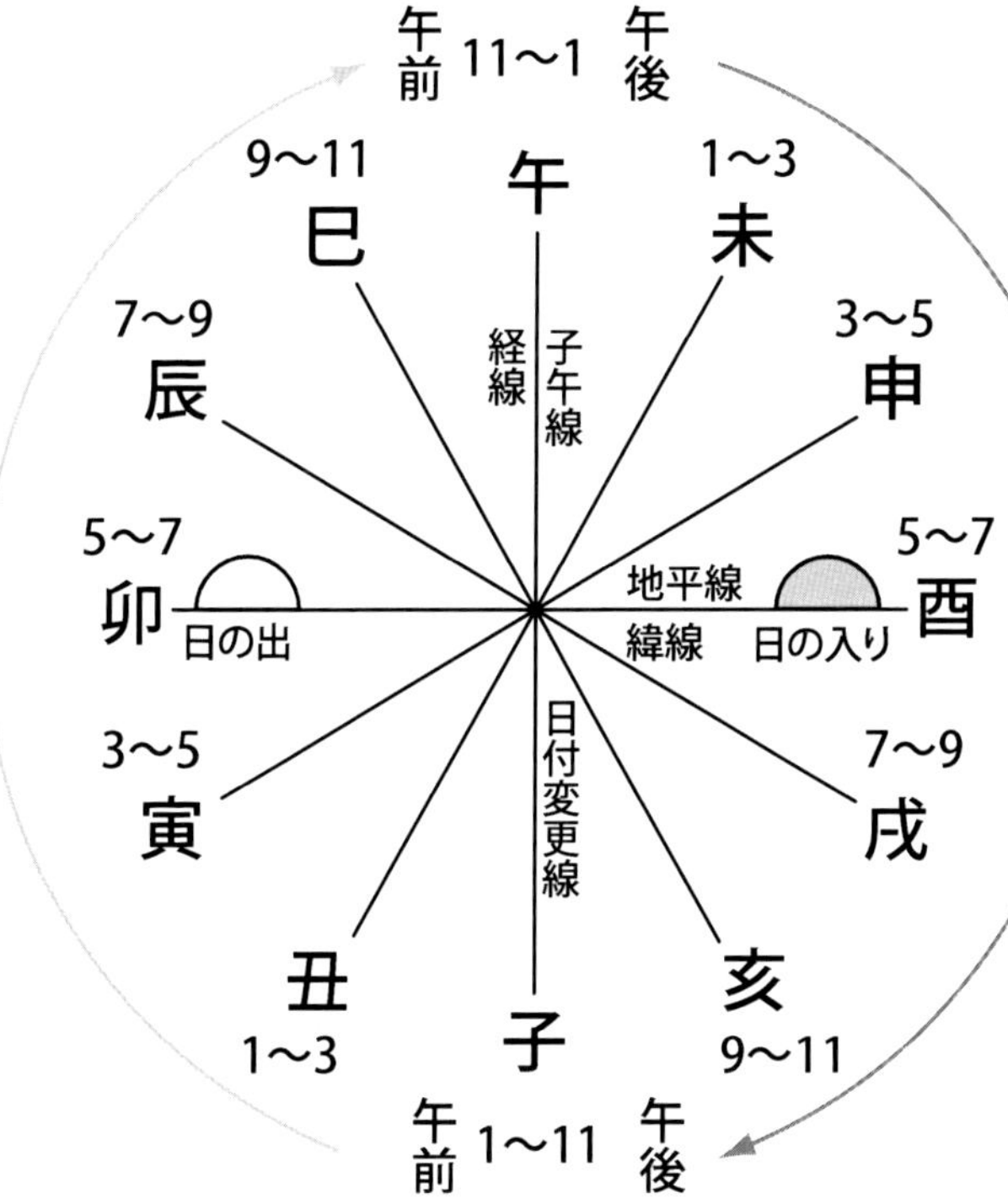

十二支のはじまり

まだ暦の普及していなかった太古のこと。神様が動物たちにおふれを出しました。

「元旦の朝、私の所へ新年の挨拶に来なさい。一番早く来た者から順番に十二番まで、一年間ずつ人間世界を守らせることとするぞ」

大晦日になりました。丑《うし》は足が遅いので、誰よりも早く、夜中の間に出かけて行きました。この様子を見ていた子《ね》（ねずみ）が、丑の背中に飛び乗りました。

丑は、夜明け前に神様の御殿の門に着き、「モーッ」と鳴きました。

門が開くと、子が丑の背中から飛び降り、神様の前へ行きました。

それで子が一番、丑が二番と決まりました。

寅《とら》は夜が明けてから、誰も追いつけない程の猛スピードで、神様の前へ到着しました。

その後、卯《う》　辰《たつ》　巳《み》　午《うま》　未《ひつじ》　申《さる》　酉《とり》　戌《いぬ》　亥《い》の順番となりました。

でも、神様は全てをお見通しだったのです。本当は、寅が一番速かったということを。

子と丑は、夜明け前に到着したので、午後11時から午前3時までを支配することになりましたが、実際には寅が支配する午前3時から5時が一日の始まりに当たるのです。

一生においても、寅が支配する春月が一年のはじまりで、子と丑が支配する冬月は、実は前の年の終わりであったりするのです。

通変星

通変星《つうへんせい》は、もともと十干から成り立ったものです。甲が比肩、乙が却財……となっていったのです。

比肩は、その名の通り、人と肩を並べるという意味があります。つまり、負けん気が強いとか我が強いといった意味です。

比肩は、もともと甲だったのです。ですから、甲の意味である、真っ直ぐ、強情、行動的といった意味が基になっています。

その他の通変星も、それぞれ基の十干の意味がベースになっています。決して通変星単独で存在しているわけではないのです。

＊218頁の「通変星」の表を参照

比肩《ひけん》・劫財《ごうざい》
食神《しょくじん》・傷官《しょうかん》
偏財《へんざい》・正財《せいざい》
偏官《へんかん》・正官《せいかん》
偏印《へんいん》・印綬《いんじゅ》

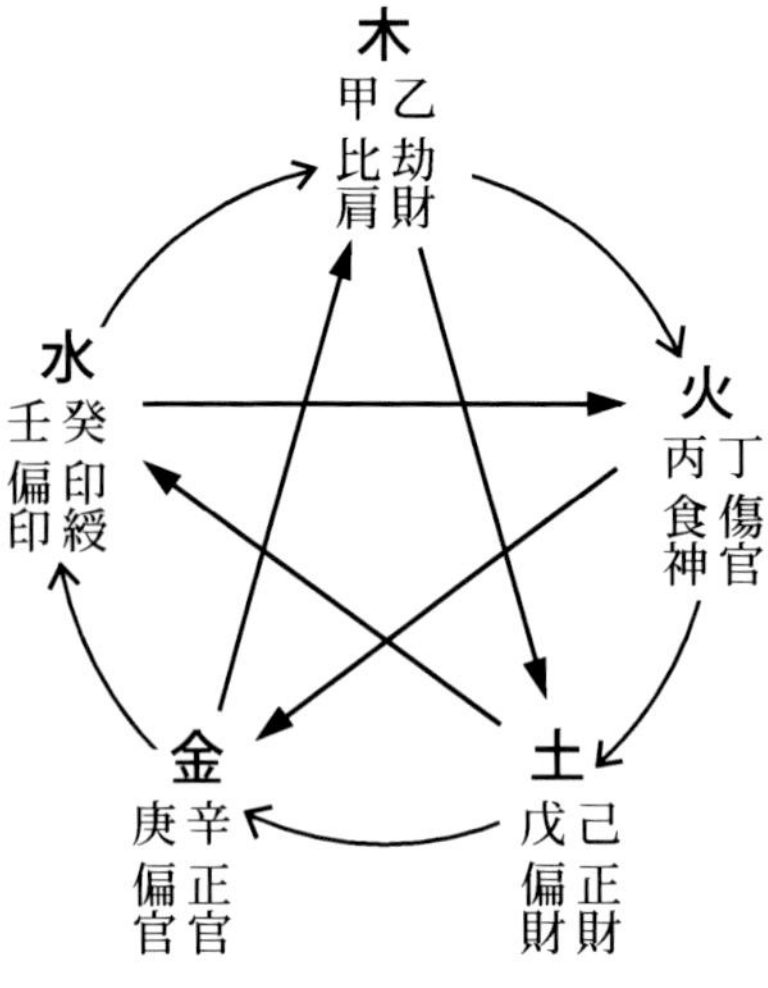

十二運

十二運《じゅうにうん》は人間の一生を表しています。

「胎《たい》」は受胎です。「養《よう》」は母体で養われている状態です。

「長生《ちょうせい》」は出産です。「沐浴《もくよく》」は産湯につかっている状態です。

「冠帯《かんたい》」は成人式です。「建禄《けんろく》」は自立して生計を立てた状態です。

「帝旺《ていおう》」は人生のピークです。「衰《すい》」は定年過ぎの状態です。

「病《びょう》」は病気です。「死《し》」は死んだ状態です。

「墓《ぼ》」は墓に入った状態です。

そして「絶《ぜつ》」は魂が絶して、この世からあの世へ行ったことをあらわしています。

十二運

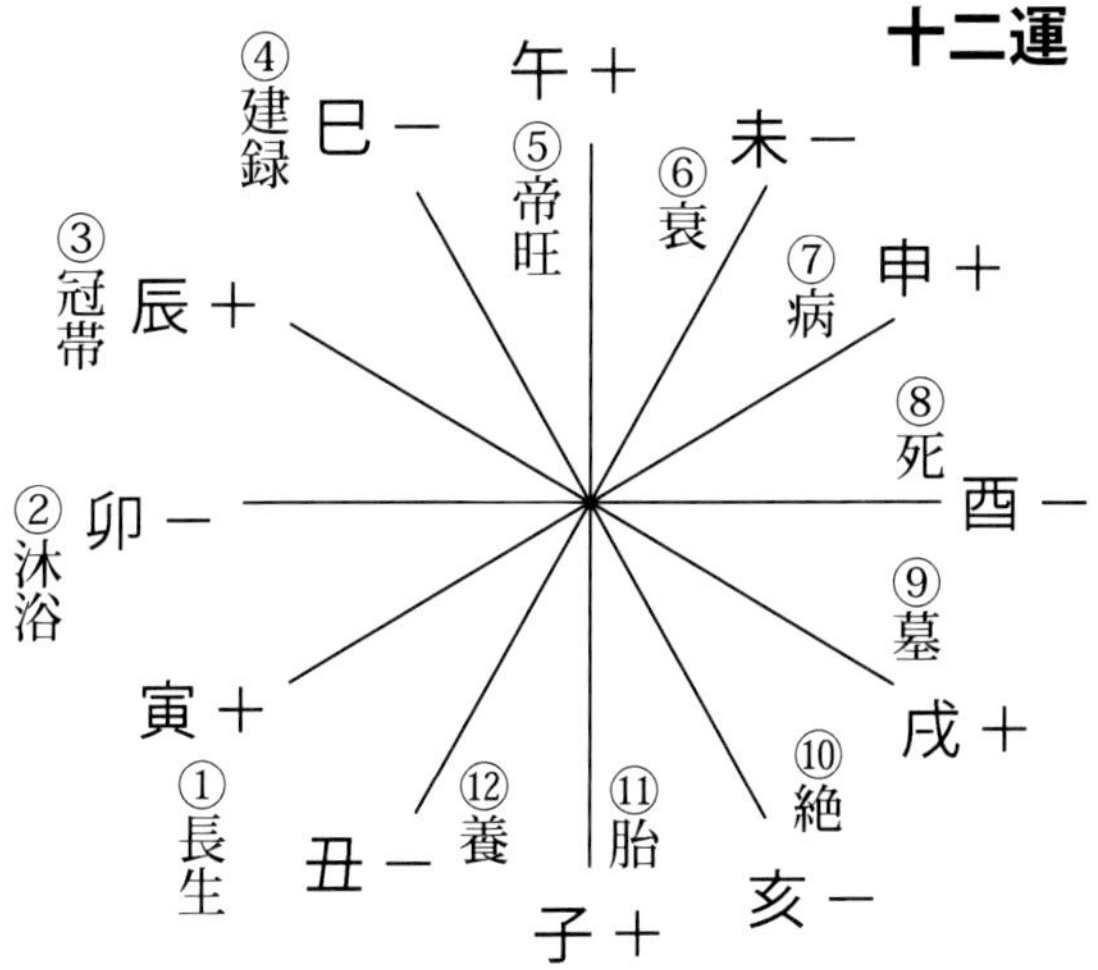

読み方

○十干（じゅっかん）

甲（きのえ）　乙（きのと）　丙（ひのえ）　丁（ひのと）　戊（つちのえ）

己（つちのと）　庚（かのえ）　辛（かのと）　壬（みずのえ）　癸（みずのと）

○十二支（じゅうにし）

子（ね）　丑（うし）　寅（とら）　卯（う）　辰（たつ）　巳（み）

午（うま）　未（ひつじ）　申（さる）　酉（とり）　戌（いぬ）　亥（い）

○通変星（つうへんせい）

比肩（ひけん）　劫財（ごうざい）　食神（しょくしん）　傷官（しょうかん）

偏財（へんざい）　正財（せいざい）　偏官（へんかん）　正官（せいかん）

偏印（へんいん）　印綬（いんじゅ）

○十二運（じゅうにうん）

長生（ちょうせい）　沐浴（もくよく）　冠帯（かんたい）　建禄（けんろく）

帝旺（ていおう）　衰（すい）　病（びょう）　死（し）　墓（ぼ）　絶（ぜつ）

胎（たい）　養（よう）

五行・十干・十二支

五行	陰陽	十干	意味	十二支
木	陽（木の陽）	甲	強い木・大きい木	寅
	陰（木の陰）	乙	弱い木・小さい木	卯
火	陽（火の陽）	丙	強い火・大きい火	午
	陰（火の陰）	丁	弱い火・小さい火	巳
土	陽（土の陽）	戊	強い土・大きい土	辰—戌
	陰（土の陰）	己	弱い土・小さい土	丑—未
金	陽（金の陽）	庚	強い金・大きい金	申
	陰（金の陰）	辛	弱い金・小さい金	酉
水	陽（水の陽）	壬	強い水・大きい水	子
	陰（水の陰）	癸	弱い水・小さい水	亥

六十干支

陰陽	陽	陰	陽	陰	陽	陰	陽	陰	陽	陰
十干	甲	乙	丙	丁	戊	己	庚	辛	壬	癸
十二支	子	丑	寅	卯	辰	巳	午	未	申	酉

陰陽	陽	陰	陽	陰	陽	陰	陽	陰	陽	陰
十干	甲	乙	丙	丁	戊	己	庚	辛	壬	癸
十二支	戌	亥	子	丑	寅	卯	辰	巳	午	未

　十干と十二支の組み合わせを「六十干《ろくじゅうかん》支《し》」といいます。十干の甲と十二支の子が合わさって、甲子《きのえね》となるのです。

　干支の組み合わせにはルールがあり、必ず陽は陽同士、陰は陰同士の組み合わせとなります。甲も子も陽同士なので、甲子は六十干支ですが、乙の陰と子の陽との組み合わせである乙子《きのとね》は、六十干支とはなりません。

　十干と十二支の組み合わせは、本来、百二十干支のはずですが、実際には六十干支となるのは、陰と陽との組み合わせが除外されているからなのです。

＊２１７頁の「干支順位と空亡早見表」を参照

天中殺

干支は十干と十二支の組み合わせですから、必ず十二支の方が2支余ることになります。この余った二支のことを「天中殺《てんちゅうさつ》」といいます。「空亡《くうぼう》」とか「大殺界《だいさっかい》」ともいいますが、いずれも同じ意味であると考えてさしつかえありません。天中殺とは、天の気である干と、地の気である支が合わさらない時期ということです。

人間は自分の意思で行動しているように思っていますが、実は天の意思や地の意思によって動かされているのです。天中殺の時期とは、その天の声や地の声が届かないということで、この時期に自分が何気なく行っている事は、神の意思に反しているというわけなのです。ですから、天中殺の時期にはじめたことは、結果として上手く行かないといわれます。

天中殺は誰にでもあり、12年間のうち2年間、12ヵ月間のうち2ヵ月間が天中殺の時期となります。一日においても、24時間のうち4時間は天中殺の時間にあたりますので、何となくボーッとしている時間（寝ている時間帯ならいいのですが）といえるのかも知れません。心当たりはありませんか。

十干	十二支
甲	子
乙	丑
丙	寅
丁	卯
戊	辰
己	巳
庚	午
辛	未
壬	申
癸	酉
甲	戌
乙	亥

天中殺→戌亥

天中殺のウソ

昭和五十四年、和泉宗章という占師が、当時「11ＰＭ」という深夜番組で、「天中殺」という言葉を初めてメディアに紹介し、一躍「天中殺ブーム」が巻き起こりました。

昭和六十一年、まだ現役で活躍中の細木数子が、「大殺界」という言葉を紹介して、これもまた「大殺界ブーム」になりました。

「天中殺」も「大殺界」も、あるいは「空亡」という言葉も、いずれも同じ意味なのです。

しかし、現実にはそれ程心配する必要はないのです。

平成六年、長嶋巨人軍が日本一になった年は、長嶋監督は天中殺の年でしたし、平成十二年、高橋尚子がシドニーオリンピックで金メダルを取ったのも、実は天中殺の年。平成十五年、松井秀喜がヤンキースの一員になった年は、天中殺の年でした。某有名占師がＴＶ番組で、「松井選手は活躍できない！」といいましたが、堂々たる活躍ぶりです。また、同年はイチローも天中殺でしたが、マリナーズで首位打者。他にも、例を挙げればキリのない程、天中殺のウソは多いのです。「天中殺、恐るるに足らず！」。気にしない方が人生幸せかも……。

酒の肴

こんな事実

厚生労働省がまとめた２０１８年の「人口動態統計年間推計」によると、日本の総人口は、１億２６３２万人とのことである。そして、日本人の出生数は、94万６０６５人とのことで、１年３６５日とすると、日本で同じ日に生まれてくる人は、２５９２人いるという計算になります。また、米国勢調査局と国連データから推計すると、２０１９年の世界の人口は、75億４６９１万人とのことである。すなわち、世界中で１年に８９９５万人生まれてくるとのことで、世界で同じ日に生まれてくる人は、24万６４３２人いることになります。

これらの同じ日生まれの人たちが、みな同じ運命をたどるかというと、当然のことながら違うのであります。しかし、そこに何らかの共通点があり、同じ日生まれの人は、同じような宿命を背負って、その日に生まれるべくして生まれてきたというのが四柱推命の考え方の根底にあるのです。生年月日が同じであっても、現実に運命は違うわけで、そこにはある程度の「運命の幅」といったものがあるのです。

事実は占いより奇なり

四柱推命には様々な流派があり、蔵干の取り方や解釈の違いで異なった結果になることもあります。しかし、生年月日で占う以上、同じ生年月日であれば同じ結果が出てくるはずです。双生児の見方にしても、同じ生年月日である以上、同じ判断でなければ、同じ生年月日で二通りの見方があることになり、奇妙なことになってきます。事実、同じ日生まれの人がまったく同じ運命をたどっているわけではありませんし、双生児が同じ相手と結婚して、同じ時に死んでいるわけでもありません。

ところが、この素朴にして最大の命題について、どの四柱推命の本を読んでも、唯の一行も書かれていないのです。そこで、あえてこのタブーというべきテーマに問題提起をさせていただいた次第であります。

実際に同じ生年月日の人たちの命式を出して占ってみましょう。と同時に、その人たちの事実は事実として認識してみるべきであります。極論をいえば、占いは占い、事実は事実なのであり、事実とかけ離れた占いは、もはや占いではなく、単なる言葉の遊びに過ぎないのです。

第二章

命式の出し方

生年月日

四柱推命は生年月日で占うのでありますが、この生年月日がくせものなのです。

現在、日本の戸籍は世界一正確であるといわれています。ところが、戦前はかなりいい加減で、届けを忘れていたり、子沢山の家庭では、いちいちそんなことにかまっておれないといった事情もあったようです。

四柱推命の基となる「万年暦」は、あくまで日本の「万年暦」で、これをそのまま外国籍の方にあてはめるのはやや無理があります。時差の問題もありますが、国民性とか暦の違い等も考慮に入れる必要があります。

例えば、個人主義のお国柄であるヨーロッパ諸国等においては、登録制になっており、個人の意思が尊重されています。出生というプライベートなことに、医師の証明等は不要というわけです。また、イスラム諸国においては、イスラム暦といわれる太陰暦を使用しており、1年が354日に数えられています。

日本においても、女性のタレントさんなどは、公表されている生年月日が実際と違っていたりします。「こちらの生年月日の方が良いといわれたので、これで通しています」という方もいらっしゃいます。

姓名判断であれば、通称名で占うという方法もあるのですが、四柱推命はあくまで、実際に生まれてきた生年月日を、現代の日本の暦にあてはめて占うというのが正しい見方なのです。

命式表のしくみ

人間は、年、月、日、時が確定して、はじめてこの世に誕生してきます。このことを「命《めい》」といいます。命には一定の法則があり、これを「命式《めいしき》」といいます。そして、この命式を集約したものを「命式表」といいます。

四柱推命の鑑定の仕方は、突き詰めれば、命式表の出し方と見方に他なりません。四柱推命は、人間が生まれてきた年月日時で鑑定するものです。

この年月日時のことを「四柱《しちゅう》」といいます。

ですから、生まれてきた時間がわからなければ、正確には、三柱推命になるというわけです。そして、年月日時のそれぞれに干支があります。これを、「四柱八字《はちじ》」といいます。

命式表とは、四柱八字に、空亡、蔵干、通変星、十二運等を加えて、一定の形にしたもののことです。

次頁以下に、命式表を例示していますので、御参照下さい。

また、命式表を出すには、必ず「万年暦」（巻末の１６５頁「万年暦」を参照）が必要となります。

命式表

命式表　氏名

明・大・昭・平　年　月　日　AM・PM　時　分生　男・女

	年	月	日	時
通変星				
干支・八字（天干　地支）				
蔵干				
通変星				
十二運				

空亡は、

命式の記入法1

順を追って命式を出してみましょう。

1　まず、生まれた年の干支を調べ、年の干支、①に記入します。

2　次に、生まれた月の干支を調べ、月の干支、②に記入します。

3　続いて、生まれた日の干支を調べ、日の干支、③に記入します。

4　時間のわかる方は、生まれた時間の干支を219頁にある「時の干支早見表」をみて調べ、時の干支、④に記入します。

5　日の干支から、空亡を調べ（217頁「六十干支早見表」参照）、⑤に記入します。

1、2、3の干支は、巻末の「万年暦」を参照します。

これで「四柱八字」と「空亡」の記入ができました。

命式表

命式表　氏名

明・大
昭・平　年　月　日　AM・PM　時　分生　男・女

	年	月	日	時
通変星				
干支・八字（天干　地支）	①	②	③	④
蔵干				
通変星				
十二運				

空亡は、⑤

命式の記入法2

引き続いて、命式を出してみましょう。

6　蔵干表（２１９頁）をみて、それぞれの支に含まれている蔵干を、節入り日から計算して（48頁「蔵干の出し方」参照）記入します。年⑥、月⑦、日⑧、時⑨の４箇所に記入します。

7　そして通変星は、２１８頁の「「通変星」で調べ、日干から導き出して、年⑩、月⑪、時⑫に記入します。次に、日干から、年、月、日、時の蔵干をみて、同様に年⑬、月⑭、日⑮、時⑯の通変星を記入していきます。

8　最後に十二運は、２１８頁の「十二運」をみて、日干から、それぞれ年、月、日、時の支をみて、⑰、⑱、⑲、⑳と記入します。

これで「命式」が出せました。

命式表

命式表　氏名

明・大
昭・平　年　月　日　AM・PM　時　分生　男・女

	年	月	日	時
通変星	⑩	⑪		⑫
干支・八字（天干 地支）	①	②	③	④
蔵干	⑥	⑦	⑧	⑨
通変星	⑬	⑭	⑮	⑯
十二運	⑰	⑱	⑲	⑳

空亡は、⑤

節入り

1年の始まりは1月1日の元旦ですが、四柱推命においては、2月4日の立春から1年が始まるのです。つまり、2月3日の節分が大晦日《おおみそか》にあたり、2月4日が元旦にあたるのです。もっとも、実際には閏年《うるうどし》がありますので、1日ずれたりすることもあります。また、月の始まりも1日から始まるのではなく、それぞれの月によって、始まりの日が異なってきます。例えば、3月の始まりは5日頃で「啓蟄《けいちつ》」というわけです。

この月の始まりの事を「節《せつ》入《い》り」といいます。そして、最初の日を「節入り日」というのです。

2月	節入り4日頃	立春（りっしゅん）	寅月木気	春の初め　1年の始まり
3月	節入り5日頃	啓蟄（けいちつ）	卯月木気	春の盛り
4月	節入り5日頃	清明（せいめい）	辰月土気	春の土用
5月	節入り6日頃	立夏（りっか）	巳月火気	夏の初め
6月	節入り6日頃	芒種（ぼうしゅ）	午月火気	夏の盛り

7月　節入り7日頃　小暑（しょうしょ）　未月土気　夏の土用
8月　節入り7日頃　立秋（りっしゅう）　申月金気　秋の初め
9月　節入り8日頃　白露（はくろ）　酉月金気　秋の盛り
10月　節入り8日頃　寒露（かんろ）　戌月土気　秋の土用
11月　節入り7日頃　立冬（りっとう）　亥月水気　冬の初め
12月　節入り7日頃　大雪（たいせつ）　子月水気　冬の盛り
1月　節入り6日頃　小寒（しょうかん）　丑月土気　冬の土用

一日の始まり

午前零時を境に一日が始まりますが、四柱推命においては二説があります。

一つは、子の刻をもって一日の始まりとする考え方です。子の刻とは、午後11時から午前1時までの2時間をいいます。つまり、午後11時から日付が変わるという考え方です。

また、午の刻とは、午前11時から午後1時までの2時間をいいます。

子午線というのは、この子と午を縦につなげた形で経緯をあらわしています。そこで、子午線を日付変更線に見立てて、一日の始まりと考えるのです。
もう一つは、午前零時をもって一日の始まりとする考え方です。子の刻であっても、午後11時から午前零時までと、午前零時から午前1時までで日付が異なるという考え方です。また、午の刻においては、午後零時をもって正午といい、太陽が真上にくる時間にあたります。この正午を境に、その前を午前、その後ろを午後というのです。

故に、子の刻においても、午前零時を境に、その前を昨日、その後ろを今日というわけです。阿部《あべ》泰山《たいざん》流もこの説をとっています。常識的にみてもこちらの方が正しいとみます。

時の干支で、子の刻の午後11時から午前零時までの天干と、午前零時から午前1時までの天干が異なっていることにご留意下さい。

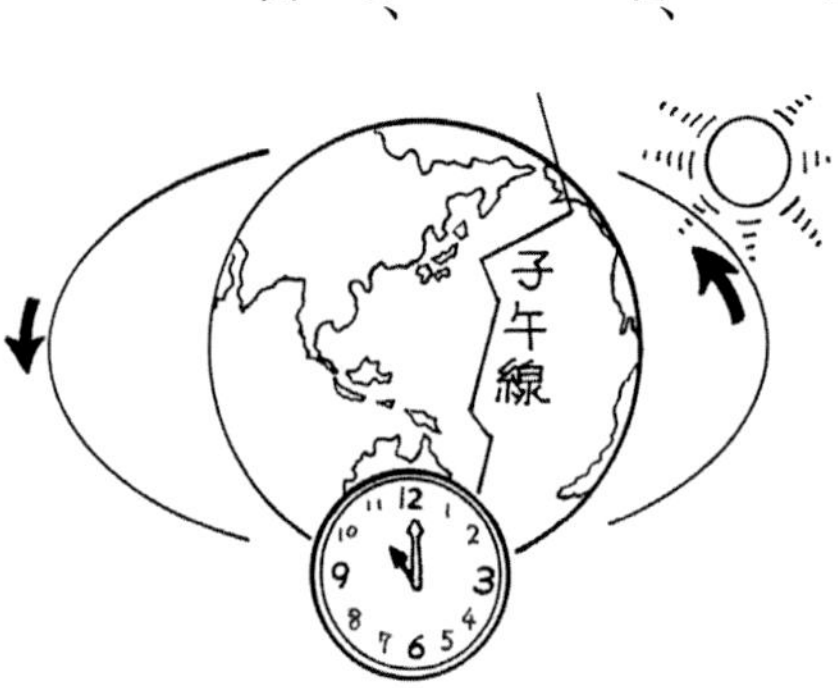

蔵干について

命式表を作成する際に、初心者が頭を悩ますものに「蔵干《ぞうかん》」があります。蔵干とは、隠れている干のことです。何に隠れているかといいますと、十二支にであります。すなわち、地支の中には干が含まれているというわけです。そして、同じ地支であっても、節入り日からの日数によって、蔵干が異なってくるのです。節入り日からの日数の短いのを余気《よき》、長いのを正気《せいき》といいます。その中間を中気《ちゅうき》といいます。十二支の中にある蔵干を一覧表にしたものを「蔵干表」といいます。

蔵干表の見方について、ポイントを列記しておきます。

一　子午卯酉（四正という）

……節入り日から10日を余気、残りの20日を正気。

午だけ中気が10日あり、余気10日、中気10日、正気10日。

二　寅申巳亥（四隅、四孟という）

……節入り日から7日を余気、中間の7日を中気、残りの16日を正気。

三　辰戌丑未（四墓、四庫、四季という）

……節入り日から9日を余気、中間の3日を中気、残りの18日を正気。

「余気」というのは、前の気の余りという意味です。つまり、前の十二支の正気の余りが、そのまま続いているという意味です。「正気」というのは、その季節の本当の気という意味です。

蔵干の取り方については、流派によって異説があります。1ヵ月を30日としているのも正直なところ不自然ですし、多少のあいまいさは残ります。

巻末の蔵干表（２１９頁）は、1年を３６５日とし、月ごとに調整をしておりますので、必ずしも右記の通りではないことをお断りしておきます。

間違いやすい命式

命式表を作成する時に間違いやすいのは、次の三つのケースです。

① 各月の節入り日前の生まれ——前の月の生まれでみます。

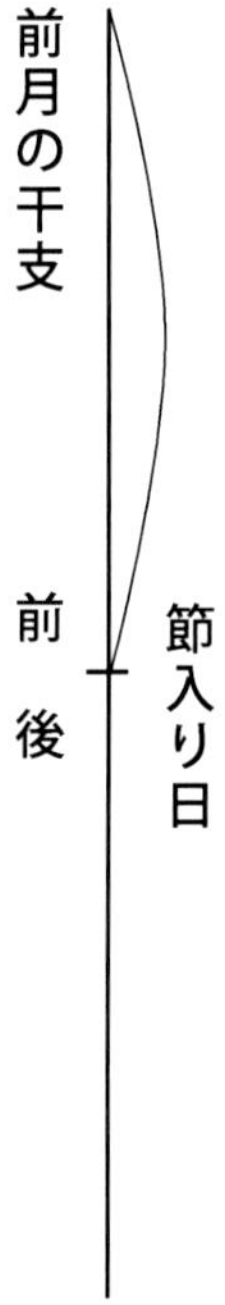

② 立春日前の生まれ——前の年、前の月の生まれでみます。

③ 立春日の生まれ——生まれた時間によって、月の干支が異なります。

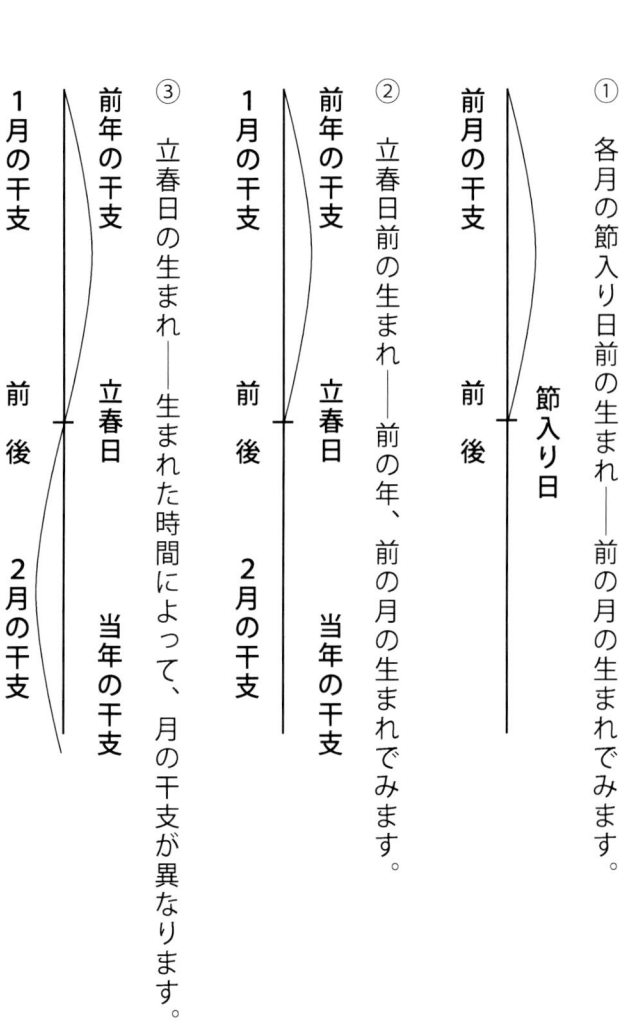

命式の記入法3

それでは、実際に昭和46年6月28日午後0時41分生まれの人の命式表を、順を追って出してみましょう。

1　まず、年の干支を①に、タテに記入します。
　昭和46年　―　「辛亥」

2　次に、月の干支を今記入したすぐ左、②に記入します。
　6月　―　「甲午」

3　続いて、日の干支を③に記入します。
　28日　―　「甲申」

4　時間のわかる方は、時間の干支を④に記入します（「時の干支早見表」参照）。
　日の干支（日干）が「甲申」なので、AM11～PM1をみて、「庚午」

5　日の干支から、空亡を⑤に記入します。
　日干が「甲申」ですから、「午未」が空亡となります。

これで、「四柱八字」の記入ができました。

命式表

命式表　氏名

明・大・昭・平　46年　6月　28日　AM・PM　0時　41分生　男・女

	年	月	日	時
通変星				
干支・八字（天干 地支）	①辛亥	②甲午	③甲申	④庚午
蔵干				
通変星				
十二運				

空亡は、⑤午　未

命式の記入法4

引き続き、命式を出してみましょう。

6　次に、「蔵干表」をみて、年月日時の地支に含まれている蔵干を、節入り日から計算して、年⑥、月⑦、日⑧、時⑨に記入します。

この場合、節入り日から22日だから、「正気」でみます。

7　通変星は、まず上の欄の通変星を記入します。

日干（甲日）から、年（辛）、月（甲）、時（庚）の関係をみて、年⑩、月⑪、時⑫に記入（日はありません）します。次に、年、月、日、時の蔵干をみて、下の欄の通変星を記入していきます。日干（甲日）から、年の蔵干（壬）、月の蔵干（丁）、日の蔵干（庚）、時の蔵干（丁）をみて、年⑬、月⑭、日⑮、時⑯に記入します。

8　十二運は、日干から、それぞれの支をみます。

日干（甲）から、年（亥）、月（午）、日（申）、時（午）をみて、年⑰、月⑱、日⑲、時⑳に記入します。

これで、「命式」が出せました。

命式表

命式表　氏名

昭・明・大・平 46年 6月 28日 AM・PM 0時 41分生 男・女

	年	月	日	時
通変星	⑩ 正官	⑪ 比肩		⑫ 偏官
干支・八字（天干 地支）	① 辛亥	② 甲午	③ 甲申	④ 庚午
蔵干	⑥ 壬	⑦ 丁	⑧ 庚	⑨ 丁
通変星	⑬ 偏印	⑭ 傷官	⑮ 偏官	⑯ 傷官
十二運	⑰ 長生	⑱ 死	⑲ 絶	⑳ 死

空亡は、⑤午　未

蔵干の出し方

昭和46年6月28日午後0時41分生まれの人の蔵干を出してみましょう。

「万年暦」をみて、昭和46年6月の節入り日が、6日であることを確認します。

28日は、節入り日から22日目に当たります。蔵干表をみて、十二支の蔵干を出します。

蔵干

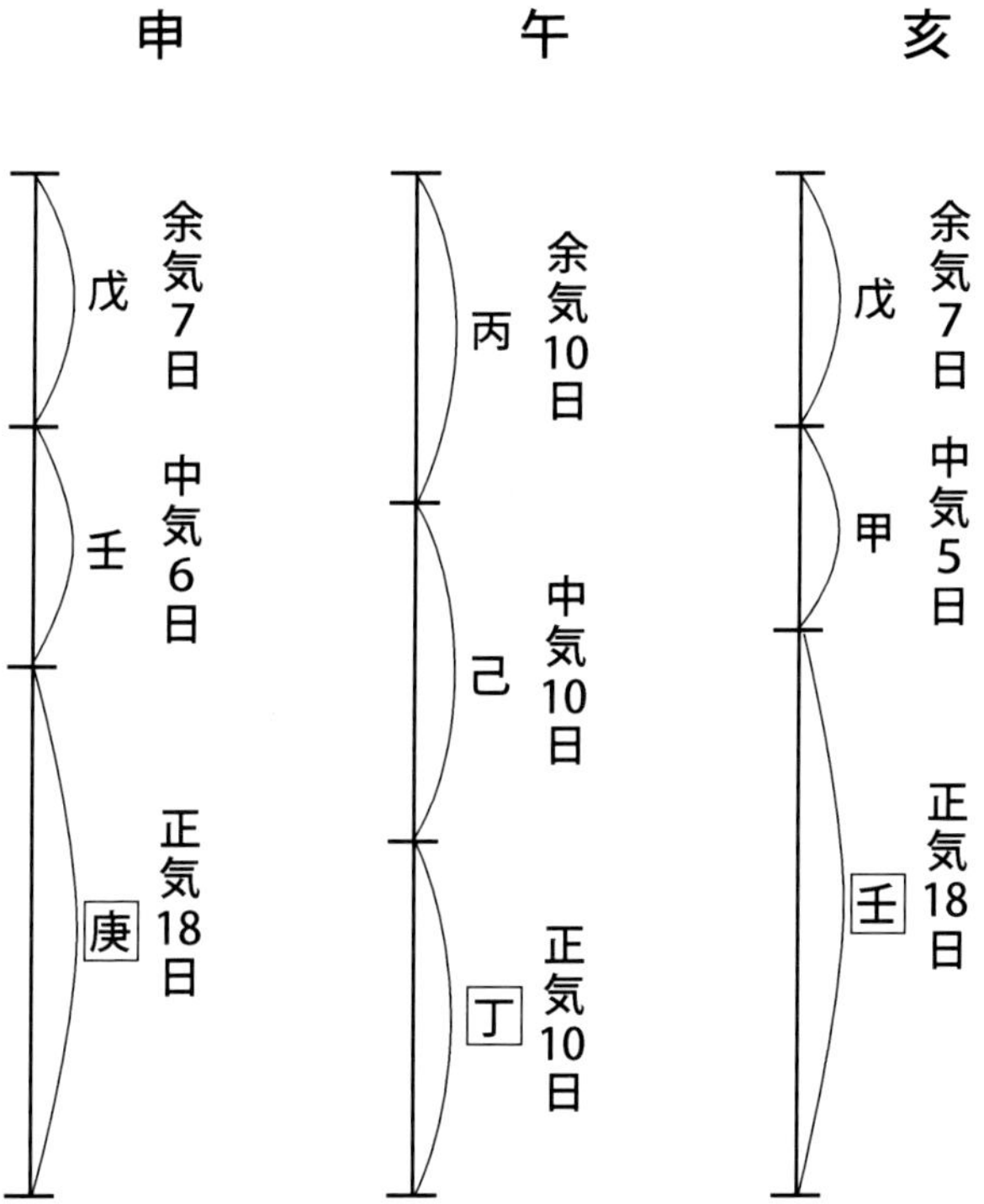
申
戊
余気7日
壬
中気6日
庚
正気18日
午
丙
余気10日
己
中気10日
丁
正気10日
亥
戊
余気7日
甲
中気5日
壬
正気18日

酒の肴

ファジーな人

もともと、蔵干にはあいまいな部分があります。節入り日からの日数によっては、余気か正気か、余気か中気か、中気か正気か、微妙な場合があります。

例えば、節入り日から七日目に生まれて、命式に寅があるとします。寅は、余気が七日で戊です。すんなり余気を出してもいいのですが、もし次の日に生まれていたら、中気の丙になるわけです。流派によっては、七日目だったら次の中気で出すところもあります。

また、節入り日からの日数に関係なく、全てを正気でみたり、数え方が異なる流派もあります。つまり、流派によって、全く異なる蔵干の取り方になるというわけです。

そこで、どちらの蔵干を取るか、微妙な日に生まれているような人の場合に、どうするか。そのような場合、両方の蔵干でみるのです。むしろ、蔵干の取り方を絶対視しないで、どちらの気も含まれているとみた方が妥当なのです。

実際の鑑定においても、生年月日も含めて、あいまいな境目に生まれているような人は、「ファジーな人」が多いのです。別名、「鑑定者泣かせ」ともいえるのですが、逆に、はっきりした鑑定をしてもらえない、「不幸な人」といえるのかも知れません。

「占いなんかあてにならない」とか、「当たっているような、当たっていないような」というような人に、案外、「ファジーな人」が多いのもうなずけるのです。

そもそも、生まれてきたときからややこしいわけです。ですから、「ファジーな人」は、性格的にも二面性を有していたり、器用貧乏であったりするのです。

酒の肴

改元（元号を改めるということ）

同じ年に生れても、途中で天皇が崩御されて、元号が変わる事があります。

例えば、昭和天皇は昭和64年1月7日午前6時33分に崩御されました。昭和64年は、1月6日までが昭和で、1月7日以降から平成の元号になるというわけです。

同じように大正天皇は、大正15年12月25日午前1時25分に崩御されました。大正15年は、12月24日までが大正で、12月25日以降から昭和になりました。また、明治天皇は明治45年7月30日午前零時43分に崩御されました。明治45年は、7月29日までが明治で、7月30日以降から大正になったのです。

明治、大正、昭和等、元号はもともと皇室が決定していました。それを、平成の元号から内閣の閣議決定で定める形になりました。当時の官房長官であった故小渕首相が、テレビ画面で、平成の元号を紹介した姿を覚えておられる方も多いと思います。あれは、国民の代表である内閣が、初めて元号を決めたんだ、ということを国民に示すためのパフォーマンスだったのです。

ちなみに、平成の元号を命名した人は、陽明学者の故安岡正篤という方でした（諸説あり）。昭和14年大相撲1月場所4日目、横綱双葉山が安芸ノ海に70連勝をストップされましたが、この時、双葉山が「我、未だ木鶏に及ばず」という電報を打った相手がこの人でした。また、占い界の大御所的存在である細木数子さんのご主人でもありました。

また、平成天皇は平成31年4月30日に生前退位されました。そのため、平成31年は、4月30日までが平成で、5月1日から令和になりました。

第三章

自分の性格を占ってみましょう

日干でみる性格

自分の性格は日干でみます。日干とは、日の柱にある干支の干（天干）のことです。

ここに、どの十干があるかによって性格を占うのです。

以下に十干のそれぞれの性格を列挙しますので、ご自身の十干にあてはめてみて下さい。

甲日生まれの性格

「甲」は大木です。人の面倒見がよく、頼まれれば嫌と言えない性格から、つい物事を引き受けてしまいます。人望があるので、いつの間にやら、周りからリーダーにさせられてしまうのです。どこに行っても、自然にトップに立てる宿命を持っています。十干の頭であるわけで、当然社会においても頭になれる器なのです。

人に頼らずリーダー。物事を最初にやろうとする。行動力あり。独立専行。ボスタイプ。

乙日生まれの性格

「乙」はつる草です。同じ木日生まれでも、甲日とは違い、単独ではリーダーには成り難いのです。しかし、この乙日生まれで、長たる立場の人は非常に多いのです。本来、スポンサーとか会長とかいった後ろ楯があってこそ、実力以上の力を発揮できるタイプなのです。

誰かの後ろ楯でリーダー。誰かが切り開いた跡を継ぐ。強情。根気強い。引き立て縁あり。

丙日生まれの性格

「丙」は太陽です。燃え盛る火のイメージなので、情熱的でバイタリティー旺盛です。その人がいるだけで、周囲がパッと明るくなるような、華やかな雰囲気を持っています。また、男女とも美男美女が多いといわれています。美人の基準は難しいのですが……。

陽気で華やか。情熱的。目立ちたがり。周囲を明るくする。美人が多い。人気者。

丁日生まれの性格

「丁」は灯です。同じ火でも、丙と違って弱い火なのです。ちょっと陰のあるニヒルな二枚目の男性。女性は大人の雰囲気を持った美魔女のイメージです。闘志をあまり表にあらわさないで、内に秘めているタイプです。他人の見ていない所で、コツコツ努力をしている人です。

見栄っ張り。お洒落。ええかっこしい。緻密。神経質。繊細。激しやすい。イラチ。

戊日生まれの性格

「戊」は岩です。派手さはありませんが、地道にコツコツ努力をするタイプです。少々のことではへこたれない、苦節十年、初志貫徹といった言葉の似合う人なのです。物事をやり遂げる意志の強さとは裏腹に、気ままな一面も持っているのです。おっとりして、忍耐強く、頑固な所もある人です。

忍耐強い。動かない。おっとり。貯蓄家。参謀タイプ。秘密主義。頑固。マイペース。

己日生まれの性格

「己」は田んぼです。毎日辛抱強く耕せば、やがて収穫を得るといったイメージです。目標を定めると、歩みはのろくても、必ずゴールまで到達する人です。融通がきかず、人の言うことに耳を傾けない、自己中心的な人です。物事を最後までやり遂げる、どこまでも初志を貫き通すタイプです。

粘り強い。へこたれない。気がきかない。鈍感。初志貫徹。石頭。自己中。打たれ強い。

庚日生まれの性格

「庚」はお寺の鐘です。打てば響くのイメージです。カンが鋭く、目から鼻に抜ける反応の早さを持っています。まるで、全てを見透かされているような感じを相手に与える人で、周囲から一目置かれる立場になれる素質を持っています。逆に、他人がみなバカに見えて、傲慢に見られる恐れも無きにしもあらずです。

反応が早い。打てば響く。カンが鋭い。先見性あり。トレンディ。せっかち。傲慢。

辛日生まれの性格

「辛」は貴金属です。ちょっとのキズでも値打ちが下がってしまいます。感受性が強く、わずかなことでも傷つきやすいのです。物事を徹底的にやらないと気の済まない人で、完全主義者のようなタイプです。何でも一流にならないと満足しない人で、日本人には大変多い日干なのです。

神経質。感受性強い。デリケート。完全主義者。気にしすぎ。こだわり派。几帳面。

壬日生まれの性格

「壬」は大きな水です。「水は方円の器に従う」といって、どんなものにも合わせてしまいます。適応能力が秀でて、どんな状況、どんな相手にも順応します。才能豊かで、小さなことにはこだわらない、スケールの大きな人なので頭領の器なのです。カリスマ的指導者に多いのです。

柔軟性あり。融通がきく。頭領の器。太っ腹。冷静。奉仕好き。あっさり。アッケラカン。

癸日生まれの性格

「癸」は雨です。同じ水でも、蒸発してしまうような水のことです。気が変わりやすい一面を持っており、昨日まで言っていたことと全く違うことを、今日言ったりします。何を考えているのか、大変わかりにくい人で、コロコロ考えが変わっていく人です。

気が変わりやすい。お天気屋さん。気まま。変幻自在。風見鶏。朝令暮改。カメレオン。演技上手。役者。

性格の違い

自分の性格は日干でみるのですが、「私の性格と全然違う」という人も、稀にはいるのです。

例えば、丙日生まれの人であっても、命式の中に他に丙がなく、ほとんど壬ばかりだったとします。そしたら、これは壬の性格とみた方がよいのです。この場合、自分が弱いので「身弱《みじゃく》」といいます。

それに対して、丙日生まれで、日支が午だとします。すると、日干支が丙午となり、日干支とも火となり、火が強くなります。これを「八専干支《はっせんかんし》」といいます。

また、日干が丙として、月支が巳午未のいずれかであるとします。この場合、日干丙と月支の巳午未が同じ火となり、火が強くなります。これを「月令《げつれい》を得《え》る」といいます。

つまり、日干支が同じ五行だと「八専干支」、日干と同じ五行が月支にあれば「月令を得る」といい、いずれも自分が強くなるので「身旺《みおう》」といいます。

すなわち、「身旺」だと日干の性格をそのままみればよいのですが、「身弱」だと日干以外の強い十干の性格でみるのです。

八専干支

干支が同じ気であれば、当然その気が強くなります。

例えば、干支が甲寅の場合。甲も寅も五行では木に当たります。当然、木の意味が強くなるわけです。この同じ五行の干支のことを「八専干支《はっせんかんし》」といいます。

八専干支には次の八つがあります。

（1）甲寅　木の陽　（2）乙卯　木の陰
（3）丙午　火の陽　（4）丁巳　火の陰
（5）庚申　金の陽　（6）辛酉　金の陰
（7）壬子　水の陽　（8）癸亥　水の陰

八専干支は、その旺じている五行の気が強烈になります。ですから、日干が八専干支であったりしますと、精神気力が旺盛となります。自己顕示欲が強く、自分が一番偉い立場でないと気に入らなくなるのです。自分が長たる立場であれば良いのですが、自らが頭でないと面白くありません。何事も自分が納得しないと行動しないので、なかなか勤めには向きません。

女性は男勝りで、キャリアウーマン、ウーマンリブタイプとなります。家庭に納まるタイプではなく、結婚後も仕事を続けた方が良いようです。また、理想を実現しようという意識が強く働くので、早く結婚すると二度縁になりやすいのです。

日干が八専干支であることを、特に日干が強いといいます。

月令を得る（最旺の季節）

日干が同じであっても、生まれた季節によって見方が異なってきます。

例えば、日干が丙であっても、春夏秋冬の、どの季節に生まれているかによって違うというわけです。

丙日生まれであれば、巳月、午月、未月の、夏の季節に生まれていると火が旺じます。これを「月令《げつれい》を得《え》る」といいます。平たく言えば、生日と月支の関係をみて、同じ五行であるという意味です。

木は春、火は夏、金は秋、水は冬の、それぞれ月令を得ます。土は、「土用」なのですが、土と火は「火土同根《どうこん》」といって、同じ根、同じ月令になります。

つまり、土と火はどちらも、夏の季節に月令を得ることになります。もちろん、土は土同士旺じます。その他は、火の月令に準じます。

日干が丙として、巳午未の夏月に生まれていると、月令を得ます。

中でも、丙日生まれで午月に生まれると、火の陽同士が旺じます。これを特に、「最旺の季節」といいます。

甲日生まれで寅月生まれ、
乙日生まれで卯月生まれ、
丙、戊日生まれで午月生まれ、
丁、己日生まれで巳月生まれ、
庚日生まれで申月生まれ、
辛日生まれで酉月生まれ、
壬日生まれで、子月生まれ、
癸日生まれで、亥月生まれ

が、それぞれ最旺の季節になります。すなわち、日干と月支が八専干支になる場合が、最旺の季節にあたるというわけです。同じ月令であっても、最旺の季節の方が意味が強くなります。

日干が八専干支であるのと同じように、精神気力が旺盛で、自己顕示欲が強いといった意味になります。

身旺と身弱

身旺《みおう》とは、自分自身が強いことです。他人の助けを受けなくても、自分の力で世の中を生きていける人のことです。自我が強く、自分のことは自分でやるから、好きなようにさせてくれというタイプの人です。

身弱《みじゃく》とは、自分自身が弱いことです。他人の助けがないと、世の中を生きていけない人のことです。組織、人脈を頼りに、敵を作らず、相手に合わせて行くタイプの人です。

身旺と身弱の判断は、次のようにします。

身旺

一、日干が強い（八専干支）
二、月令を得る（最旺の季節）
三、根がある（日、月、年、時）
四、十二運が強い（冠帯、建禄、帝旺）
五、日干と同じ気が多い（比肩、劫財、偏印、印綬）

身弱

一、日干が弱い
二、月令を得ない
三、根がない
四、十二運が弱い（衰、病、死、絶）
五、日干と同じ気が少ない（偏財、正財、偏官、正官）

酒の肴

丙午

丙午《ひのえうま》の女性は男を食い殺すといわれ、現実に丙午の年には、出生率が減少しています。一般には、丙午の年に生まれた女性が問題視されています。丙も午も、五行では火にあたり、どちらも陽同士です。つまり、丙午は火の陽の意味が強力だということです。火は五行の中でも、最もエネルギッシュです。そして、陽は男性を意味します。つまり、丙午は最もエネルギッシュで、男性的であるという意味になるのです。そこから、丙午の女性は男勝りで、結婚すると男を食い殺すなどといわれるのです。男を食い殺すというのはオーバーにしても、エネルギッシュで、男勝りであるといわれるのは、実際によく当たっているようです。ただし、丙午の年に生まれた女性が全てそうだというわけではありません。

実際の鑑定においては、性格は主に日干でみるので、日干支が丙午の女性の場合に、最も表れてくるのです。その次が、日干が丙で午月生まれ。次が、月干支が丙午。次に、丙午の年生まれという順になります。丙午の年の生まれは、それほど気にすることもなさそうです。日干が丙午の女性は、家庭に専念せずに仕事を持つか、何か自分が熱中できるものを持たないと、エネルギーがあり余って、家庭を破壊しかねません。でも、丙午の女性はなぜか美人が多いのです。

「あべの教室」の「よくわかる四柱推命占い」の授業風景（2019年）

「イオンモール橿原教室」の「よくわかる四柱推命占い」の授業風景（2019年）

第四章

自分の適性、適職を占ってみましょう

五行でみる適職

本来、仕事は「性格」と「好み」で決定づけられるものです。決して、偏差値や学歴でのみ、位置づけられるものではないのです。

「性格」は「適職」で、主に五行でみていきます。「好み」は「適性」で、主に通変星でみていきます。

命式の中にある五行で、自分の「適職」を占います。ここでいう「適職」とは、「天職」のことで、本来自分がやるべき天から授かった職業のことです。現在、自分が従事している仕事とは限りません。

原則として、身旺の人は日干の五行で、身弱の人は日干以外の、多くある五行でみます。自分の生年月日の、それぞれの柱の干支（時間がわかる人は時間も）を、五行に置き換えてみていきましょう。

五行では、主に職種的なものをみます。（株）リクルートに『好きを仕事にする本』という本がありますが、本来「好き」なことを仕事にすべきなのです。その上で、世の中に役に立つものでなければならないことはいうまでもありません。

それぞれの五行で、どんな資格を目指すのが有利なのかを列挙しましたので参考にして下さい。

＊資格の名称は、最新号の（株）リクルート発行の「ケイコとマナブ」「仕事と資格」「稼げる資格」、髙橋書店の『２０２０資格・取り方・選び方全ガイド』、成美堂出版の「最新最強の資格の取り方・選び方全ガイド」を参考にさせていただきました。

命式

命式表　氏名

明・大・昭・平　46年　6月　28日　AM・PM　0時　41分生　男・女

	年	月	日	時
通変星	正官	比肩		偏官
干支・八字（天干 地支）	辛亥	甲午	甲申	庚午
蔵干	壬	丁	庚	丁
通変星	偏印	傷官	偏官	傷官
十二運	長生	死	絶	死

空亡は、午　未

木２　火２　土０　金３　水１

木の職業

日干が甲か乙で身旺の人、あるいは木の多い人は木の性格を持っています。ですから木の性格に合う仕事が良いのです。

木は形を変えて成長します。「行動する仕事」、「スピードを要求される仕事」がキーワードです。当然、木を使った仕事も合っています。

木の仕事のキーワード

林業・紙パルプ・木材加工・大工・建築関係・家具・繊維関係・植木・花屋・造園業・華道・香道・書道・将棋・本屋・音楽関係・郵便・運送業・旅行業・貿易業・航空管制官・情報通信・営業職・教師・自然食品・医療関係・理髪業・ヘアーサロン・パイロット・フライトアテンダント・グランドホステス・マーシャラー・ドライバー・バスガイド・ツアーコンダクター・レポーター・インターネット関係・ミュージシャン・インストラクター・eコマース・ユーチューバー・ドローン操縦士

有利な資格

建築士・理容師・旅程管理主任者・通関士・貿易実務検定・珠算能力検定・図書館司書・宇宙飛行士・教諭免許状・救急救命士・薬剤師・登録販売者・健康管理士・音楽療法士・賞状技法士・ｅｃｏ検定・インテリアコーディネーター・エコライフクリエイター・グリーンコーディネイター・フラワーデザイナー・ブリザードフラワー・野菜ソムリエ・オーガニックコンシェルジュ・フローリスト・キャリアカウンセラー

火の職業

日干が丙か丁で身旺の人、あるいは火の多い人は火の性格を持っています。ですから、火の性格に合う仕事が似合うのです。

火は明るく華やかです。そして、火は女性でもあります。「女性的な仕事」、「華やかな仕事」がキーワードです。

火には、エネルギーとか太陽といった意味もあります。

火の仕事のキーワード

電気・ガス・ボイラー・化学・エネルギー・映画・映像・ビデオ・漫画・絵画・出版・雑誌・編集・校正・マスコミ関係・新聞・翻訳者・通訳ガイド・語学・放送作家・絵本作家・写真家・玩具・高級雑貨・歌手・芸能人・声優・芸術家・ファッション関係・美容関係・眼科・着物着付け・舞妓・振付師・法律家・政治家・カメラマン・ナレーター・アナウンサー・ライター・アニメーター・デコレーター・アーティスト・イラストレーター・スタイリスト・パタンナー・プレス・デザイナー・モデル・ダンサー・エアロビクス・ボーカルインストラクター・カラオケ

有利な資格

司法試験・弁理士・電気工事士・電気主任技術者・ボイラー技士・高圧ガス製造保安責任者・エネルギー管理士・消防士・消防設備士・防火管理者・助産師・視能訓練士・言語聴覚士・通訳案内士・秘書技能検定・ビジネス実務法務検定・語学検定・漢字検定・色彩検定・花火師・着物コンサルタント・美容師・エスティシャン・メイクアップ技術検定・ネイリスト・カラーコーディネーター・パターンメーキング・グラフィックデザイナー・ブライダルプランナー・アロマテ

ラピー・オステオパシー・エネルギーワーク・オーラソーマ・ＮＬＰ・ＴＯＥＩＣ・品質管理検定

土の職業

日干が戊か己で身旺の人、あるいは土の多い人は土の性格を持っています。ですから、土の性格に合う仕事が似合うのです。人間は、最後は土になります。土は物事が終わってから役に立つのです。「地味な仕事」、「最終処理的な仕事」がキーワードです。

土には縁の下の力持ち的な意味もあり、他人が嫌がるような仕事にも合うのです。

土の仕事のキーワード

農業・園芸・土木・不動産関係・３Ｋの仕事・倉庫業・解体業・清掃業・産業廃棄物処理・肉体労働・事務職・総務・葬儀社・僧侶・神主・政治家・官公庁・病院・保安警備・保険・家政婦・

介護・福祉・苦情処理・占い師・気功師・風水師・カウンセラー・介助士・ソーシャルワーカー・ケースワーカー・ケアマネージャー・防災士

有利な資格

不動産鑑定士・宅地建物取引士・土木施工管理技士・建築施工管理技士・土地家屋調査士・測量士・司法書士・危険物取扱者・環境計量士・公務員・保育士・行政書士・社会保険労務士・社会福祉士・マンション管理士・作業療法士・理学療法士・衛生管理者・柔道整体師・カイロプラクティクス・介護福祉士・精神保健福祉士・医療事務管理士・介護支援専門員・保健師・整体師・医師（内科）・看護師・放射線技師・臨床検査技師・福祉住環境コーディネーター・消費生活アドバイザー・空間デザイナー・エコライフクリエーター・アスレティック・ホームヘルパー・葬儀ディレクター・リフレクソロジー・シューフィッター・フローリスト・ヨガインストラクター・エクステリアプランナー・メンタルヘルスマネジメント・ヒプノセラピー・スピリチュアルカウンセラー・メディカルクラーク・ドクターズクラーク・キネシオロジー・公害防止管理者・認知症ケア専門士・認定心理カウンセラー

金の職業

日干が庚か辛で身旺の人、あるいは金の多い人は金の性格を持っています。ですから、金の性格に合う仕事が似合うのです。

金は、お金です。また、感性が豊かで先見性があります。「経済的な仕事」「流行の先端を行く仕事」がキーワードです。

金は貴金属でもあり、大きなお金を動かすような仕事に合うのです。

金の仕事のキーワード

機械・コンピューター関係・自動車・時計・宝石貴金属・アクセサリー・金属製品・金融関係・サラ金・銀行・歯科・証券会社・金券ショップ・質屋・眼鏡・囲碁・陶芸・ガラス工芸・パワーストーン・ジュエリー・ペット関係・ベンチャービジネス・エンジニア・プログラマー・パソコンインストラクター・ファイナンシャルプランナー・ＡＩ技術者

有利な資格

税理士・公認会計士・簿記検定・情報技術者・外科医・歯科医・歯科技工士・獣医師・鍼灸師・銀行業務検定・技術士・自動車整備士・パソコン技能検定・トリマー・証券アナリスト・ファイナンシャルプランニング技能検定・システムアドミニストレータ・アフィリエイター・ＤＣプランナー・情報処理安全確保支援士・ＩＴパスポート・コンピューターサービス技能評価試験・ＣＧクリエイター・ネットワーク接続技術者・Ｗｅｂデザイナー・ＣＡＤ・マイクロソフトオフィススペシャリスト（ＭＯＳ）・Ｐ検・ＩＣＴプロフィシェンシー検定

水の職業

日干が壬か癸で身旺の人、あるいは水の多い人は水の性格を持っています。ですから、水の性格に合う仕事が似合うのです。

水は形のないもので、どんな形にも合わせていける柔軟性があります。「知的な仕事」「形のないものを提供する仕事」がキーワードです。

水は流れていくもので、どんどん変化していくような仕事に合うのです。

水の仕事のキーワード

漁業・水産・船員・海女・旅館業・喫茶飲食・水商売・風俗・浴場・接客業・秘書・教師・先生業・インストラクター・家元・茶道・病院関係・流通業・サービス業・便利屋・パン職人・コンサルタント・アドバイザー・コンビニ・クリーニング・キャスター・タレント・コンパニオン・スキューバダイビング

有利な資格

医師（循環器系）・看護師・秘書検定・理学療法士・ＭＢＡ・気象予報士・中小企業診断士・販売士・ビジネスキャリア検定・あんまマッサージ指圧師・調理士・管理栄養士・栄養士・食品衛生責任者・栄養情報担当者・製菓衛生師・菓子製造技能士・レストランサービス技能検定・クリーニング師・潜水士・小型船舶操縦士・ライフセイバー・キャリアコンサルタント・ソムリエ・パティジェール・フードコンサルタント・コンシェルジュ・サービス接遇・セラピスト

聖徳太子の冠位十二階

推古天皇時代の西暦６０３年に、聖徳太子が定めた冠位十二階。それまで世襲制であった身分を、個人の才能に応じて一代に限って授ける位の事です。位には12段階あり、それぞれの冠位に応じて冠の色が決められていました。人間の値打ちとして最上のものを徳とし、徳に応ずる色を紫と定めました。以下、仁、礼、信、義、智の順となり、それぞれ応じる色は、青、赤、黄、白、黒、となります。

徳を表す紫が最高で、高貴な方や特別な人が、身につける色といわれています。大相撲においても、紫の締め込みは大関以上にしか許されていません。また、オウム真理教の故麻原彰晃は紫の法衣を身につけていました。当然、紫は尊師しか使えない色でした。上祐、故村井以下、位に応じて法衣の色が定められていました。ルーツは冠位十二階だったのです。もっとも、紫が徳の色とはいっても、身につけている人に徳が備わっていなければ何にもなりませんが。

聖徳太子は、今から１４００年位前から、徳のある人間が一番であると考えていました。その次が仁徳で、次が礼儀、次に信用、そして義理、最後に知識の順でした。何が何でも知識偏重の今の日本の教育制度。聖徳太子の価値観よりも進んでいるとは、到底思えないのですが。

酒の肴

五行・十干でみる色と性情

木	甲	深い青	紺色、ブルー	大仁	仁徳	思いやり
	乙	浅い青	水色、ライトブルー	小仁		
火	丙	深い赤	赤色、レッド	大礼	礼儀	礼儀正しさ
	丁	浅い赤	橙色、オレンジ	小礼		
土	戊	深い黄	黄色、イエロー	大信	信用	約束を守る
	己	浅い黄	茶色、ブラウン	小信		
金	庚	深い白	白色、ホワイト	大義	義理	人の守るべき道
	辛	浅い白	灰色、アイボリー	小義		
水	壬	深い黒	黒色、ブラック	大智	知識	知識と道徳
	癸	浅い黒	緑色、グリーン	小智		

色々いろいろ

　五行による仕事があるように、五行による仕事にあった色というものもあるわけです。たとえば、青色は五行では木をあらわします。ですから、青い色は木の仕事を表現しているのです。木の職業は、「行動する仕事」「スピードを要求される仕事」がキーワードです。スピードが同じであっても、青い色だと早い感じがします。佐川急便の運転手は青い横縞のシャツを着ていますし、新幹線や飛行機も青色が似合うのです。青い乗り物は、いかにも速そうです。

　次に、赤色は五行では火をあらわします。火の職業は、「女性的な仕事」「華やかな仕事」がキーワードです。それと、赤色には、「物事をあからさまにする」という意味合いがあるのです。国会は赤い絨毯を敷いていますし、読売新聞のロゴマークは赤色です。また、赤色は子どもの色でもあり、「子ども相手の仕事」に似合うのです。マクドナルドの看板は赤色ですし、ミキハウスも赤い色を基調としています。

　また、土の色は黄色です。政治家は本来、土の仕事です。政治家には黄色が似合うのです。つまり黄色は、政治家が選挙に勝てる色なのです。フィリピンの故アキノ元大統領や、西川きよし議員の初当選のときのイメージカラーは黄色でした。黄色には「公約を守る」という意味合いがあるのです。

通変星でみる適性

命式の中で、生まれ月の下にある「通変星」（47頁の命式表⑭）が何かによって、自分の「適性」を占います。月の下は、「社会的な性格」を表しています。

本来、内向的な性格の人や競争を好まない人は、事務職や内勤の仕事に合うのです。また、外向的な人や闘争心が旺盛な人は、営業や外回りの仕事に合うのです。仕事によって自分の性格を変えるのではなく、自分の性格に合った仕事をするのが道理なのです。

通変星では、主にその人の立場的なものをみます。お勤めに向くのか、独立自営向きなのか。スペシャリストなのか、ゼネラリストなのかといったことを判断するのです。

比肩の適性

月の下の通変星が比肩の人は、負けん気が強く、我がまま頑固で、自立心旺盛です。他人と張り合って競争していく、優劣をハッキリさせたい、一匹狼的な性格が強く、勤めには不向きなタイプです。「一人でやれる仕事」「個性を生かした仕事」がキーワードです。

独立自営・自由業・脱サラ・スポーツマン・営業・一匹狼・作家・芸術家・タレント

劫財の適性

月の下の通変星が劫財の人は、ざっくばらんで、遊び好き、金遣いが荒く、強引です。投機色が強く、一か八かの賭けに出たがるタイプです。安定より不安定を好む傾向があります。「無駄銭を使わせる仕事」、「人の遊びが仕事」がキーワードです。

投資投機・営業・娯楽・水商売・政治家・タレント・高額商品・ブランド

食神の適性

月の下の通変星が食神の人は、オールマイティーで、お金に困らず、社交的で、人気者です。食べる神様がついているということで、食べ物商売には大吉です。衣食住など、人間が生きていく上で、必要欠くべからざる仕事に縁があります。「衣食住に関わる仕事」「子供相手の仕事」がキーワードです。

食べ物商売・生活必需品・経理・販売・人気商売・百貨店・何でも屋・保育士

傷官の適性

月の下の通変星が傷官の人は、正義感が強く、型破りで、口達者です。プライドが高く、権威に楯突く性格なので、勤めには不向きなタイプです。他人のあら探しが得意で、潔癖で、完全主義者です。「人のトラブルが仕事」「専門的な仕事」がキーワードです。

病院関係・法律関係・マスコミ関係・保険・仲介・修理・中古販売・不正摘発業務・警察

偏財の適性

月の下の通変星が偏財の人は、商売人で、お金になることなら何でもやるタイプです。世話好きで、活動的で、駆け引き上手で、話好きです。相撲部屋の女将さんのように何でもこなす、オールラウンドプレーヤーです。「人・物・金を動かす仕事」「マルチな仕事」がキーワードです。

総合商社・流通業・小売り業・サービス業・女将・営業・販売・広告宣伝・外交

正財の適性

月の下の通変星が正財の人は、陰《かげ》日向《ひなた》なく、地道にコツコツ働く人です。稼いでも、使わず倹約して、蓄財をするタイプです。単調でも、確実に収入が見込めるような仕事に適しています。「コツコツ貯める仕事」「手堅い仕事」がキーワードです。

オーナー業・製造業・資産運用・不動産・金融業・経営管理・公務員・栽培

偏官の適性

月の下の通変星が偏官の人は、よく働く人です。勤め人が多く、働くというより、働かされているといった方が良いのかも知れません。少々偏屈で、人の好き嫌いが激しい面はあるのですが、どんな仕事でも一生懸命働くタイプです。「命令されて働く仕事」「何でもやる仕事」がキーワードです。

会社員・公務員・中間管理職・ゼネラリスト・危険な目に遭う仕事・割の合わない仕事

正官の適性

月の下の通変星が正官の人は、概して仕事には恵まれています。勤め人でも、比較的出世が早く、命令する方の立場になりやすいのです。権威主義的な面や、融通のきかない所があり、地位が上がると一変して、急に高圧的な態度を取ったりするタイプです。「人に命令する仕事」「地位、肩書でする仕事」がキーワードです。

会社員・公務員・サラリーマン・経営者・二代目・相続人・社長業・名誉職

偏印の適性

月の下の通変星が偏印の人は、器用であったり、特別な能力を持っていたりします。ひらめきや風流心があり、趣味が高じて仕事になったり、副業を持っていたりするタイプです。「形のないものを扱う仕事」「一芸に秀でる仕事」がキーワードです。

技術職・非生産的業務・精神的な仕事・スペシャリスト・「〜者」のつく仕事

印綬の適性

月の下の通変星が印綬の人は、学問、技術、芸術に秀でています。お金よりも、名誉や自尊心を重んじるタイプで、知的な仕事や、見栄えのいい仕事をしたがります。印綬とは、国家資格の意味です。「知識を生かした仕事」「人に教える仕事」がキーワードです。

先生業・学者・宗教家・名誉職・資格を生かした仕事・スペシャリスト・「〜士」のつく仕事

酒の肴

お金と仕事

通変星においては、お金を財星、仕事を官星とみます。財星は自分がやっつける相手、官星は自分をやっつけにくる相手のことです。つまり、お金は相手をやっつけて、奪い取るものということなのです。

男性にとって女性は財星に当たります。昔、戦場においては、勝者が敗者の財産を奪い取り、女を略奪して妻にしました。娶《めと》るという言葉は、もともと相手の女を奪い取って自分の妻にするという意味だったのです。また、仕事は相手にやられて、自分のエネルギーを奪われるものということなのです。女性にとって男性は官星にあたります。職場の上司や官公庁等も官星で、自分をやっつけにくる相手が官星という意味なのです。

官星は、自分に命令する相手の事です。お勤めをするということは、上司に命令されるということです。女性にとって夫は自分に命令する相手なのです。

官星は仕事ですから、女性にとって夫は仕事です。結婚は永久就職にあたるのです。つまり、結婚することと、就職することとは同じことなのです。当然、どちらも自分をやっつけにくる相手なのです。あ～永久就職も楽じゃない。

酒の肴

人間万事塞翁が馬

昔、中国の塞に住む占いの巧みな翁が、馬に逃げられた。人々が見舞いに行くと「これは幸いのもとになるだろう」と言う。はたして数ヵ月後、その馬は俊馬を連れて戻ってきた。人々がお祝いを言うと、「これは不幸のもとになるだろう」と言う。はたして、息子がその馬から落ちて足を折ってしまった。人々が見舞うと、「これは幸いのもとになるだろう」と言う。はたして、息子は兵役を免れたお陰で、戦死せずにすみ、親子ともども無事であった。

通変星においては、財、官、印、食といって、正財、正官、印綬、食神を四吉神といいます。また、殺、傷、梟、劫といって、偏官、傷官、偏印、劫財を四凶神といいます。比肩、偏財は吉神でも凶神でもなく、半吉半凶とみます。

それでは、四吉神であれば良くて、四凶神なら悪いかといえば、そうともいい切れません。たとえば、正財という四吉神があっても、正財の敵星である劫財という四凶神があれば、正財はつぶされてしまいます。また、偏官という四凶神があっても、偏官の敵星である食神という四吉神があれば、偏官を抑えてくれるので心配はありません。つまり、吉星、凶星というのは、絶対的なものではないのです。人間万事塞翁が馬で、禍福はあざなえる縄のごとしなのです。

「よくわかる四柱推命占い」カリキュラム

第一回　四柱推命の基礎
第二回　命式の出し方　その一
第三回　命式の出し方　その二
第四回　自分の性格を占ってみましょう
第五回　自分の適職を占ってみましょう
第六回　自分の適性を占ってみましょう
第七回　自分の配偶者を占ってみましょう
第八回　配偶者との相性を占ってみましょう　その一
第九回　配偶者との相性を占ってみましょう　その二
第十回　自分の前世を占ってみましょう
第十一回　自分の運勢を占ってみましょう
第十二回　自分自身を占ってみましょう

＊タイトルやカリキュラムは授業の進行状況などによって変更することがあります。

第五章

自分の配偶者を占ってみましょう

私は現在、ＪＲ天王寺駅地下1階の「天王寺ミオプラザ館」地下1階の「占いさいら」で、毎週月曜日（午後1時から午後8時まで）のみ鑑定をしています。

最近の世相を反映して、「仕事」の悩みや、「転職」の相談等も多いのですが、何といっても、「異性縁」についての相談が一番多いと思われます。

そこで、相談件数一番の「異性縁」について占ってみることにします。ここでは、将来「配偶者」になる可能性という面から、「配偶者」としてみていくことにします。

相手の命式ではなく、自分の命式の中で「配偶者」を占うのです。これは、取りも直さず、自分の持っている気に「配偶者」が印されていることを意味します。

つまり、「類は友を呼ぶ」、「同気相求む」ということで、同じ様な気を持っている者同士が一緒になるということです。

自分自身に金運がないのに、玉の輿を望んでも上手く行かないし、自分に知識欲がないのに、相手に知性を求めても無駄だということなのです。

ですから、まず自分がどんな気を持っていて、どんな人と巡り合う宿命なのかを知ることが大切なのです。「配偶者」は、あくまで自分自身の鏡なのだということを、心して読み進んでいってもらいたいものです。

通変星でみる配偶者

自分の命式の中で、日の下にある通変星の場所を「配偶宮」（47頁の命式表⑮）といいます。一般的には、ここに出ている通変星の人物（後述）が「配偶者」ということなのです。四柱推命のほとんどの専門書にも、「配偶宮で配偶者を占う」と書いてあります。

しかし、私どもの考え方は少し違います。日本においても、戦後、結婚に対する考え方や価値観がガラリと変わってきました。戦前のように、親同士が勝手に決める許嫁《いいなずけ》や、正式なお見合いのような結婚は少なく、ほとんどが当事者同士による恋愛結婚の時代になると、少々事情が異なってきます。

そこで、現代に合うような配偶者の見方を、男性と女性に分けて、それぞれ説明していくことにします。

通変星でみる人物（女性の場合）

通変星は、それぞれ人物にあてはめることができます。

女性の場合、比肩、劫財は、自分と同胞で、兄弟、姉妹とみます。食神、傷官は、自分から生まれてくるということで子供とみます。

偏財、正財は、自分が困らせる人で父親とみます。偏官、正官は、自分を困らせる人で夫や彼氏とみます。偏印、印綬は、自分を生んでくれる人で母親とみます。

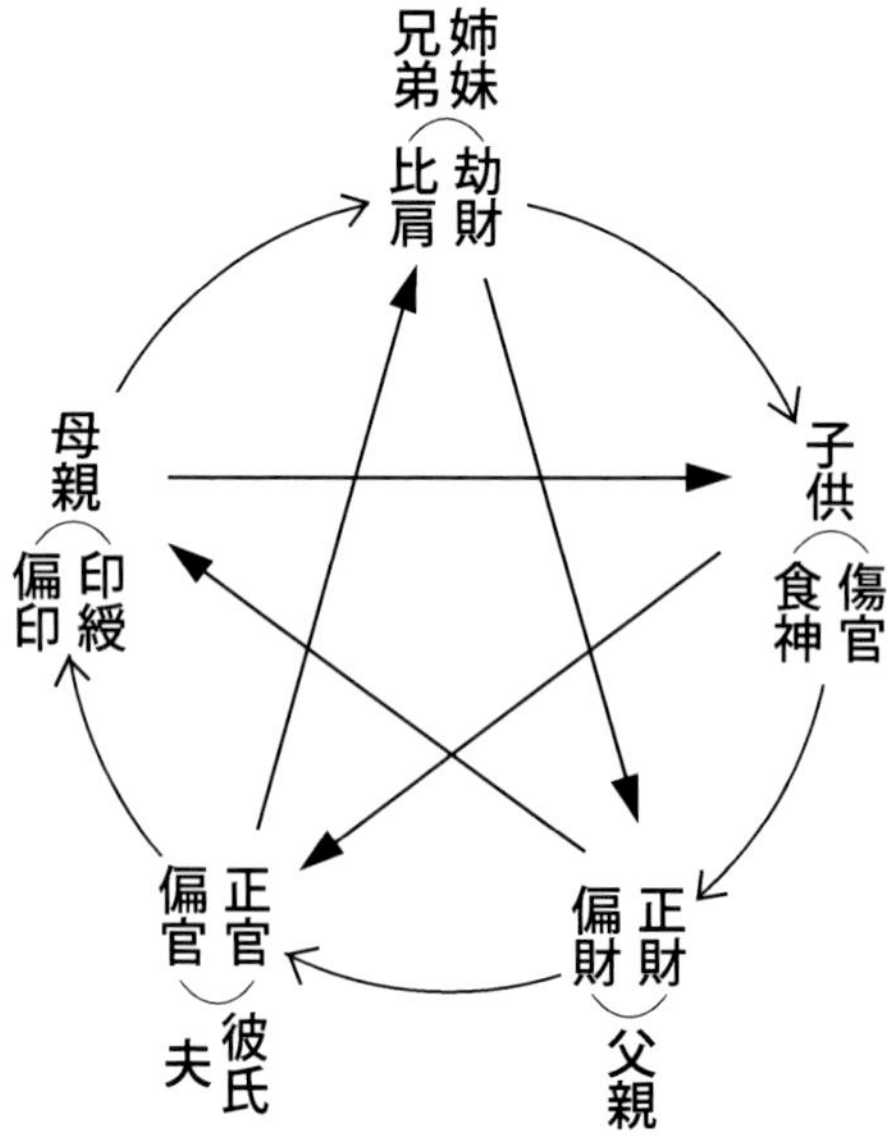

配偶者をみる（女性の場合）

女性の場合、命式の、日の下の「配偶宮」ではなく、月の上にある通変星（47頁の命式表⑪）で「配偶者」を占います。

本来、月の上にある通変星は、外で出会うべき人ということで、恋愛結婚が当り前の現代の日本においては、ここにある通変星の人物が配偶者だと判断した方が、現実には当たっていることが多いのです。もっとも、お見合いや許嫁のような場合は、従来通り、日の下にある通変星の人物を配偶者とみた方が当たっているようですが……。

通変星でみる配偶者（女性の場合）

1　比肩　自分と同じような考え方をする相手
　兄弟姉妹　友達　同僚　仲間　同級生　ライバル　同業者　同世代　恋敵あり

2　劫財　自分と同じような行動をする相手
　兄弟姉妹　友達　恋愛結婚　派手好き　遊び好き　浮気者　再婚相手　略奪愛

3　食神　陽気で社交的な相手
　年下の相手　子供っぽい　ポッチャリ　長男　ボンボン　ノーテンキ

4　傷官　自分のプライドを満足させる相手

高学歴　高収入　背が高い（三高）　見栄張り　ブランド志向　ハンサム

5　偏財　恋愛結婚志向

交際上手　社交的　プレイボーイ　遠距離恋愛　再婚相手　まめな相手

6　正財　玉の輿結婚志向

おぼっちゃま　資産家　世間知らず　お人好し　頼りにならない　長男

7　偏官　苦労させられる相手

年下の相手　うんと年上の相手　外人　ためにならない相手　再婚相手　変人

8　正官　真面目で大人しい相手

理想的な相手　お見合い　長男　良夫　相続人　面白みのない相手　品行方正

9　偏印　尊敬できるような相手

理想と違う相手　父親のような相手　先生　師匠　一芸に秀でる　個性的

10　印綬　家柄の良い相手

温厚で上品　先生タイプ　長男　相続人　信仰心有り　マザコン　冬彦さん

通変星でみる人物（男性の場合）

男性の場合、比肩、劫財は、自分と同胞で、兄弟、姉妹とみます。食神、傷官は、子供とみないわけではありませんが、先祖とみます。

偏財、正財は、自分が困らせる人で妻や彼女や父親とみます。偏官、正官は、自分を困らせる人で子供や上司とみます。偏印、印綬は、自分を生んでくれた人で母親とみます。

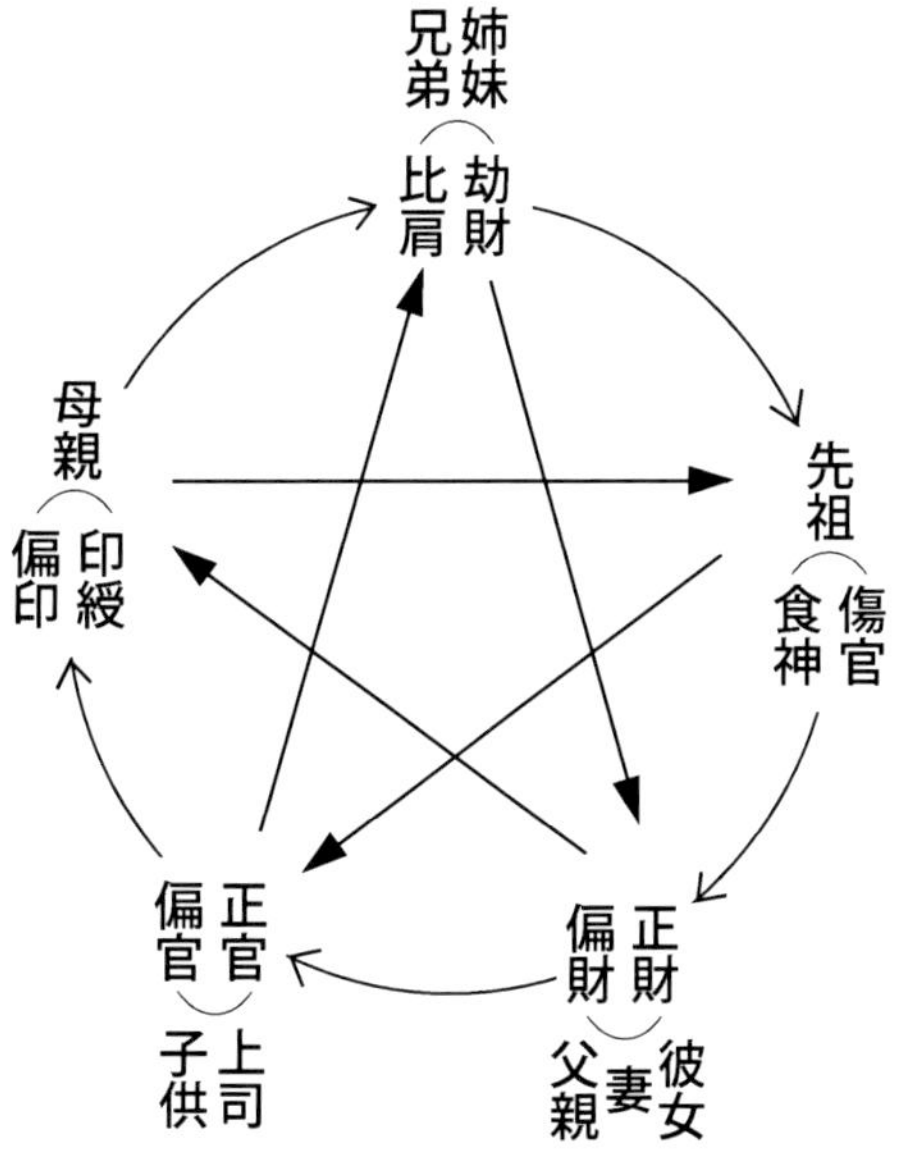

配偶者をみる（男性の場合）

男性の場合、命式の、主に日の下にある通変星、つまり「配偶宮」で「配偶者」を占います。

実は、戦前よりもっと以前は、年の柱で「配偶者」を占っていました。そして、現在も微妙に変化をしておりまして、ごく近い将来、女性がプロポーズをするのが当り前の時代になれば、男性も女性と同じように、命式の、月の上にある通変星で「配偶者」を占った方が当たるようになるかも知れません。

実際の鑑定においては、依頼者の種々の情況を酌んで判断をしていく必要があります。そうでないと、いつまで経っても時代の変化について来れないし、いずれはコンピューター占いに取って替わられてしまいます。

通変星でみる配偶者（男性の場合）

1　比肩　自分に似たような相手
　　兄弟姉妹　友達　同僚　仲間　同級生　ライバル　同業者　同世代　恋敵あり

2　劫財　自分と同じような相手
　　兄弟姉妹　友達　わがまま　金遣い荒い　贅沢好き　悪妻　人妻　初婚に失敗

3　食神　陽気で明朗な相手
　　三食昼寝付き　子供っぽい　長女　ポッチャリ　おっちょこちょい

4　傷官　容姿端麗、美人
口うるさい　ひと言多い　言葉に棘あり　見栄張り　下げマン　別居生活

5　偏財　恋愛結婚志向
世話女房　社交的　女将さん　商売人　遠距離恋愛　やりくり上手　世話好き

6　正財　良妻賢母
お嬢様　おっとり　逆玉の輿　資産家　長女　上げマン　ひも　理想的な相手

7　偏官　キャリアウーマン
共稼ぎ　働き者　一家の労働力　容姿より打算　男勝り　苦労多い

8　正官　しっかりした相手
かかあ天下　良い家柄　うんと年下の相手　子供のような相手　ロリコン

9　偏印　母親のような女性
理想と違う相手　恵まれない結婚　年上の相手　マザコン　結婚に失敗

10　印綬　母親のような女性
穏やかで優しい　上品　年上の相手　マザコン　母親と同居　嫁姑の争い

通変星の敵星（七殺）

1比肩←偏官……偏官は比肩をやっつける……「我を抑えて勤めができるようになる」

2劫財←正官……正官は劫財をやっつける……「肩書きが一か八かの気持ちを制する」

3食神←偏印……偏印は食神をやっつける……「生活の安定を捨てて趣味に生きる」

4傷官←印綬……印綬は傷官をやっつける……「名誉肩書き学問が反骨心を奪う」

5偏財←比肩……比肩は偏財をやっつける……「頑固さが商売の邪魔をする」

6正財←劫財……劫財は正財をやっつける……「一か八かが財産をパーにする」

7偏官←食神……食神は偏官をやっつける……「先祖供養が出世を助ける」

8正官←傷官……傷官は正官をやっつける……「上役に逆らって左遷失職させられる」

9偏印←偏財……偏財は偏印をやっつける……「営業力が趣味をお金に変える」

10印綬←正財……正財は印綬をやっつける……「お金のために学問を捨てる」

第六章

相性を占ってみましょう

初対面であっても、何となく気が合う、親しみやすい、一緒にいて楽な人というのはあります。逆に、長い付き合いなのだが、何となく嫌だ、どうも苦手だ、一緒にいると気まずくなるという人もあります。

この何となく気が合う、良い相性のことを「合《ごう》」しているといいます。「合」とは、「干合《かんごう》」「方合《ほうごう》」「三合《さんごう》会局《かいきょく》」「半会《はんかい》」「支合《しごう》」のことをいい、すべて「合《ごう》」がつくのです。

また、何となく気が合わない、悪い相性のことを「冲《ちゅう》」しているといいます。「冲」の他に「刑《けい》」「害《がい》」「空亡《くうぼう》」（天中殺）があり、すべて悪い関係になるのです。

良い相性

干合

干合《かんごう》は、十干が合うという意味です。十干の組み合わせは、干合だけです。

干合以外の、方合、支合、三合会局、刑、冲、害は、全て十二支同士の組み合わせとなります。

干合とは、最も仲の良い関係とみます。特に男女の相性としては最高のもので、夫婦の姿とみます。干合は、時として化気し、別の一つの五行に変化することもあります。

甲己化土《こうきかど》（戊《つちのえ》）
乙庚化金《おつこうかきん》（庚《かのえ》）
丙辛化水《へいしんかすい》（壬《みずのえ》）
丁壬化木《ていじんかぼく》（甲《きのえ》）
戊癸化火《ぼきかか》（丙《ひのえ》）

甲と己で土、乙と庚で金、丙と辛で水、丁と壬で木、戊と癸で火に変化します。

方合

東方合	木	春	寅	二月	卯	三月	**乙**	辰	四月
南方合	火	夏	巳	五月	午	六月	**丙**	未	七月
西方合	金	秋	申	八月	酉	九月	**辛**	戌	十月
北方合	水	冬	亥	十一月	子	十二月	**壬**	丑	一月

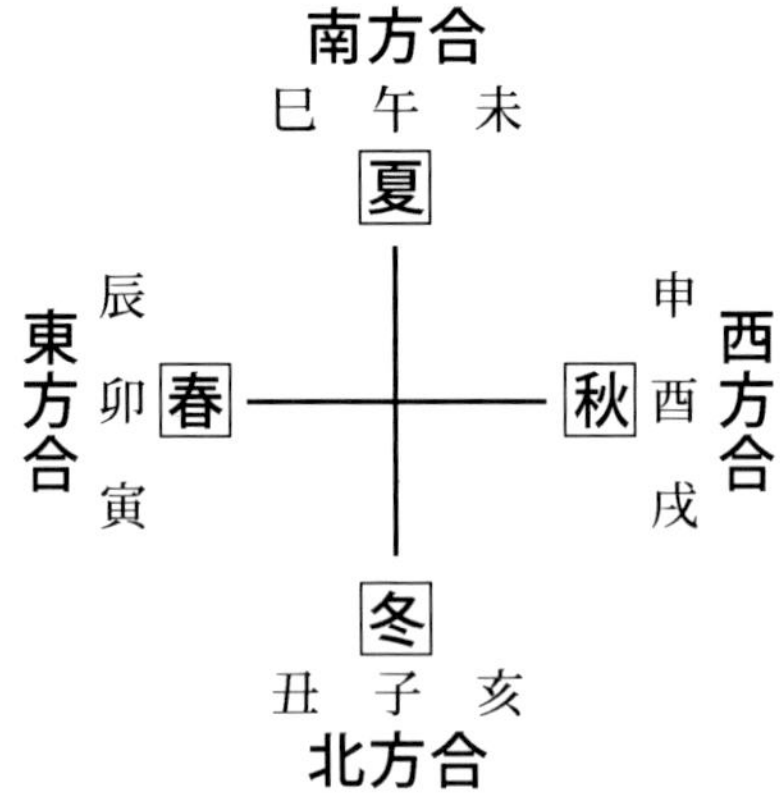

方合《ほうごう》は、方位が合うという意味です。十二支の組み合わせで、三つの支が集まって、東西南北の四つの方位に分けられます。

方合とは、同じ気が集まるのですから、作用は強力です。当然、良い相性とみます。方合になると、大きなパワーが生じることになるのです。

方合は、十二支の三支が集まってはじめて成立します。二支で半合といったものはないのです。

方《ほう》合《ごう》（三合会局と混同しないように）

方合の図

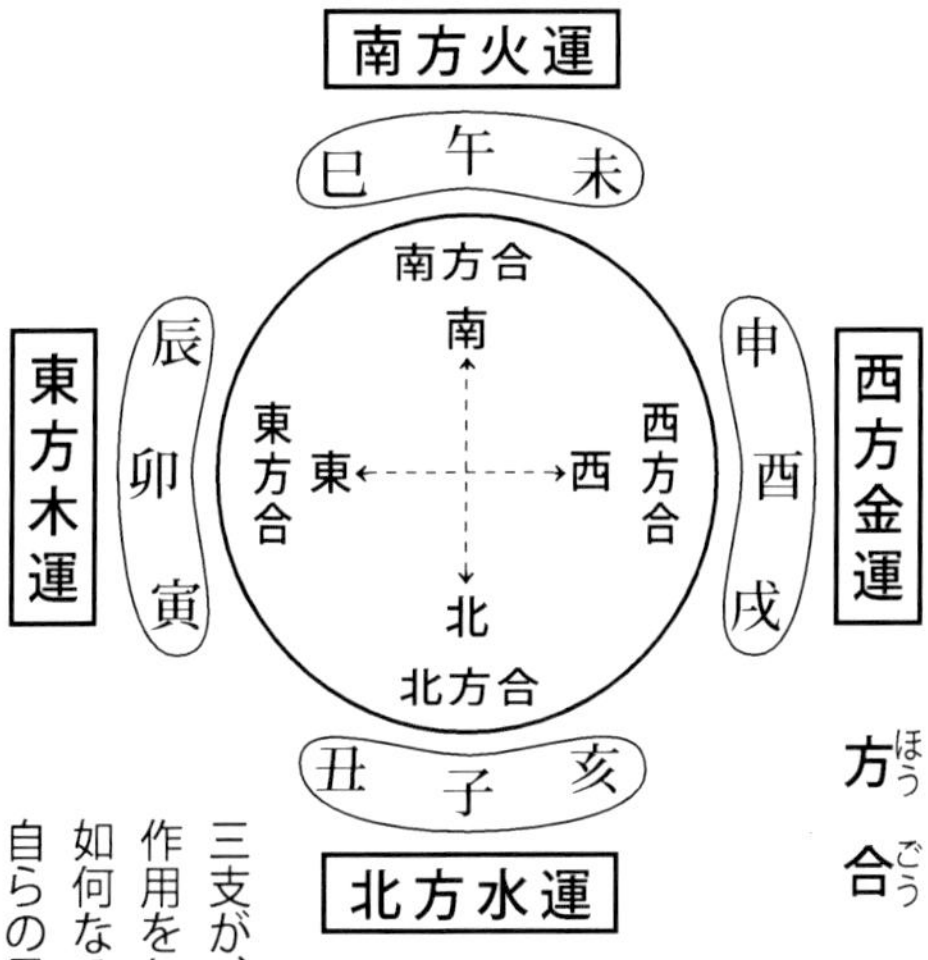

三支が、季節、方位を構成し、非常に強力な作用をします。

如何なる冲現象も影響を受けません。

自らの目的遂行に全力投球で取り組みます。

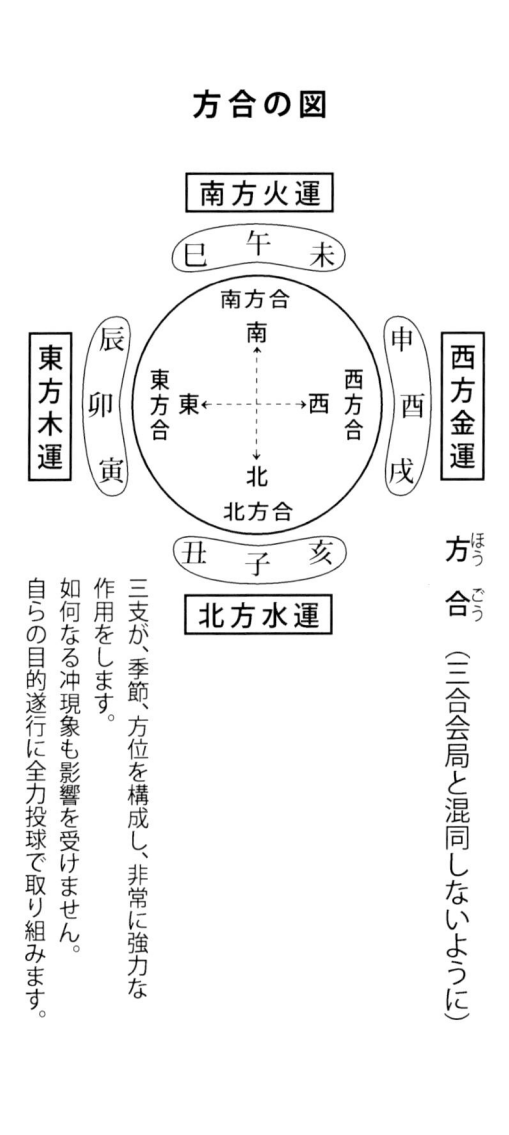

酒の肴

桃太郎伝説

グリム童話集が一躍ブームになるなど、童話が見直されてきています。日本の童話集も元をたどれば意外な一面が見えてきたりします。

桃から生まれた桃太郎は、育ててくれた老夫婦の恩に報いるために、キビ団子をもらって、鬼退治の旅に出ます。桃太郎は、旅の途中で、犬、猿、雉に出会い、老夫婦からもらったキビ団子を与えて家来にします。そして、家来になった三匹の働きによって、めでたく鬼を退治して帰るというのが桃太郎のお話です。

この童話は、実は、五行説が基となっているのです。桃は五行では金を意味します。金は、堅いものや、収穫したものを表すからです。また、犬、猿、雉は、戌、申、酉にあたり、西方合で大きな金になるのです。金には、刀の象徴としての、武力と正義の意味があります。また、木には、ライバルとか狂暴な者という意味があり、その象徴を鬼に見立てています。そこで、木の鬼を、金の桃太郎、犬、猿、雉が力を合わせてやっつけるというわけなのです。

つまり、桃太郎伝説は、金が木をやっつけるという話で、金剋木で五行の相剋の考え方がその基となっているのです。

酒の肴

土俵の位置

国技大相撲の土俵の位置は決まっています。つまり、北を正面にして、南を向正面に定めます。そして、正面から土俵に向かって左を東、右を西とします。北は「天子の場所」とされ、天子が座っている姿が北の形になるという謂《いわ》れがあります。

故に、天覧相撲の際に、天皇陛下がお座りになられるロイヤルボックスは、北の正面に位置しているのです。北は天子の位置故に、物言いの際の説明は、北の正面に位置している審判長が、マイクで行うことになっています。

また、南には「物事をあからさまにする」という意味があります。故に、南の向正面には、通常の審判以外に時計係審判がおり、物言いの際のビデオカメラも備えられています。南からだと、はっきりしたことがわかるというわけなのです。

土俵の位置は方合の形になっています。時計回りに、方位と季節と五行を表しているのです。つまり、土俵の位置は陰陽五行説に倣《なら》って決められていて、北が黒房で水と冬を表し、東が青房で木と春を、南が赤房で火と夏を、西が白房で金と秋を、それぞれ表しています。「五行の土がない」と言われそうですが、真ん中の土俵こそが「土」そのもので、土用なのです。

酒の肴

陰陽五行説では、「物事全ては土から始まり、土に帰る」という考え方があります。そこで、土俵がその象徴的なものであると位置づけられているのです。相撲が日本の国技であるゆえんは、土俵にあるといえるのかも知れません。

土俵の位置

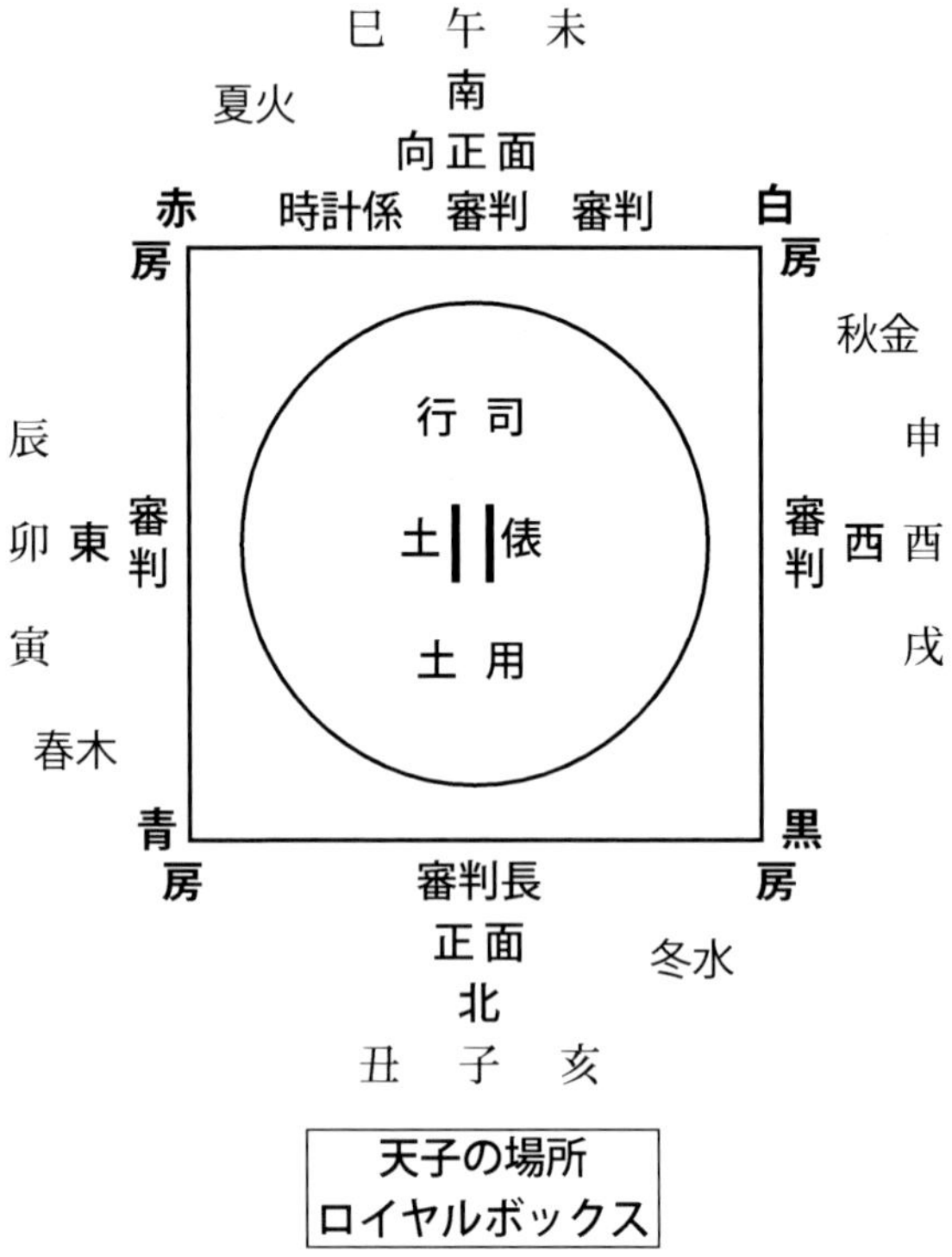

三合会局

三合会局《さんごうかいきょく》は、三つが合わさって、一つの局《きょく》になるという意味です。これも十二支の組み合わせで、三つの支が集まって、局の五行の意味が強くなります。

真ん中が局に当たり、中心なので局長《きょくちょう》ともいいます。

寅・午・戌（とらまいぬ）…火局（丙）
申・子・辰（さるねたつ）…水局（壬）
亥・卯・未（いうひつじ）…木局（乙）
巳・酉・丑（みどりうし）…金局（辛）
四隅　四正　四墓
　　　（局長）

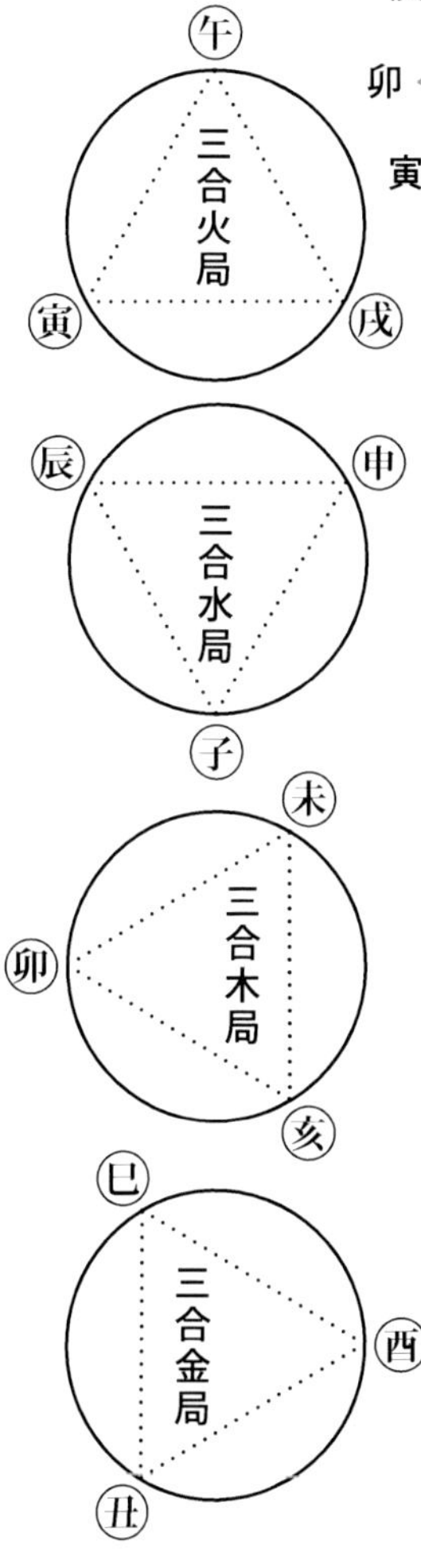

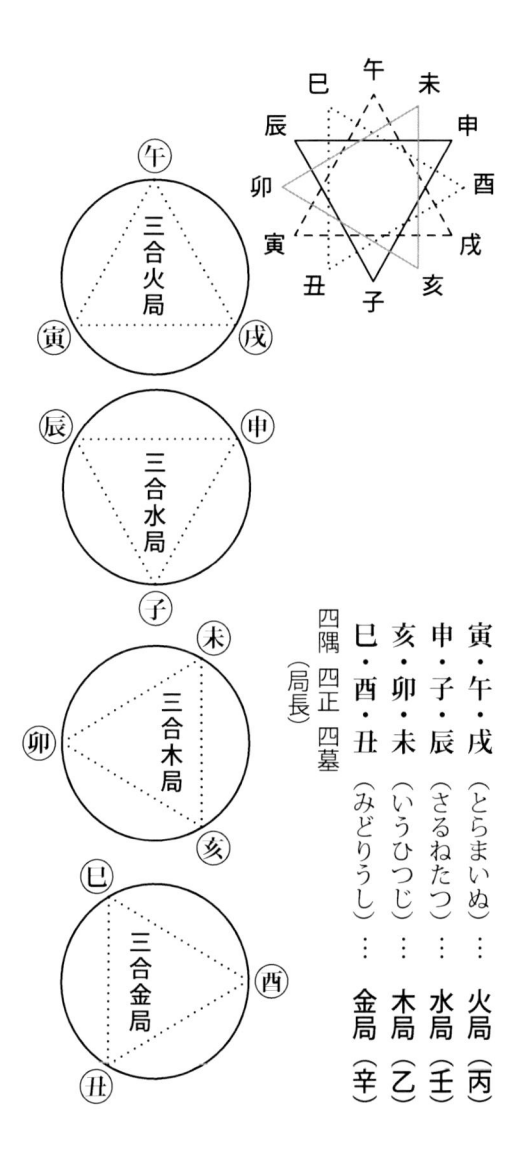

半会

寅と午　午と戌　申と子　子と辰

巳と酉　酉と丑　亥と卯　卯と未

三合会局の三つの支のうち、二つの支があれば、半会《はんかい》とみます。三合会局の、半分が合うということです。意味も、三合会局の半分になるわけですが、局になる十二支がない場合は成立しません。

支合

子丑の支合　亥寅の支合

卯戌の支合　午未の支合

辰酉の支合　申巳の支合

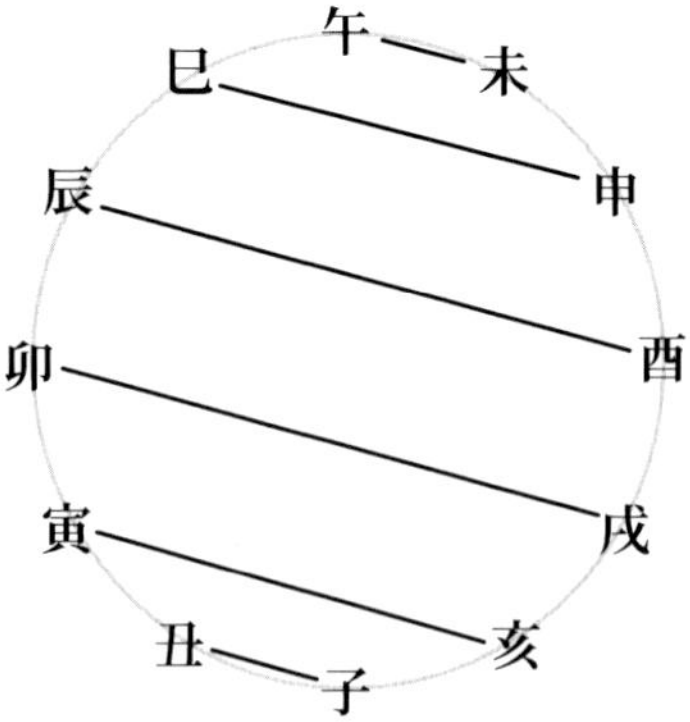

支合《しごう》は、「十二支が合う」という意味です。十二支の二支の組み合わせで、お互いに良い相性になります。支合には、概して「一目惚れ」という意味合いがあります。お互いが支合になれば「一目惚れ」で、単独で支合になれば、「惚れやすい」というわけです。

支合の中でも、「子丑の支合」が最も良い相性になります。また、「申巳の支合」は「刑《けい》」にも当たり、「くされ縁」という意味になります。

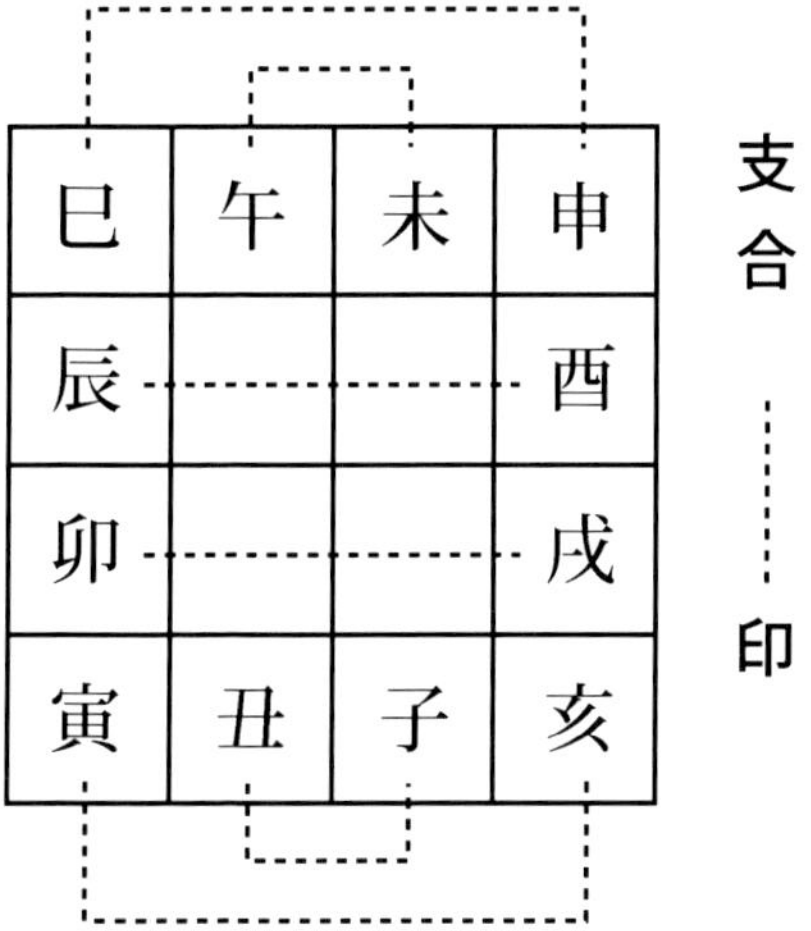

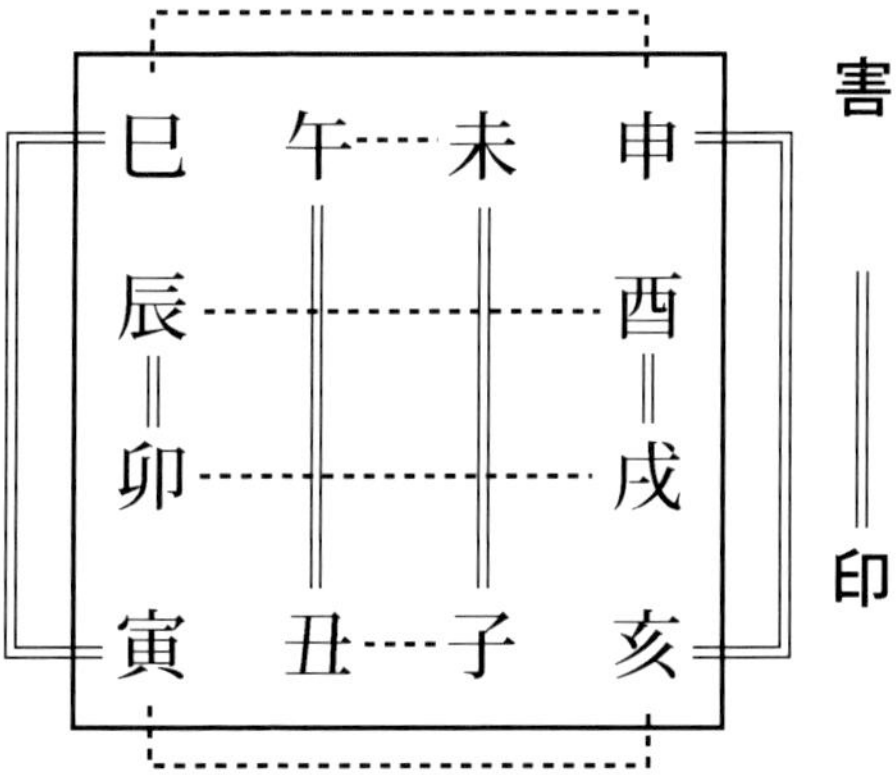

支合の組み合わせ

子と丑

辰と酉

亥と寅

未と午

卯と戌

悪い相性

冲

子午の冲　卯酉の冲

寅申の冲　亥巳の冲

辰戌の冲　丑未の冲

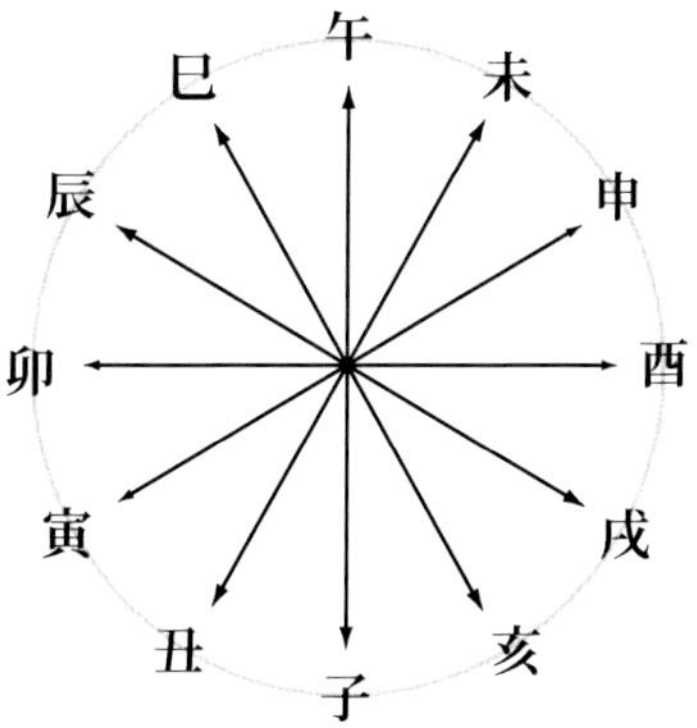

冲《ちゅう》とは、戦剋《せんこく》という意味です。戦って相手をとことんやっつける形になります。十二支の組み合わせの中で、向かい合っている支を剋します。

冲は、五行においても相剋の関係になっており、仲が悪いということになるのです。辰と戌、丑と未は土同士の冲で、肉親、身内のトラブルとみます。

また、土同士の冲は、その他の冲に比べて凶現象は小さくなります。

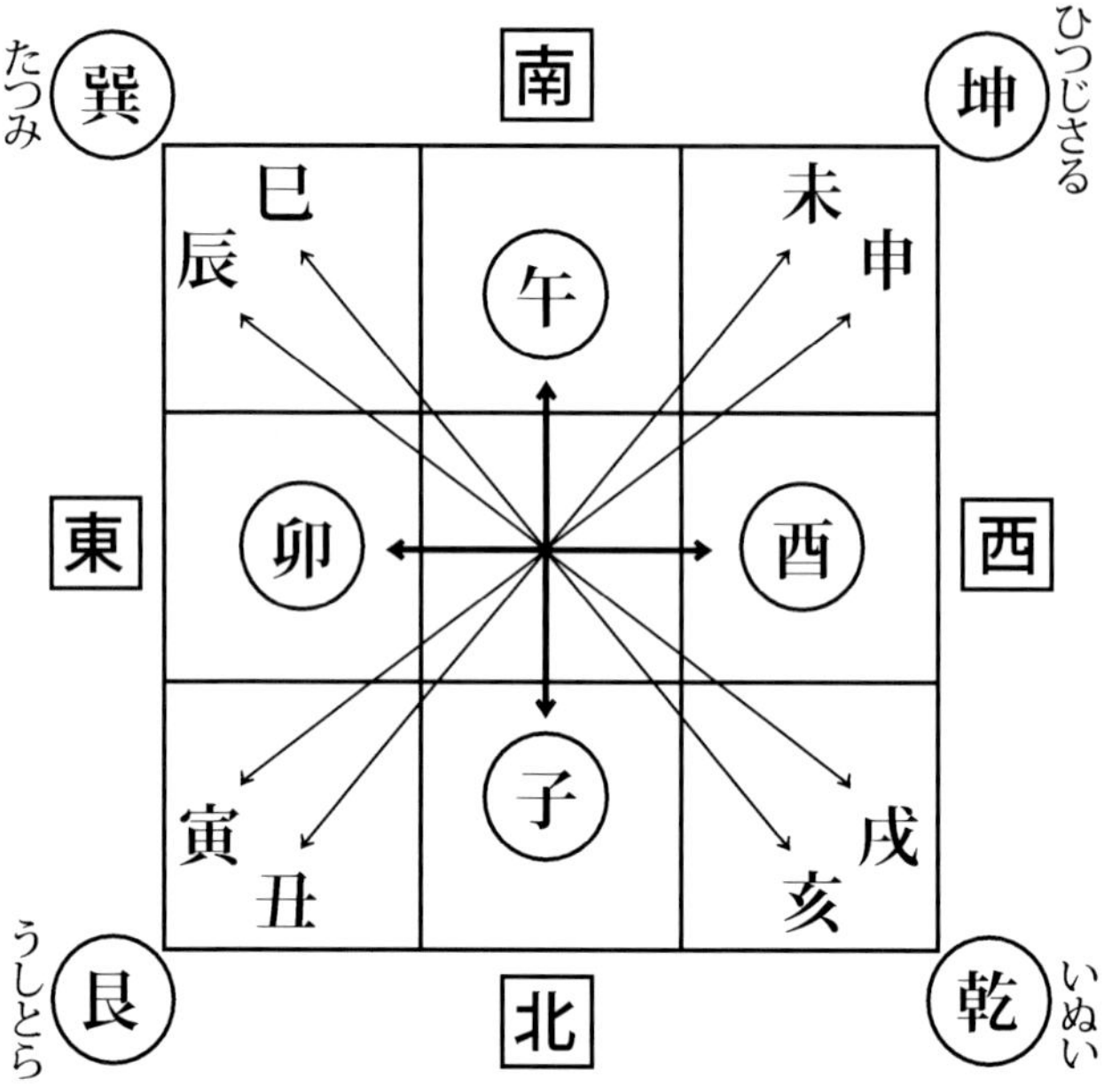

＊四正の支の冲が
最も影響を受ける

冲とは動揺、変化です。

子、午、卯、酉を
「四正《しせい》」の支といいます。
「四専」

寅、申、巳、亥を
「四隅《しぐう》」の支といいます。
「四孟」

辰、戌、丑、未を
「四墓《しぼ》」の支といいます。
「四庫」

刑

子卯の刑
寅巳の刑　害にもなる
寅申の刑　冲にもなる
申巳の刑　支合にもなる
丑戌の刑
未戌の刑
丑未の刑　冲にもなる

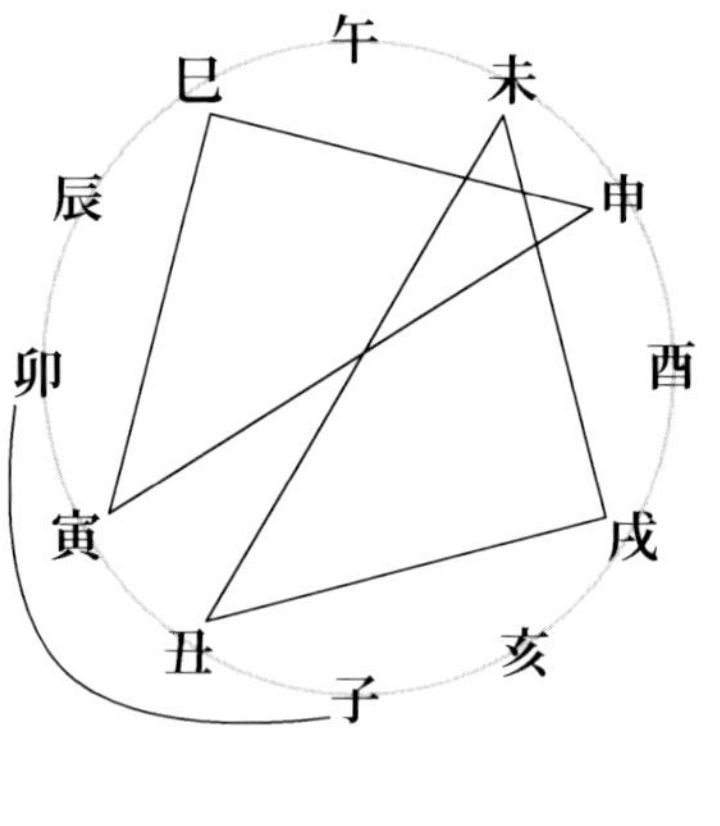

刑《けい》とは、剋し合う関係で、対人関係のトラブルという意味です。子と卯、寅と巳、寅と申、申と巳、丑と戌、未と戌、丑と未を三刑《さんけい》といいます。

午と午、酉と酉、亥と亥、辰と辰を自刑《じけい》といいます。単独で自刑があると「自ら災いを招く」ということで、トラブルメーカーになりやすい傾向があります。

害

卯辰の害
寅巳の害　刑にもなる
申亥の害
丑午の害
子未の害
酉戌の害

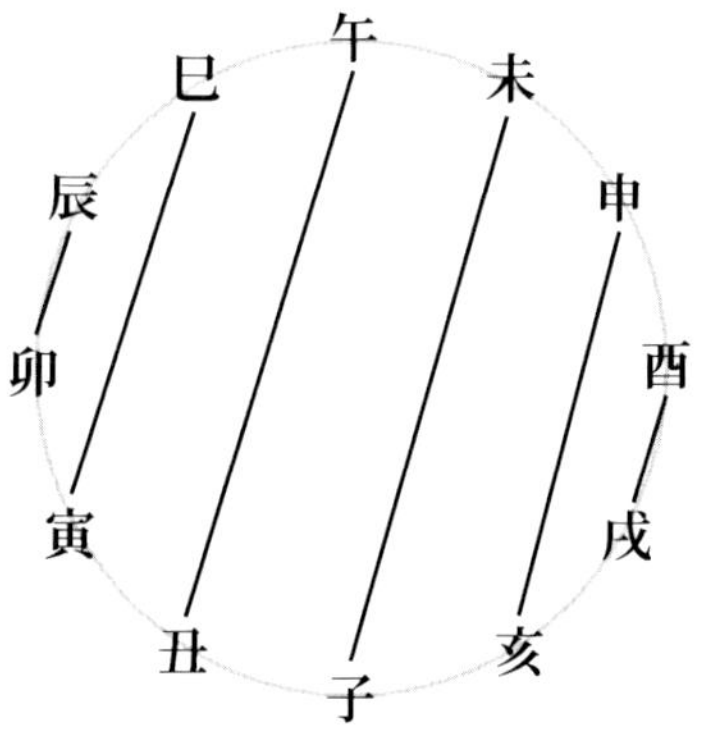

害《がい》とは、害のある関係です。害は六害《ろくがい》といって、六種類の害があります。
害には、分離、阻害、身内のトラブルといった意味があります。丑と午、子と未、酉と戌のように、土が絡むと肉親、身内とのトラブルとみます。
自分がお世話になった恩を仇《あだ》で返す形で、骨肉の争いになったりすることもあります。しかし、身内である以上、縁は切れないわけで、冲に比べて凶意は軽いと考えて、それ程気にすることはありません。

刑

三刑——印
自刑——○

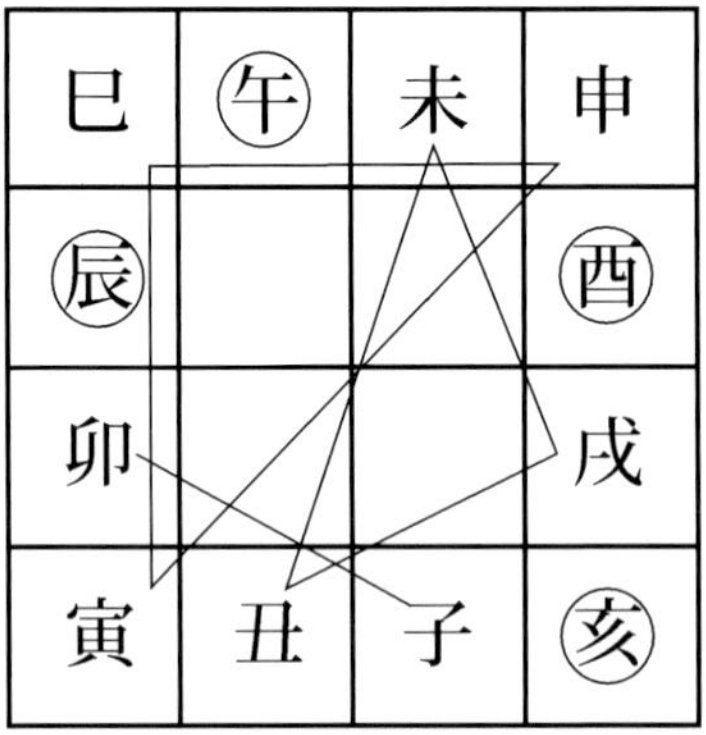

三刑　対人関係のトラブル・けが

害

害═══印

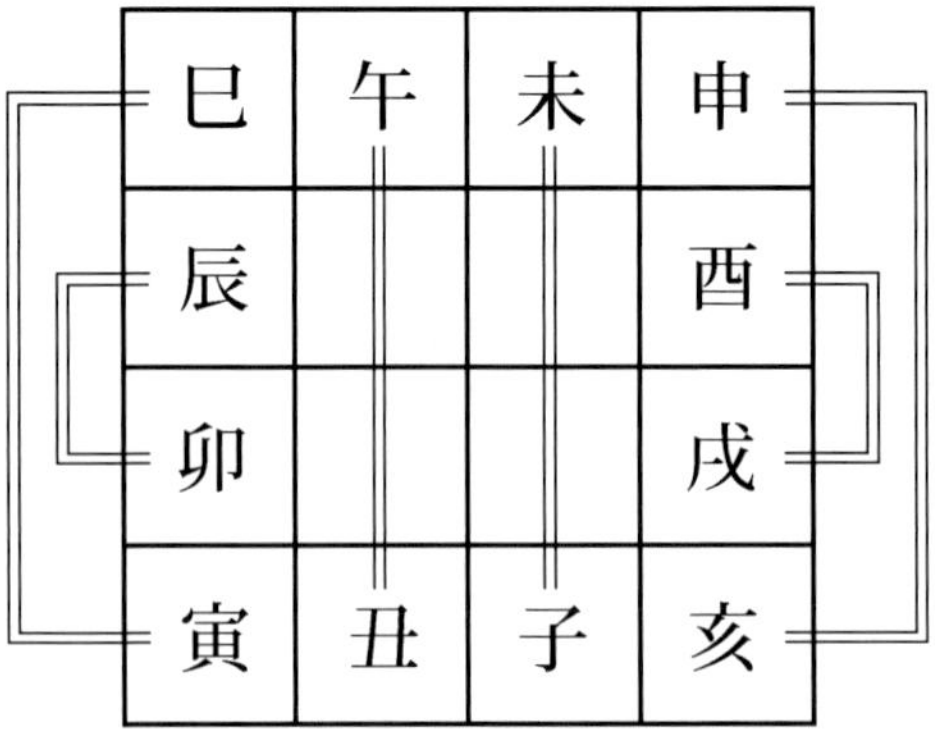

六害　分離・阻害・身内のトラブル

支合と刑

刑と害

	子	丑	寅	卯	辰	巳	午	未	申	酉	戌	亥
子		合		刑			冲	害				
丑	合						害	冲			刑	
寅						刑/害			冲			合
卯	刑				害					冲	合	
辰				害	自					合	冲	
巳			刑/害						刑/合			冲
午	冲	害					自	合				
未	害	冲					合				刑	
申			冲			刑/合						害
酉				冲	合					自	害	
戌		刑		合	冲			刑		害		
亥			合			冲			害			自

註　支合を合、七冲を冲、六害を害、三刑を刑、自刑を自とする

空亡（天中殺）

空亡《くうぼう》は、天中殺ともいいます。空亡とは、天の気と地の気が合わない時期ということですが、お互いの相性を判断する場合にもみます。

イ　年が空亡……年の柱は出発点を意味します。故に、年が空亡しているということは、生家六親に縁が薄いとみます。六親とは、父母兄弟妻子のことです。

ロ　三位空亡……年月日時の、いずれか三つの柱が空亡していることを、三位空亡といいます。何らかの事情で、六親に縁が薄い人が多いようです。

ハ　同一空亡……お互いの空亡が同じであることを、同一空亡といいます。同一空亡とは、お互いの考えが似ているということです。お互いに同調しやすく、良い相性であるとみます。

ニ　相性空亡……お互いの空亡を持ち合わせていることを、相性空亡といいます。お互いに相手の空亡を持っていることで、一見良い相性のようですが、結婚の相性としては、避けた方が良いといわれています。

土用の丑

土用の丑の日に鰻を食べる習慣は、平賀源内が江戸時代に流行らせたといわれています。

春夏秋冬、それぞれの季節の終わりには、必ず土用があります。土用は季節の変わり目にあたりますので、体調を崩しやすい時期ということになります。中でも暑い夏の土用が、最も作用が大きいというわけです。夏の土用は、七月の未月にあたります。そこで、土用の丑の日は、未月の丑の日のことをいいます。この日に、鰻を食べるのが本来なのです。

では、なぜ土用の丑の日に鰻を食べるのでしょうか。これも、陰陽五行説、五行の相剋の考え方から成り立っているのです。夏の土用である未に対して、冬の土用である丑でもって、対抗しようという考え方なのです。未と丑は土同志ですが、お互いに向かい合う、冲の関係になります。未は夏の火の勢いを有し、丑は冬の水の勢いを有しています。

また、鰻は水の中に棲んでいるので、五行では水に当たります。つまり、夏の火の勢いを、丑と鰻の冬の水の力で弱めようというわけなのです。そこには、水剋火の、五行の相剋の考え方が、もとになっているのです。水であれば、別に鰻でなくてもいいようなものですが、丑（う）と同じ音ということで、鰻になったようです。

第七章

印象を占ってみましょう

誰しも、自分のことは自分が一番よく知っていると思っています。でも、自分が思っている自分が、必ずしも他人が思っている自分の「印象」とは限りません。

例えば、自分では自分のことを「人当たりが良くて、社交的で、明るく、誰からも好かれる魅力的な人間だ」と思っているかもしれません。しかし、他人から見ると、「無愛想で人付き合いが悪く、陰気で、本当は付き合いたくないイヤな人間だ」と思われているかもしれません（知らないほうがよいのかも）。

ひと昔前、一世を風靡したテレビドラマ、野島伸司さん原作『高校教師』の主人公・羽村隆《はむらたか》夫《お》と二宮繭《にのみやまゆ》との名セリフから……。

「人間には三つの顔がある」

「？」

「一つは自分の知る自分。二つ目は、他人が知る自分。もう一つは、ホントの自分」

「……ホントの自分は、どうしたらわかるの？」

「さあ……自分が何もかも失ったときにわかるのかも」

「じゃあ、知らないほうが幸せね」

「そうかもしれないな」

「印象」は十二運でみます。
年の十二運は第一印象で、「他人が知る自分」。
月の十二運は、その人の日常をある程度知っている「身内が知る自分」。
そして、日の十二運は、「自分が知る自分」です。
また、時間の十二運は、自分の晩年期に「子どもが知る自分」をあらわしています。

十二支で占う

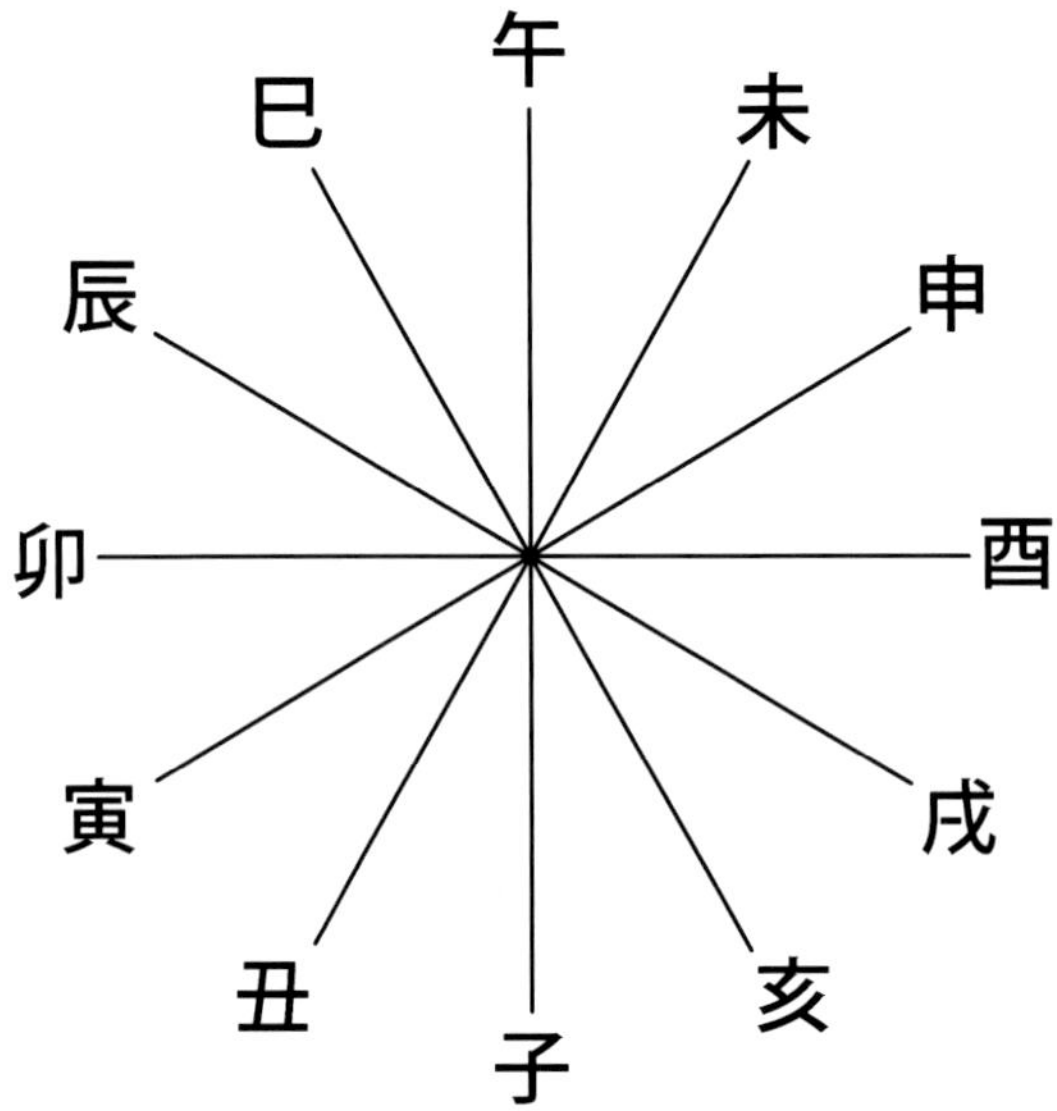

十二支

十二支の意味

子……了と一。種子。種が土の中で育まれる状態。

丑……グニャグニャ。紐《ひも》。種が大きくなろうとしている状態。

寅……うごめく。地上に出ようとして動いている状態。

卯……双葉。卵。やっと地上に芽を出した状態。

辰……振れ動く。勢いよく育っていく状態。

巳……ヘビが鎌首を持ち上げる。頂点の手前で静止している状態。

午……逆らう。頂点。満開。開ききる状態。

未……見えず。暗い。まだ実が見えない状態。

申……呻《うめ》く。実がまだ食べられない状態。

酉……醸《かも》す。実が熟する状態。

戌……保つ。守る。納める。種族保存の状態。

亥……核《かく》。閉じる。土の中にしまう。発芽の準備の状態。

十二支でみる性格

子　壬　水気の陽
（十二月　冬）
クール、知的、奉仕好き、金銭運良好、文才あり。
異性とのトラブル、交際上手、活発、忙し好き。

丑　己　土気の陰
（一月　冬の土用）
強情、頑固、人は人自分は自分、忍耐強い。
貯蓄好き、ケチ、隠し事多い、地道にコツコツ。

寅　甲　木気の陽
（二月　春）
行動力あり、ごり押し、大雑把、成長する。
動き回る、積極的、ぶつかり合う、変動する。

卯　乙　木気の陰
（三月　春）
おっとり、女性的、迷いやすい、上品、文才あり。
色事に深い、ロマンチスト、依頼心が強い。

辰　戊　土気の陽
（四月　春の土用）
向こう気が強い、喧嘩早い、先走る、負けず嫌い。
財運あり、貯蓄好き、ケチ、隠し事が多い。

巳　丁　火気の陰
（五月　夏）
お洒落、センスが良い、活発、見栄っ張り、遊び好き。
感受性が強い、直感力あり、嫉妬深い、神秘好き。

午　丙　火気の陽
（六月　夏）
派手好き、陽気、目立ちたがり、外面《そとづら》を飾る。
社交的、開放的、エネルギッシュ、キンキラキン。

未　己　土気の陰
（七月　夏の土用）
おとなしい、引っ込み思案、出しゃばらない。
コツコツ努力型、倹約家、取り越し苦労、平和主義。

申　庚　金気の陽
（八月　秋）
慌て者、おっちょこちょい、世渡り上手、飽き性。
新しもの好き、臨機応変、付和雷同、世話好き。

酉　辛　金気の陰
（九月　秋）
神経質、高慢、プライドが高い、義理堅い。
色情のトラブル、先見性あり、理解力が早い。

戌　戊　土気の陽
（十月　秋の土用）
世話好き、おせっかい、執念深い、献身的、強情。
忍耐強い、蓄財家、頑固、隠し事が多い、参謀向き。

亥　癸　水気の陰
（十一月　冬）
向こう見ず、自立心旺盛、義侠心が強い、正直者。
味にうるさい、刃物に縁がある、頑固一徹。

十二運

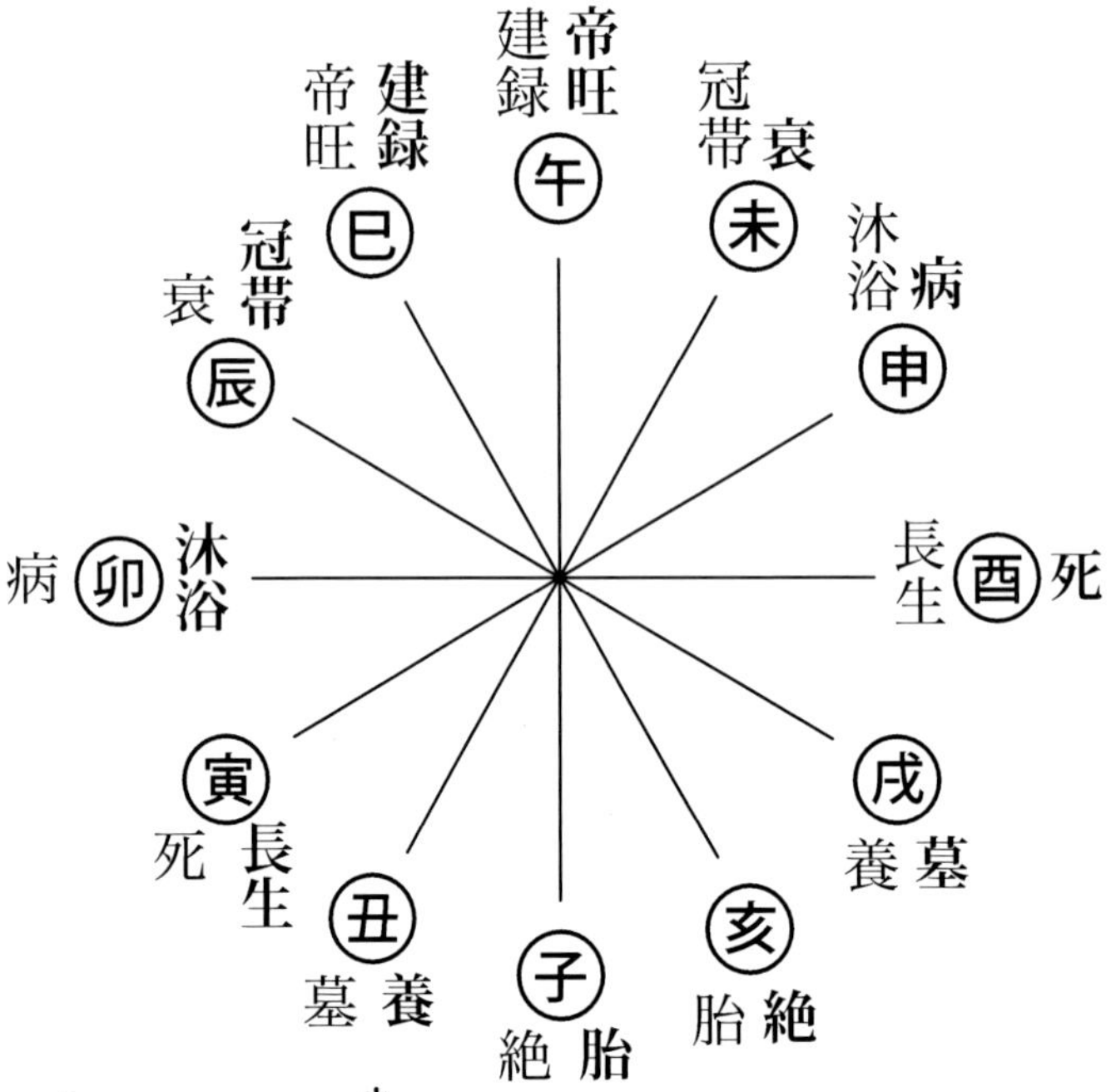

＊復習になりますが、十二運は、日干から年、月、日、時の干支をみて出します（46頁、および巻末、２１８頁の「十二運」の表を参照）。

十二運の強弱

十二運《じゅうにうん》は、大きく三つに分けられます。
長生《ちょうせい》**、冠帯**《かんたい》**、建禄**《けんろく》**、帝旺**《ていおう》**を「四旺**《しおう》**」**といい、強い十二運です。**衰**《すい》**、病**《びょう》**、死**《し》**、絶**《ぜつ》**を「四衰**《しすい》**」**といい、弱い十二運です。そして、**沐浴**《もくよく》**、胎**《たい》**、墓**《ぼ》**、養**《よう》**を「四平**《しへい》**」**といい、強くも弱くもない、中の十二運とみます。

理論上では、帝旺が頂点で最高位なわけですから最強と思えるのですが、そうでもありません。相撲の世界を例にとれば、横綱は確かに最高位です。横綱を帝旺とすれば、さしずめ、大関は建禄、関脇は冠帯でしょうか。しかし、大関目前の関脇あたりだと勢いがあるものですから、力は上かもしれないのです。また、衰は帝旺の次なので、かなり上のほうに位置しているのですが、これから徐々に下り坂になっていくので、力は弱いとみるのです。衰、病、死、絶とも、ピークを過ぎて下っていく、勢いのない状態なので弱いとみるのです。

人間も、一度頂点を極めると、後は下がっていくしかないのです。ですから、いったん下り坂になった者の勢いは、現在下の方にいても、これから上り坂になっていく者と比べて弱いとみるのです。非情なようですが、これが現実の姿なのです。

十二運の意味

胎……母体に宿る。受胎。認識する。
養……母体内で養分をとって成長。誕生を待つ状態。
長生…母体から出る。出産。生まれる。
沐浴…産湯を使う。接触。苦楽の分別のない赤ん坊。
冠帯…一人前になる。成人式。苦楽を感受する。
建禄…働く。自立。渇愛する。生計を営む。
帝旺…人生のピーク。頂点。欲求に執着する。
衰……衰える。隠居。定年過ぎ。
病……病気になる。病床。次の生の始まり。
死……死ぬ。老いと死の苦しみ。
墓……墓に入る。迷い。煩悩の根源。
絶……絶える。行為。次の識を起こす働きをする。

十二運でみる性格と適職

胎……新しもの好き。理想主義。空想家。センス。新製品開発。

養……勤勉努力。気苦労。鈍感。伝承していく仕事。コツコツやる仕事。

長生…保身的。スタイリスト。補佐役。ブレーン。ナンバー2。

沐浴…決断力なし。迷いやすい。モテる。ゼネラリスト。自由業。

冠帯…ワンマン。人の上に立つ。やり手。エネルギッシュ。独立自営。

建禄…実力者。積極的。トップ。女性は男の役目をする。信用ある立場。

帝旺…強気。自信家。態度が大きい。顔が広い。オーナー。ボス。社長。

衰……保守的。消極的。慎重。堅実な仕事。女性は家庭的。元社長。会長。

病……潔癖。せっかち。ロマンチスト。病人相手の仕事。出世頭。芸術。

死……心配性。諦《あきら》めが早い。交際が狭い。技術職。専門職。手に職。

墓……質素。緻密。経済観念発達。経理。金融。蓄財。庶務。

絶……飽き性。都会生活。人気商売。水商売。タレント。アイデア。企画。

十二運の考え方

胎　子　壬　水気の陽　色情。ムード。ロマン。進歩的。
　　十二月　冬　学者。研究家。

養　丑　己　土気の陰　忍耐強い。養子。養女。母思い。
　　一月　冬の土用　過保護。可愛がられやすい。

長生　寅　甲　木気の陽　行動力あり。長男。長女。長寿。
　　二月　春　衣食住が安泰。気楽。おっとり。

沐浴　卯　乙　木気の陰　色事。不安定。権威を破壊。
　　三月　春　離婚。ちやほやされたい。

冠帯　辰　戊　土気の陽　向こう気が強い。わがまま。自己中心。
　　四月　春の土用　我が強い。敵が多い。

建禄　巳　丁　火気の陰　活発。権威主義。管理職。
　　五月　夏　おだてに弱い。

帝旺　午　丙　火気の陽　盛り。派手。頭領。指示する。
　六月　夏　気分では動かない。

衰　未　己　土気の陰　おとなしい。でしゃばらない。温順。
七月　夏の土用　別格主義。淡白。

病　申　庚　金気の陽　神経質。苦しい。病気。空想的。
八月　秋　イライラ。同情心。

死　酉　辛　金気の陰　神経質。取り越し苦労。勤勉。
九月　秋　専門技術。こだわり派。

墓　戌　戊　土気の陽　貯める。守る。長男。跡取り。
十月　秋の土用　利財。吝嗇。お墓を守る。

絶　亥　癸　水気の陰　色情。チャランポラン。人気。
十一月　冬　絶家。断絶。中絶。

陽干十二運

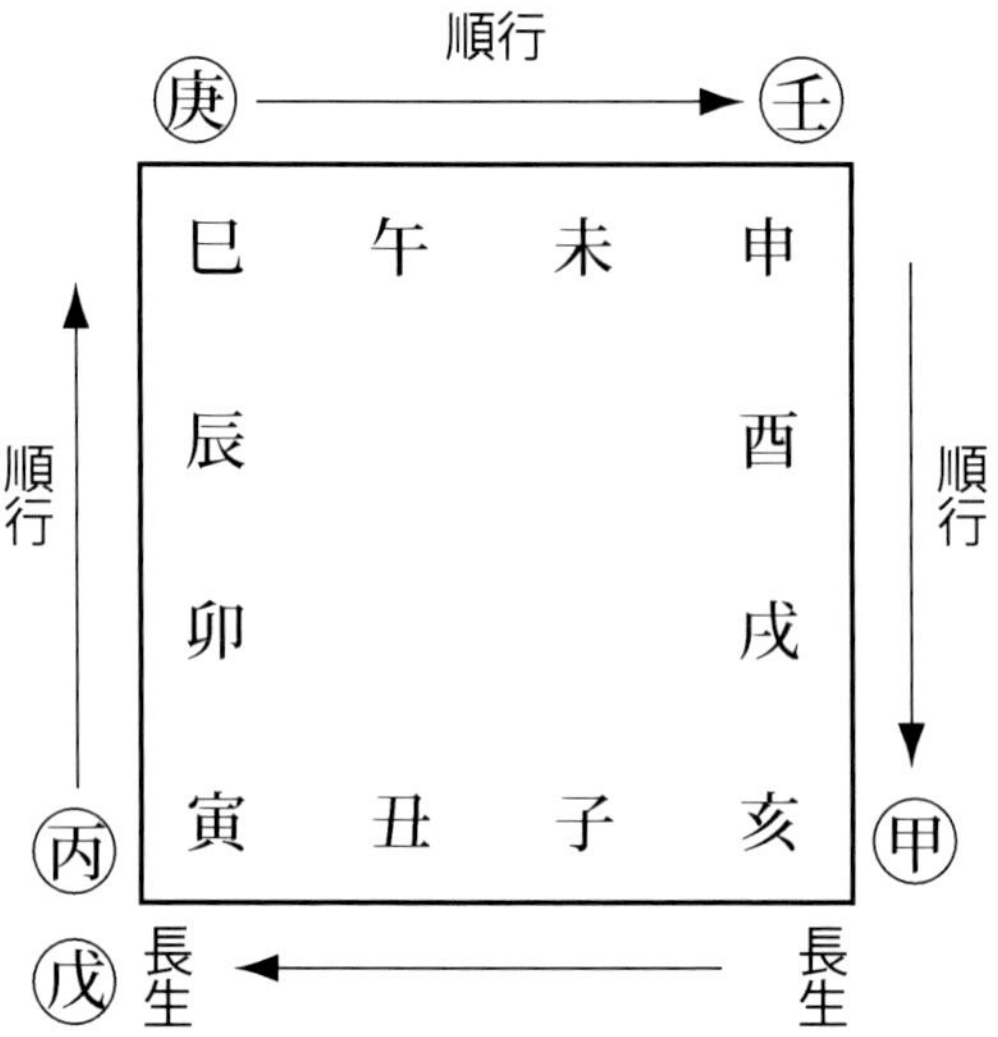
順行
庚
壬
巳 午 未 申
辰 酉
卯 戌
寅 丑 子 亥
順行
順行
丙
甲
戊
長生
長生

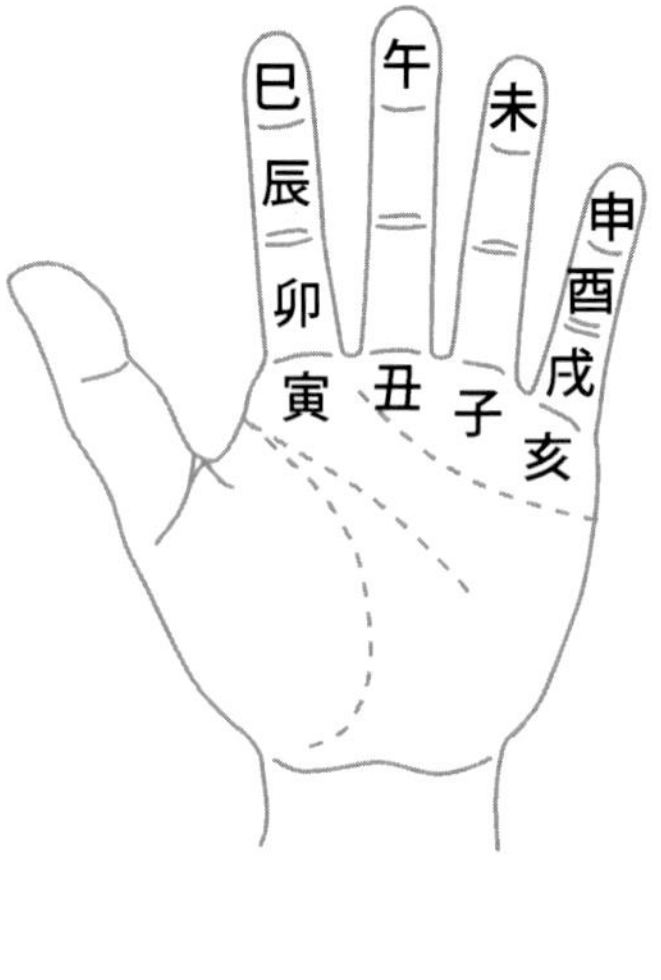
巳
辰
卯
午
未
申
酉
戌
寅
丑
子
亥

陰干十二運

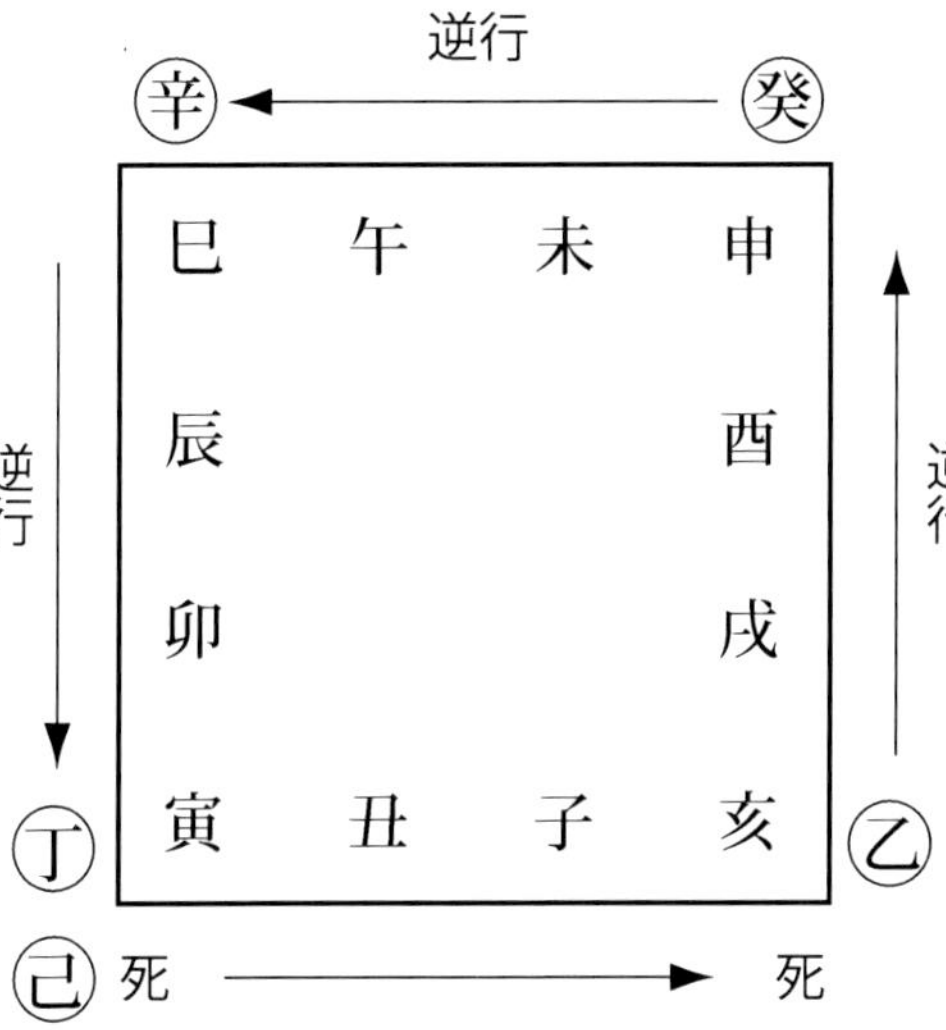

酒の肴

魂

魂という字は、「鬼」と「云」からできています。鬼は、中国では死者のことをいい、「死んだ人の霊」という意味です。云は、「言う」という意味です。つまり、魂とは本来、「死んだ人の霊が喋《しゃべ》る」という意味なのです。

ちなみに、鬼門とは、「死者の霊が通る道」ということなのです。

ですから、先祖の霊が現世に生きる人たちに何かを伝えようとして動いているさまが、すなわち魂なのです。

何となく感じる。何となく気が合う。何となく嫌な気がする。何となく楽しい……我々が日常、何となく感じ取っている気配。これが、魂であり、先祖の霊のメッセージなのです。

四柱推命は、とりもなおさず、この魂を読みとる作業に他なりません。中でも、最も魂の働きを反映しているのが、「十二運」なのです。十二運こそは、その人の先祖からの導きをあらわしており、本来進むべき方向を暗示しているのです。前世から現世、現世から来世へと、魂の移り変わりをそれとなく表現しているものなのです。

酒の肴

神との約束

太古の昔、神と人間との間で約束が交わされました。それは神から選ばれた特定の人たちとの間でのことです。その特定の人たちというのは、神の声が聞こえる一部の人たちのことです。聖書にある、アブラハム、ダニエル、ヨハネ等。日本においては、聖徳太子、天武天皇、賀茂忠行、安倍晴明等です。

十二支、十二運には、神と人間との約束事のようなものを暗示しているのです。例えば、十二支の亥。亥は十一月で、季節は冬の初めを表します。亥は、動物がこれから土の中に入って、冬眠していく状態です。

十二運では、絶にあたり、魂が絶えることです。また、亥には、約束するという意味があります。これは、神と人間との約束ということです。核は、物事の中心の意味で種子を表します。骸は死んで骨だけになった状態です。

これらのことから推測されることは、人間は核によって滅び、地下のシェルターの中に閉じ込められる。そして、次の世代への準備を開始する。これらは、神と人間との間での約束通りというわけなのです。

これが、今後の人類の滅亡を予言しているのか、過去にあったことを表しているのかはわかりません。しかし、四柱推命のルーツを辿《たど》っていけば、そこには深遠なる真理が隠されているように思えるのです。

第八章

自分自身を占ってみましょう

それでは、今までのことを総合して、実際に占ってみましょう。

昭和46年6月28日午後0時41分生まれの人を例に挙げてみます。すでにお気づきの方もおられるかと思いますが、実はこの人はタレントの藤原紀香さんなのです。

有名人を例に挙げる方がイメージがつかみやすいのです。実際の藤原紀香さんをイメージしながら読み進んでいって下さい。

そして、「自分自身」に置き換えて、自分自身を占ってみましょう。

命式表　氏名　藤原紀香

明・大・昭・平　46年6月28日　AM・PM　0時41分生　男・女

	通変星	干支・八字（天干 地支）	蔵干	通変星	十二運
年	正官	辛亥	壬	偏印	長生
月	比肩	甲午	丁	傷官	死
日		甲申	庚	偏官	絶
時	偏官	庚午	丁	傷官	死

空亡は、午　未

木2
火2
土0
金3
水1

性格を占ってみましょう

「性格」は日干でみます。日干は甲日生まれです。

甲日生まれの性格は、人に頼らずリーダーです。物事を最初にやろうとする人で、行動力あり、独立専行、ボスタイプです。

人の面倒見がよく、頼まれれば嫌と言えない性格から、つい物事を引き受けてしまう。人望があるので、いつの間にやら、周りからリーダーにさせられてしまう。

「第三章　自分の性格を占ってみましょう」の、甲日生まれの性格のページをそのまま列挙しただけですが、実際にどうでしょうか。藤原紀香さんそのままではないでしょうか。

藤原紀香さんと同じ甲日生まれの人は、多少なりともそういった性格を有していると思われるのですが、どうでしょうか。

自分の日干をあてはめてみて、自分自身の性格を占ってみましょう。

自分の適性、適職を占ってみましょう

「適職」は日干の五行でみます。日干は甲で木です。木は二つあって、身弱とはいえないので、木の性格に合う仕事が似合うのです。

木は形を変えて成長しますので、「行動する仕事」「スピードを要求される仕事」がキーワードです。

木の仕事としては、繊維関係、情報通信、運送業、旅行業、教師などが挙げられます。藤原紀香さんが出ている（過去に出ていた分も含む）コマーシャルも、カネボウ、フジフィルム、Ｊフォン（現ソフトバンクモバイル）、日本航空、マンパワージャパン、三菱自動車、ワコールなど、なぜかそういった会社が多いのには不思議な感じがします。

「第四章　自分の適性、適職を占ってみましょう」をみて、自分の日干の五行、あるいは多い五行を当てはめてみて、自分自身の適職を占ってみましょう。

「適性」は月の下にある通変星でみます。

藤原紀香さんの命式の、月の下は傷官です。

月の下の通変星が傷官の人は、正義感が強く、型破りで、口達者、プライドが高く、勤めには不向き、潔癖で、完全主義者です。「人のトラブルが仕事」「専門的な仕事」がキーワードです。マスコミ関係、不正摘発業務、病院関係、法律関係などに縁がありますので、藤原紀香さんも、今後こういった役柄が増えてくるのかも知れませんね。

事実、平成15年に、『あなたの人生お運びします』というテレビドラマで、実在のモデルとなった、アートコーポレーションの寺田千代乃社長の役柄を演じています。

「第四章　自分の適性、適職を占ってみましょう」をみて、自分の月の下にある通変星をあてはめてみて、自分自身の適性を占ってみましょう。

自分の配偶者を占ってみましょう

「配偶者」は、女性の場合は月の上の通変星の人物でみます。月の上の通変星が比肩の人は、自分と同じような考えをする相手です。兄弟姉妹、同僚、仲間、同級生、同業者、ライバルなどです。

女優の藤原紀香さんは、仕事柄どうしても同業者と付き合う機会が多いと思われますが、再婚相手、浮気者、変動ありといった暗示もあって、少々複雑な異性縁といえなくもありません。平成19年4月、藤原紀香さんは、お笑い芸人の陣内智則さんと結婚されました。当初「格差婚」と揶揄《やゆ》されましたが、藤原紀香さんがお笑い好きなこともあって、けっこう似たようなところもあったのです。ところが、夫の陣内智則さんの浮気が原因とのことで、平成21年3月、離婚することになりました。お互いの相性はそれほど悪かったわけでもなかったのですが、お二人の異性縁があまり良くなかった部分が出たように思われます。

ちなみに、陣内智則さんの「配偶者」は、男性なので日の下の人物でみます。命式表は、載せていませんが、陣内智則さんの日の下の通変星は正財なので、良妻賢母、お嬢様、逆玉の輿、理想的な相手と、本来最も良い配偶者に恵まれるのですが、逆に恵まれ過ぎて、モテ過ぎる悩みも生じてくるのです。

本書は、あくまでも初心者の人向きに書いてありますので、もっと深くお知りになりたい方は、是非教室の方へいらしてください。ここでは、「第五章　自分の配偶者を占ってみましょう」をみてください。女性の場合は、月の上にある通変星の人物で、男性は日の下にある通変星の人物で、それぞれ自分自身の配偶者を占ってみましょう。

第九章

自分の運勢を占ってみましょう

大運・年運

今まで生年月日をもとに命式を出してきました。年、月、日、時の、それぞれの柱に出ている干支、通変星、十二運は、その人の先天運を表しています。

命式は、いわば車に例えられます。そして、これから学ぶ「大運《たいうん》」「年運《ねんうん》」は道路です。高級車であっても、道路がくねくねのガタガタでは順調に走りません。また、ポンコツ車であっても、舗装された広い道路であれば順調に目的地に到達できるでしょう。

しかし、運転するのはあくまで自分自身です。いかに高級車であっても、運転しなければ車は走りません。命式が良くて、大運、年運が良い人に案外覇気がない人が多いのです。それはなまじ運勢が強いと、人間努力をしなくなるからです。逆に、命式や大運、年運が悪い人は、世の中が自分の思い通りになりません。だから諦めるのか、なんとかしようとするのか、それがその人の運命の分かれ道なのです。

蒔《ま》かぬ種は咲きません。しかし、種を蒔く時期と花が咲く時期とは自ずから決まっているのです。人生において、今がどんな時期なのか、それを知るのが大運、年運なのです。

大運は、10年単位で30年ごとの運勢をみます。年運は、1年単位で毎年の運勢をみるのです。

まず、大運をみて、今がどんな時期であるのか、次に、年運をみて、今年がどんな年にあたるのかを占うのです。

＊大運、年運のための通変星の出し方（２１８頁の「通変星」の表を参考）

日干が甲日の場合

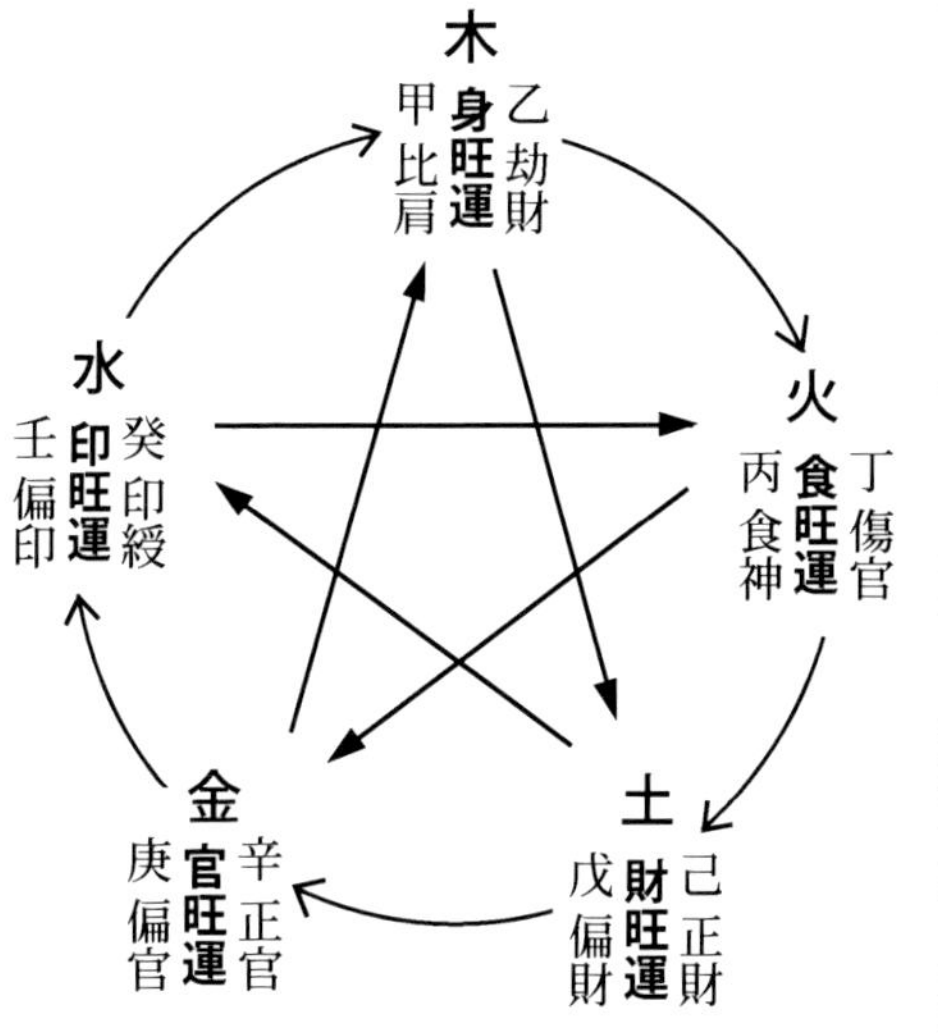

大運干支の出し方

大運干支の計算方法は、年の干支を見て、順行運と逆行運によって計算します。

順行運《じゅんこううん》……男性で、陽干年（甲丙戊庚壬）生まれの人
　　　　　　女性で、陰干年（乙丁己辛癸）生まれの人

順行運は、生まれ日から次の節入日までの日数を数え、それを３で割り、その数を「単数の立運」といいます。

逆行運《ぎゃっこううん》……男性で、陰干年（乙丁己辛癸）生まれの人
　　　　　　女性で、陽干年（甲丙戊庚壬）生まれの人

逆行運は、生まれ日から前の節入日までの日数を数え、それを３で割り、その数を「単数の立運」といいます。

さて、立運のスタートは、順行運、逆行運とも生まれ月の干支です。

生まれ月の干支から始まり、「干支順位と空亡早見表」（２１７頁）の六十干支表を見て、順行運であれば、次の10年の大運干支は次の順番通りの干支になり、逆行運であれば、さかのぼった順番の干支になります。

例えば、生まれ月の干支が、「庚寅」であれば、はじめの大運は「庚寅」で、順行運の場合ですと、次の10年は「辛卯」、そして次の10年は「壬辰」、次の10年は「癸巳」次の10年は「甲午」…となります。逆行運ですと、「庚寅」からはじまりますが、次の10年は「己丑」、次の10年は「戊子」、次の10年は「丁亥」…となります。

①命式の「年干支」をみて、順行運か、逆行運かを調べます。

②生まれ日から次の節入日（順行運）、前の節入日（逆行運）までの日数を3で割り、「単数の立運」を出します。

③「立運」は、生まれ月の干支からはじまり、順行運であれば、六十干支の順番に従って10年ごとに干支が変わりますが、逆行運であれば、六十干支の順番をさかのぼって10年ごとに変わります。

例題・大運干支の出し方

実際に大運干支と単数の立運を計算しましょう。

順行運の例

松嶋菜々子（昭和48年10月13日生まれ）。女性で陰干の癸年生まれ。

順行運は、生まれ日13日から、次の節入日の11月5日までの日数を計算し、3で割る。

31（10月の日数）－13＝18　18＋5＝23　23÷3＝7…2（余り2は切り上げます）

計算して出た〝8〟を単数の立運といいます。生まれ月干支の「壬戌」が大運干支です。

8年「壬戌」、18年「癸亥」、28年「甲子」、38年「乙丑」、48年「丙寅」と続きます。

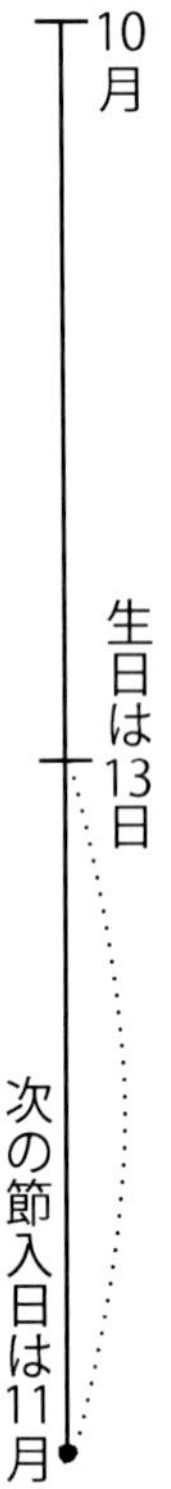

逆行運の例

小泉進次郎（昭和56年4月14日生まれ）。男性で、陰干の辛年生まれ。

逆行運は、生まれ日14日から、前の節入日の4月5日までの日数を計算し、3で割る。

14（前の節入日までの日数）－5＝9　9÷3＝3

単数の立運は、〃3〃になります。生まれ月干支の「壬辰」が大運干支です。

前の節入日は4月5日

生日は14日

命式表　氏名　小泉進次郎

明・大・㊧昭・平　56年　4月　14日　AM・PM　時　分生　㊚男・女

	年	月	日	時
通変星	印綬	比肩		
干支・八字（天干 地支）	辛酉	壬辰	壬戌	
蔵干	庚	乙	辛	
通変星	偏印	傷官	印綬	
十二運	沐浴	墓	冠帯	

空亡は、子丑

大運（逆）

3歳	壬辰	木	食旺運
13歳	辛卯		
23歳	庚寅		
33歳	己丑	水	身旺運
43歳	戊子		
53歳	丁亥		
63歳	丙戌	金	印旺運
73歳	乙酉		
83歳	甲申		
93歳	癸未		

大運の読み方

大運、年運とも、日干からみて通変星の何にあたるかで判断します。

大運は、10年単位や30年単位で、大きな人生の流れを見るもので、日干から地支をみて通変星を出します。

例えば、日干が癸（故・松下幸之助氏参照）とします。

3歳から23歳は、地支が亥子丑で、日干と同じ水気なので、十干では壬癸にあたり、日干の癸から壬は劫財、癸は比肩なので、大運は「身旺運」となります。33歳から53歳は、地支が寅卯辰で、日干から生じる木気なので、十干では甲乙にあたり、日干の癸から甲は傷官、乙は食神なので、大運は「食旺運」となります。63歳から83歳は、地支が巳午未で、日干から剋する火気なので、十干では丙丁にあたり、日干の癸から丙は正財、丁は偏財なので、大運は「財旺運」となります。93歳からは、地支が申酉戌で、日干を生じる金気にあたり、「印旺運」となります。

大運は、大きくは三十年単位で見ていくものです。23歳から33歳までの間を「接木運《せつぼくうん》」といい、「身旺運」から「食旺運」に変わる境目の年にあたります。「接木運」の中間の28

歳を境として、それまでは「身旺運」で、以降は「食旺運」となっていきます。

53歳から63歳の間も「接木運」です。中間の58歳までが「食旺運」で、その後は「財旺運」に変わっていきます。つまり、28歳までが「身旺運」で、28歳から58歳までの30年間が「食旺運」。58歳から83歳までの30年間が「財旺運」だったのです。

故松下幸之助氏の足跡をたどれば、ほぼこの大運通りになっていることに驚かされます。

命式表　氏名　故松下幸之助

(明)・大 昭・平　27年　11月　27日　AM・PM　時　分生　(男)・女

	通変星	干支・八字（天干 地支）	蔵干	通変星	十二運
年	傷官	甲午	己	偏官	絶
月	食神	乙亥	壬	劫財	帝旺
日		癸酉	辛	偏印	病
時					

空亡は、戌亥

大運（順）

大運	干支	五行	運
3歳	乙亥	水	身旺運
13歳	丙子		
23歳	丁丑		
33歳	戊寅	木	食旺運
43歳	己卯		
53歳	庚辰		
63歳	辛巳	火	財旺運
73歳	壬午		
83歳	癸未		
93歳	甲申		

大運の見方について（大運の推移）

○**身旺運《みおううん》**……精神、気力、健康運が旺盛

「比肩・劫財」― 商売には不向き。気力は旺盛なるも、金銭的には恵まれず。身弱は吉。

○**食旺運《しょくおううん》**……技術、アイデア、人気運が旺盛

「食神・傷官」― 金銭運あり。技術やアイデアなどが認められる。身弱は健康注意。

○**財旺運《ざいおううん》**……金銭、蓄財運が旺盛

「偏財・正財」― 商売繁盛。金銭的に恵まれる。投資が回収される。身弱は健康注意。

○**官旺運《かんおううん》**……仕事、出世運が旺盛

「偏官・正官」― 忙しく働く。仕事に恵まれる。肩書きによって収入が増えていく。

○**印旺運《いんおううん》**……知識、技術、資格運が旺盛

身旺運

財旺運

食旺運

官旺運

「偏印・印綬」—　学問、芸術、技能運あり。資格取得。社会に奉仕還元。身弱は吉。

印旺運

年運の出し方

今年はどんな年で、来年はどんな年だとかいう、毎年の運勢のことを「年運」といいます。

年運は、１年ごとの運勢をみるもので、一般的には２月３日頃の節分を境として、その前を前年、節分以降から新しい年がはじまると考えられています。

例えば、令和２年は「庚子」の年です。例題に挙げた藤原紀香さんのように、日干が甲の人にとっては、「甲」から「庚」をみると、「偏官」という通変星になります。つまり、甲日生まれの人は、令和２年は「偏官」の年だということなのです（巻末２１８頁の「通変星」の表を参照）。

自分の日干から年干をみて、通変星を出してみましょう。

日干別に十年間の運勢を列挙してありますので、大いに役立ててください。

年運の見方（各年の開運法）

比肩の年……物事をスタートする年。分離独立。物事のはじまり。新たな出会い。
開運法＝面倒なことは片づける。気持ちを切り替えて出直しをはかること。

劫財の年……お金がなくなる年。分離独立。破財。破談。離婚。健康に注意。
開運法＝不要なものは処分する。将来必要なものは買っておくこと。

食神の年……安定する年。人気が出る。子供に縁。先祖供養。衣食住に縁。
開運法＝先祖供養をする。お墓参りや法事などは積極的に行うこと。

傷官の年……物事が中断する年。辞職。離婚。別離。病気。怪我。トラブル。
開運法＝余計なことは言わない。健康診断や人間ドックなどで健康管理をすること。

偏財の年……活動の年。金運、仕事運、異性運良好。公私ともに多忙。結婚。
開運法＝何でもやってみる。行動する前に結論を出さないこと。

正財の年……活動の年。金運、仕事運、異性運良好。公私ともに多忙。結婚。
開運法＝お金を貯める。収入のあるときに将来の貯えをしておくこと。

偏官の年……忙しい年。動き回る。出費が多い。空回り。骨折り損。結婚。
開運法＝損して得とれ。目先の損得を考えずに、何事も自己犠牲の精神で行うこと。

正官の年……物事の成果が出る年。仕事の変化。結婚。公私ともに充実。出世。
開運法＝チャンスの年。何事も忙しいことは幸運だと前向きに考えること。

偏印の年……思い通りにならない年。邪魔が入る。障害。勉強には吉。充電。
開運法＝無理はしない。勉強など修業して実力を養成すること。

印綬の年……物事に白黒つく年。冠婚葬祭に縁。試験。入学。勉強事には吉。
開運法＝結果を出す。良いことも、悪いことも、はっきりさせること。

2019年から2029年までのあなたの運勢

甲日生まれの人の運勢

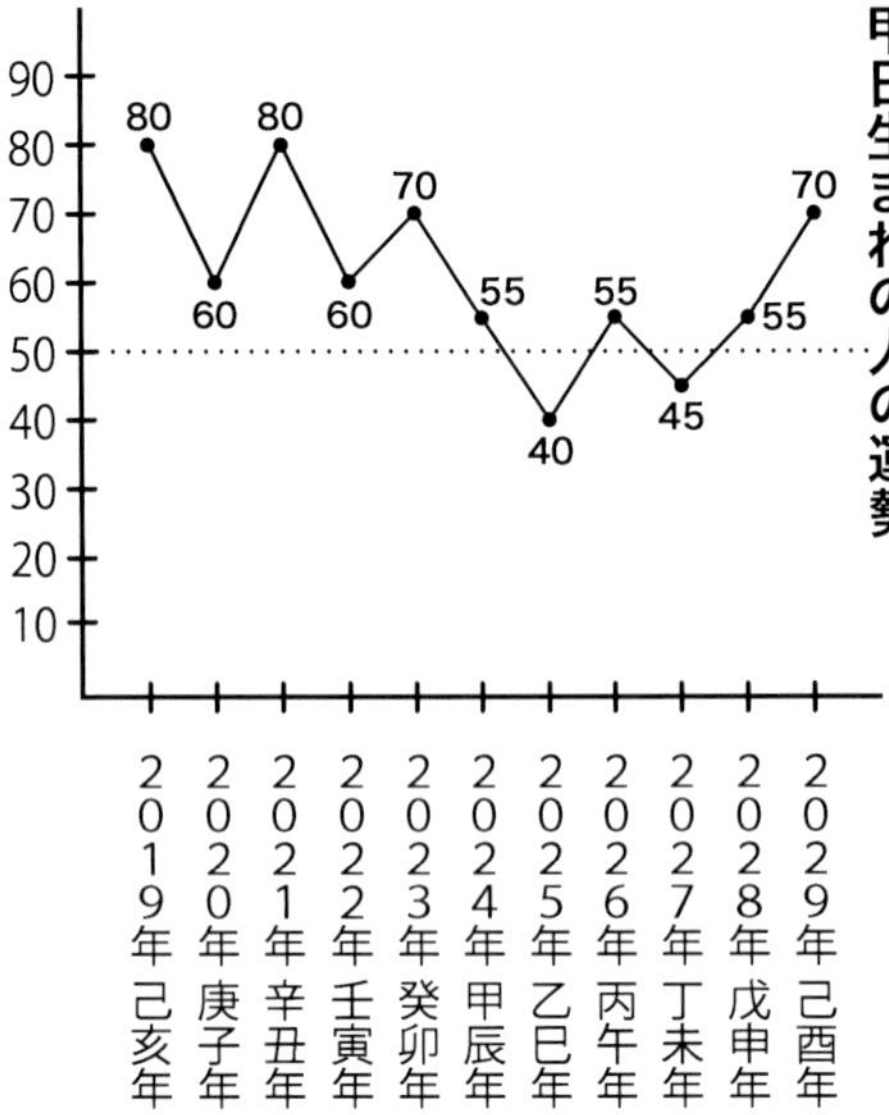

乙日生まれの人の運勢

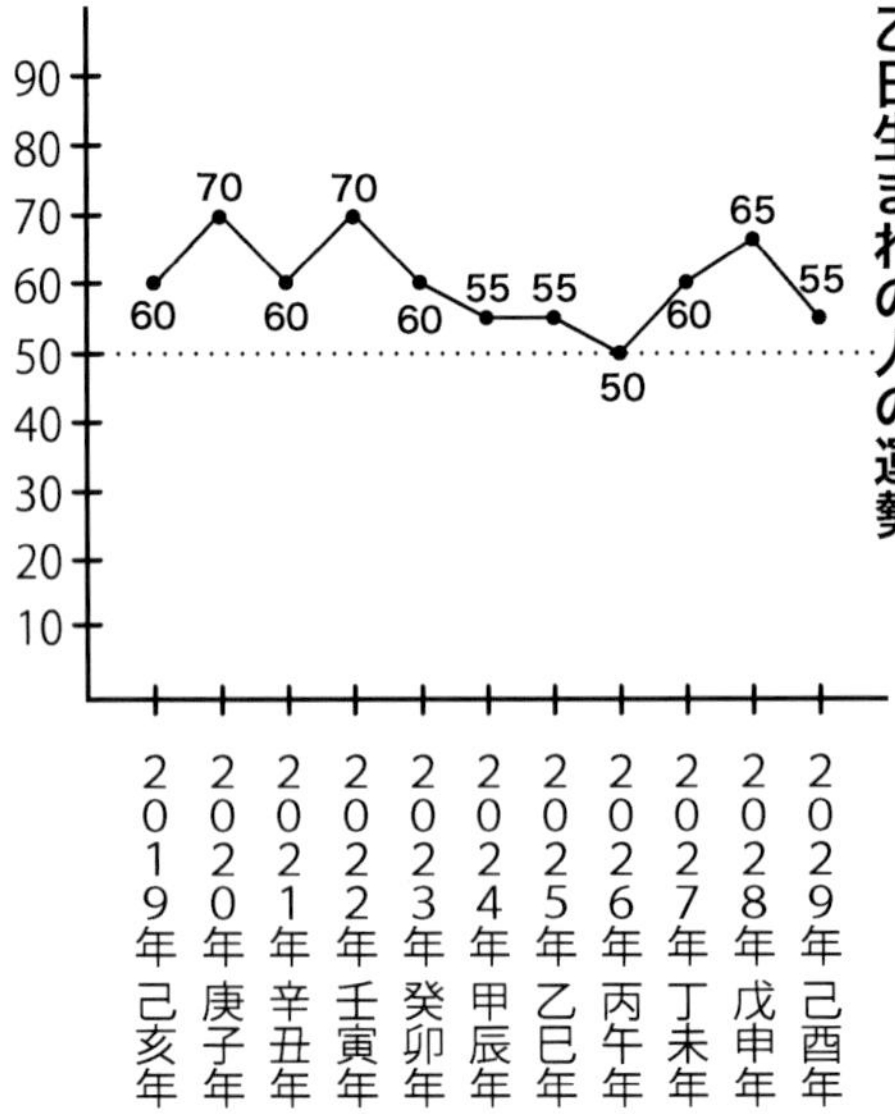

丙日生まれの人の運勢

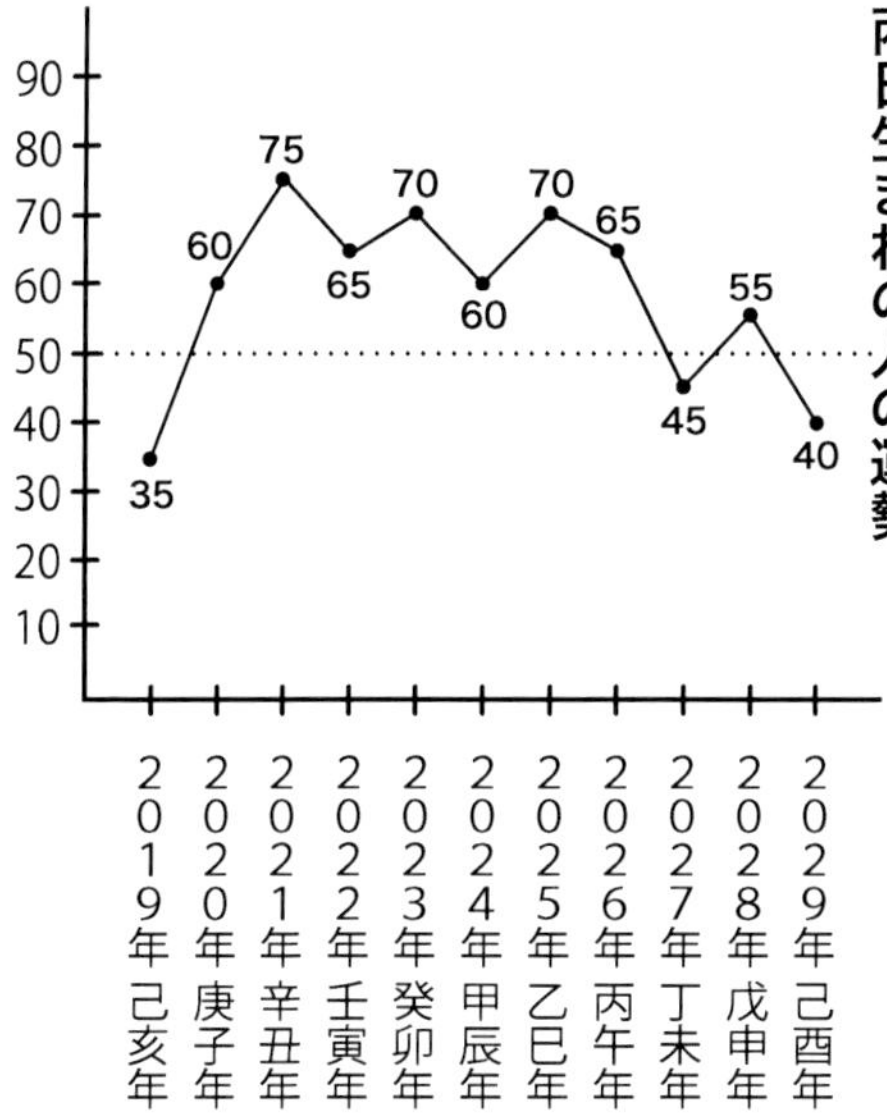
90
80
70
60
50
40
30
20
10
35
60
75
65
70
60
70
65
45
55
40
2019年 己亥年
2020年 庚子年
2021年 辛丑年
2022年 壬寅年
2023年 癸卯年
2024年 甲辰年
2025年 乙巳年
2026年 丙午年
2027年 丁未年
2028年 戊申年
2029年 己酉年

丁日生まれの人の運勢

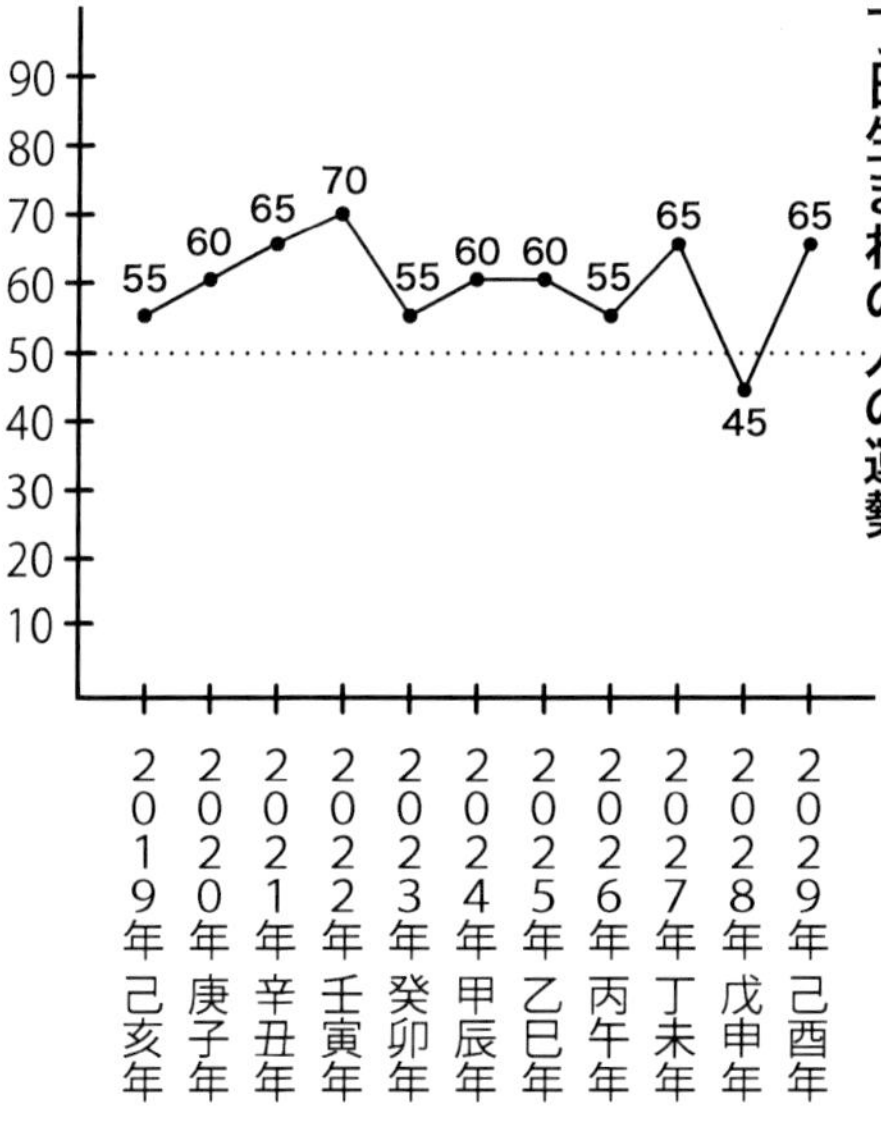
90
80
70
60
50
40
30
20
10
55
60
65
70
55
60
60
55
65
45
65
2019年 己亥年
2020年 庚子年
2021年 辛丑年
2022年 壬寅年
2023年 癸卯年
2024年 甲辰年
2025年 乙巳年
2026年 丙午年
2027年 丁未年
2028年 戊申年
2029年 己酉年

戊日生まれの人の運勢

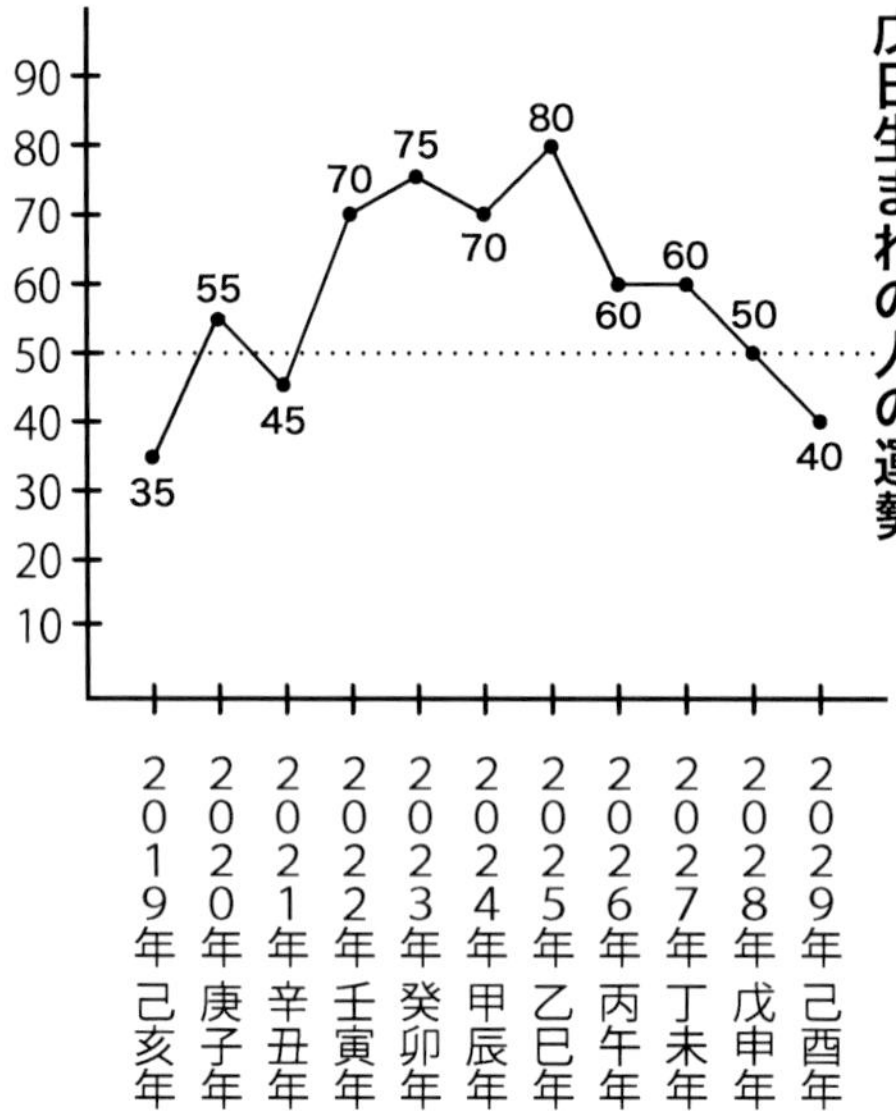

己日生まれの人の運勢

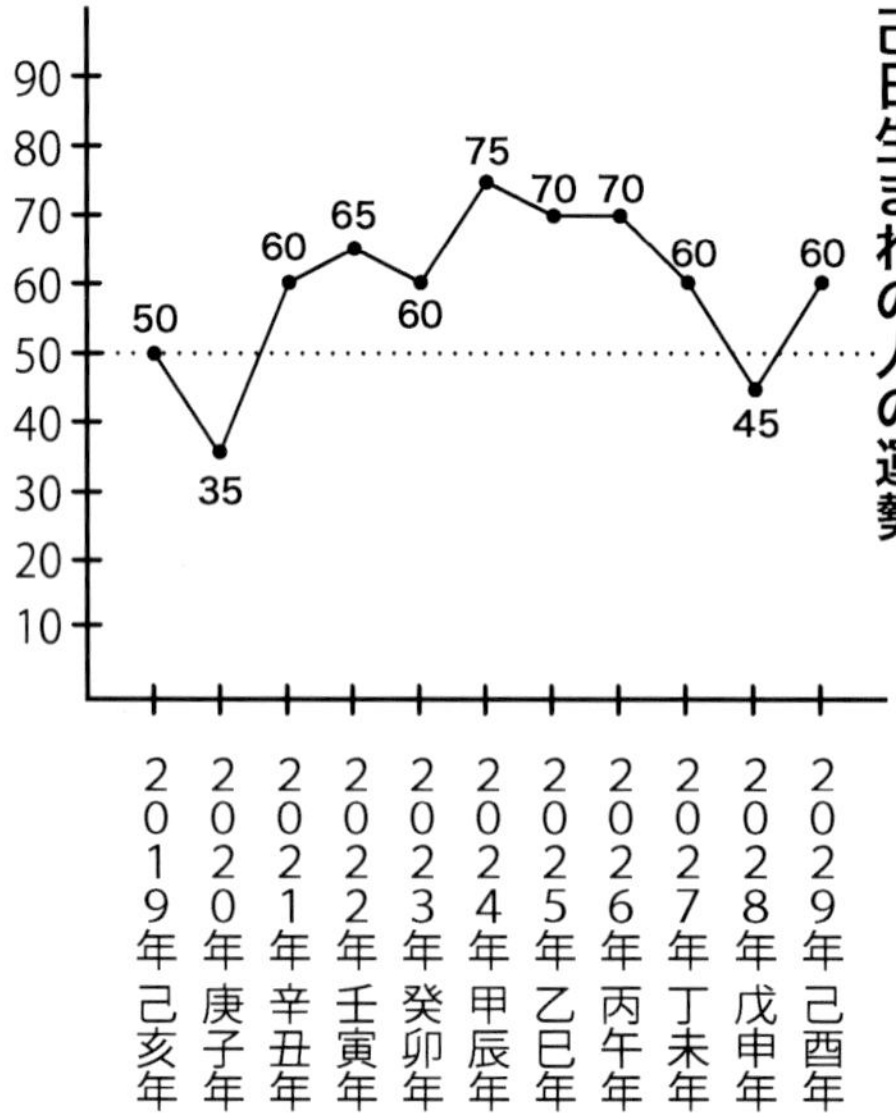

庚日生まれの人の運勢

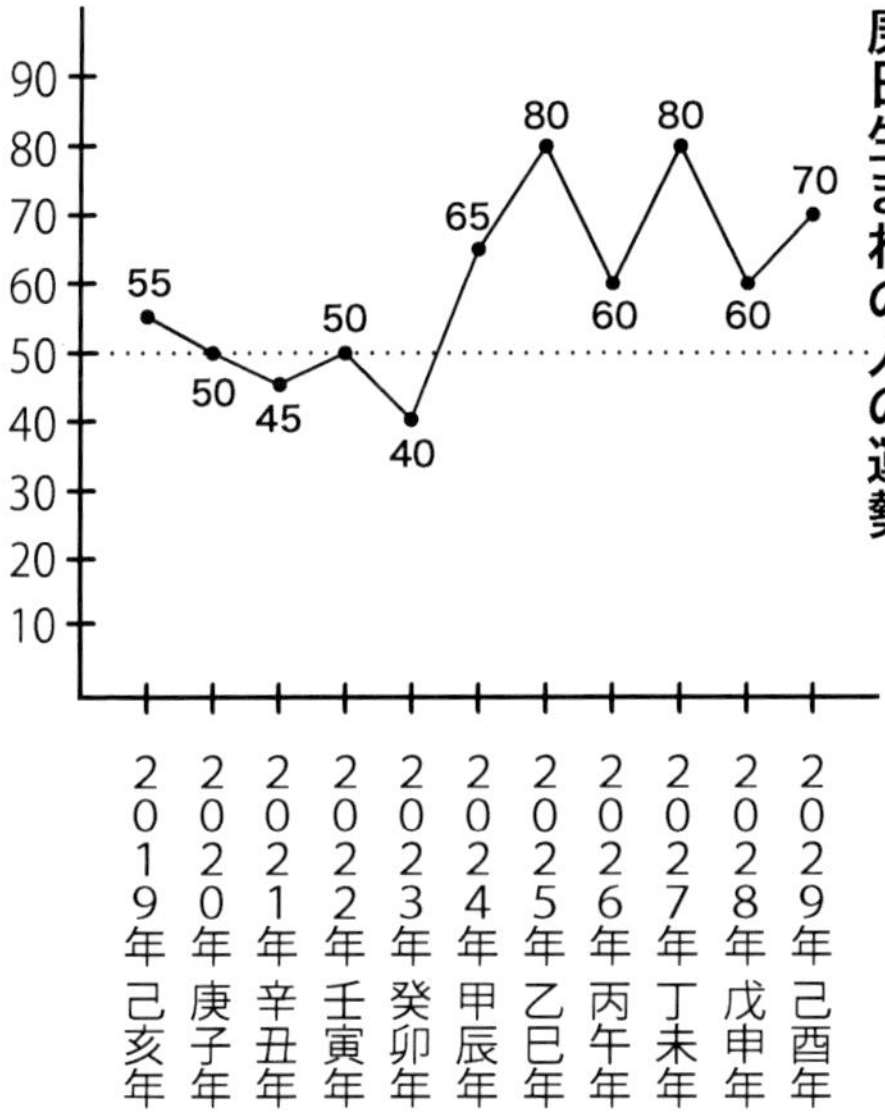

辛日生まれの人の運勢

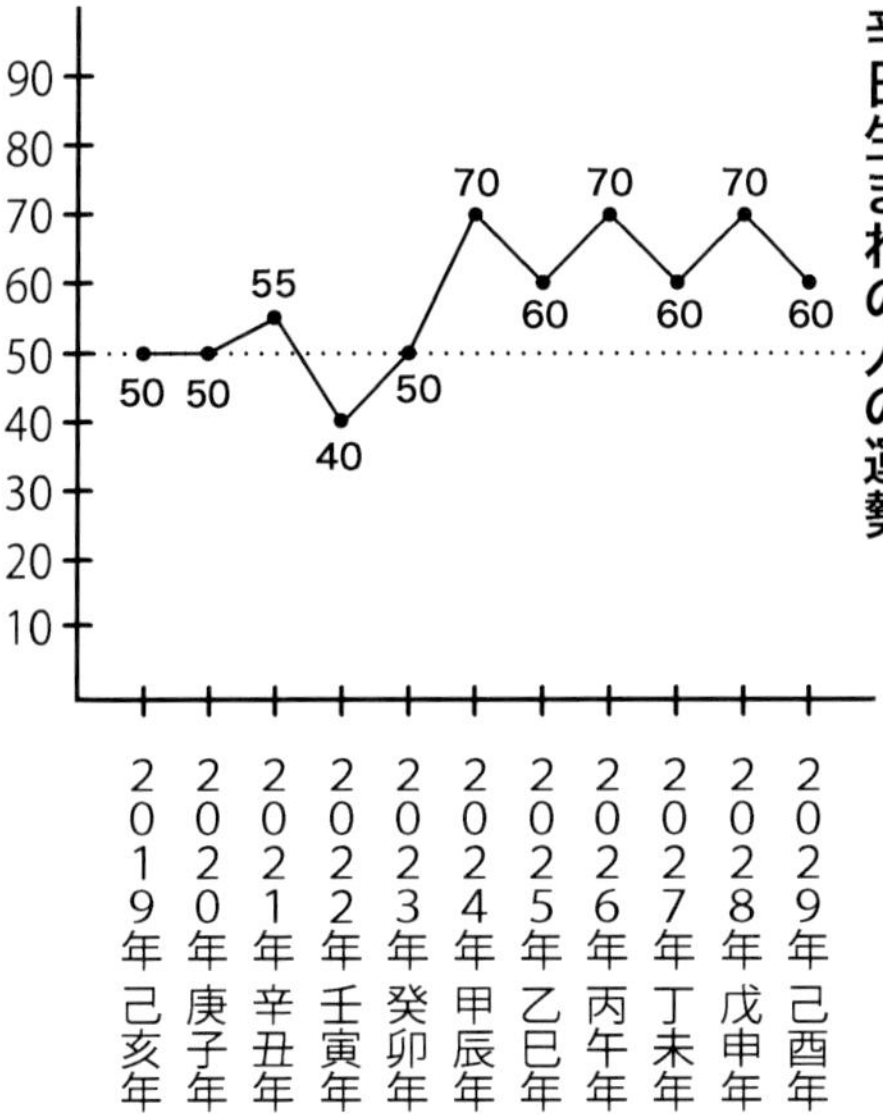

壬日生まれの人の運勢

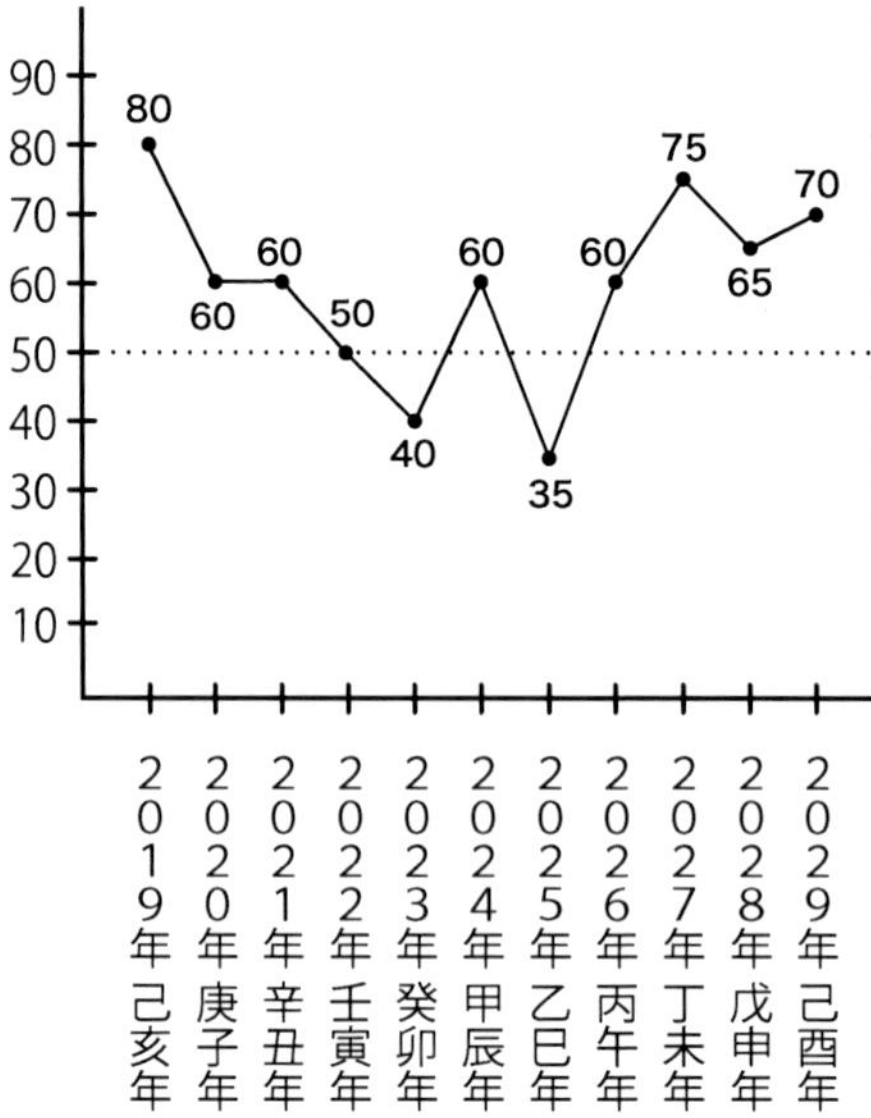

癸日生まれの人の運勢

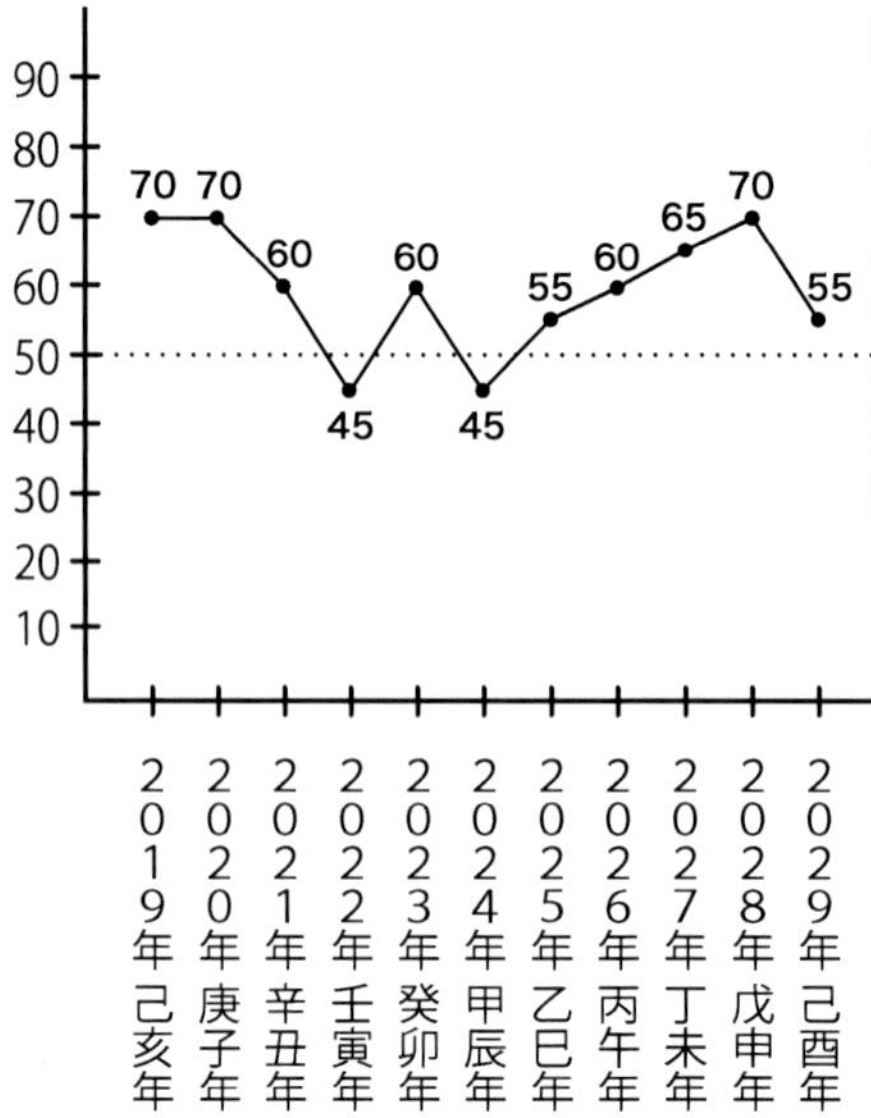

酒の肴

水槽の金魚

一匹の金魚が、水槽の中を泳いでいる。

よく見ると、いつも真ん中辺りまで行っては戻り、決して真ん中より向こうへは行こうとはしない。実は、この金魚が水槽に入れられた当初は、水槽の真ん中は厚いガラスの壁で仕切られていたのであった。

金魚は何度もガラスの向こう側へ行こうとするが、厚い壁に阻まれて行くことができず、いつしか真ん中より向こうへ行くことは無理だと諦めてしまった。

しかし、今はもうその厚い壁はとうに取り払われて、行こうと思えばいつだって行けるのだ。でも、今や完全に諦めてしまった金魚は、もう決して真ん中より向こう側へは行こうとはしない。いつも、水槽の真ん中辺りまで泳いでは、また元に戻ってくるのであった。

繋がれた象

大きな象が、小さな木に鎖で繋がれている。ちょっと力を入れればすぐに小さな木は鎖とともに、ひっこ抜くことが出来るのに、おとなしく繋がれたままである。

実は、この象はずっと小さい時から、この小さな木に鎖《くさり》で繋《つな》がれたままなのである。象がまだ小さかった時、何度も鎖から逃れようと頑張っ

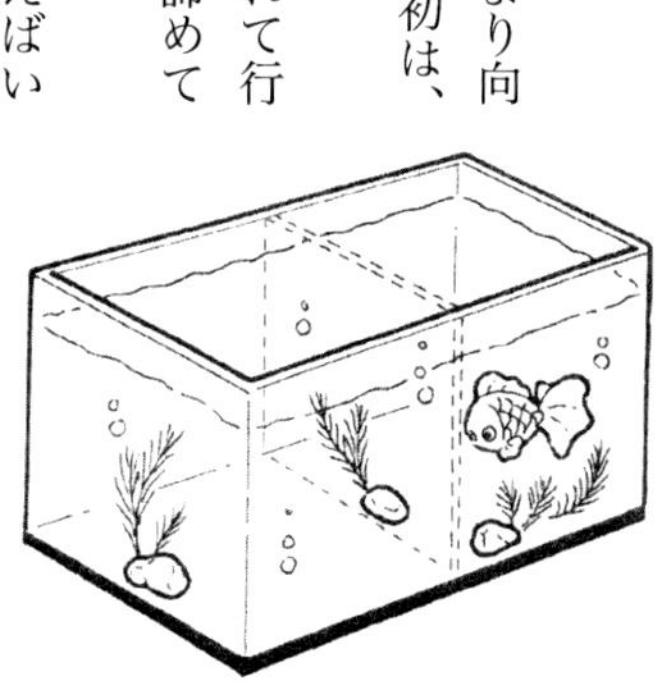

てみたのだが、まだ力が弱く、びくともしない木に、いつしか無理だと諦めてしまった。

しかし、今の大きくなった象の力をもってすれば、小さな木なんか鎖もろとも簡単にひっこ抜いて、逃げ出すことができるのだ。でも、小さい時の記憶がそうさせず、いつまでも小さな木に鎖で繋がれたまま、じっとしているのであった。

二つのお話から

この「水槽の金魚」と「繋がれた象」の二つのお話。この二題の譬《たと》え話は、実話の話をもとに著者がアレンジしたものである。

この二つの話は、まったく同じことをいわんとしているのである。つまり、金魚も象も、自分で自分を縛りつけており、一度身につけた挫折感を、いつまでも持ち続けているのである。

金魚は、状況が変化してることにまったく気がついていないのであり、象は、自分自身が成長していることにまったく気がついていないのであります。

チャンスがきているのに気がつかずに、何もしないでいては何も起こりません。それでは、この金魚や象と同じことなのです。「吉凶は動より生ず」で、行動することによってはじめて道は開けるのです。

その行動する時期を知ることと、その時期までに実力を貯えておくことが、成功への道なのです。しかし、最後はやるかやらないかで、それを決めるのは結局自分自身なのであります。

万年暦

（昭和二十五年～平成十二年）

万年暦について…四柱推命で鑑定する場合の、必需品といえるものが「万年暦」です。これは、生年月日から命式を作成する場合の手引き書のようなものです。ここには、１９５０年～２０００年（昭和25年から平成12年）までの「万年暦」を掲載いたしました。

読者の中には、自分の生年月日が載っていないと思われる方もおられるかと存じますが、何分、紙面上の問題もありますので、悪しからずご了承ください。

甲斐四柱推命学院が編集の『万年暦』には、（明治43年から令和42年）までの分を掲載しています。全国書店さんか、大阪心斎橋の中尾書店（電話〇六‐六二七一‐〇八四三）で常時販売しております。定価３５００円（税別）です。

ご利用ください。

1950年（昭和25年）庚寅　五黄土星

九紫	一白	二黒	三碧	四緑	五黄	六白	七赤	八白	九紫	一白	二黒	九星
1月	12月	11月	10月	9月	8月	7月	6月	5月	4月	3月	2月	月
己丑	戊子	丁亥	丙戌	乙酉	甲申	癸未	壬午	辛巳	庚辰	己卯	戊寅	月干支
6日后 0：31	8日前 1：22	8日前 8：44	9日前 5：52	8日后 2：34	8日前 11：56	8日前 2：14	6日后 3：51	6日前 11：25	5日后 5：45	6日后 0：36	4日后 6：21	節入日
辛丑	庚午	庚子	己巳	己亥	戊辰	丁酉	丁卯	丙申	丙寅	乙未	丁卯	1
壬寅	辛未	辛丑	庚午	庚子	己巳	戊戌	戊辰	丁酉	丁卯	丙申	戊辰	2
癸卯	壬申	壬寅	辛未	辛丑	庚午	己亥	己巳	戊戌	戊辰	丁酉	己巳	3
甲辰	癸酉	癸卯	壬申	壬寅	辛未	庚子	庚午	己亥	己巳	戊戌	**庚午**	4
乙巳	甲戌	甲辰	癸酉	癸卯	壬申	辛丑	辛未	庚子	**庚午**	己亥	辛未	5
丙午	乙亥	乙巳	甲戌	甲辰	癸酉	壬寅	**壬申**	**辛丑**	辛未	**庚子**	壬申	6
丁未	丙子	丙午	乙亥	乙巳	甲戌	癸卯	癸酉	壬寅	壬申	辛丑	癸酉	7
戊申	**丁丑**	**丁未**	丙子	**丙午**	**乙亥**	**甲辰**	甲戌	癸卯	癸酉	壬寅	甲戌	8
己酉	戊寅	戊申	**丁丑**	丁未	丙子	乙巳	乙亥	甲辰	甲戌	癸卯	乙亥	9
庚戌	己卯	己酉	戊寅	戊申	丁丑	丙午	丙子	乙巳	乙亥	甲辰	丙子	10
辛亥	庚辰	庚戌	己卯	己酉	戊寅	丁未	丁丑	丙午	丙子	乙巳	丁丑	11
壬子	辛巳	辛亥	庚辰	庚戌	己卯	戊申	戊寅	丁未	丁丑	丙午	戊寅	12
癸丑	壬午	壬子	辛巳	辛亥	庚辰	己酉	己卯	戊申	戊寅	丁未	己卯	13
甲寅	癸未	癸丑	壬午	壬子	辛巳	庚戌	庚辰	己酉	己卯	戊申	庚辰	14
乙卯	甲申	甲寅	癸未	癸丑	壬午	辛亥	辛巳	庚戌	庚辰	己酉	辛巳	15
丙辰	乙酉	乙卯	甲申	甲寅	癸未	壬子	壬午	辛亥	辛巳	庚戌	壬午	16
丁巳	丙戌	丙辰	乙酉	乙卯	甲申	癸丑	癸未	壬子	壬午	辛亥	癸未	17
戊午	丁亥	丁巳	丙戌	丙辰	乙酉	甲寅	甲申	癸丑	癸未	壬子	甲申	18
己未	戊子	戊午	丁亥	丁巳	丙戌	乙卯	乙酉	甲寅	甲申	癸丑	乙酉	19
庚申	己丑	己未	戊子	戊午	丁亥	丙辰	丙戌	乙卯	乙酉	甲寅	丙戌	20
辛酉	庚寅	庚申	己丑	己未	戊子	丁巳	丁亥	丙辰	丙戌	乙卯	丁亥	21
壬戌	辛卯	辛酉	庚寅	庚申	己丑	戊午	戊子	丁巳	丁亥	丙辰	戊子	22
癸亥	壬辰	壬戌	辛卯	辛酉	庚寅	己未	己丑	戊午	戊子	丁巳	己丑	23
甲子	癸巳	癸亥	壬辰	壬戌	辛卯	庚申	庚寅	己未	己丑	戊午	庚寅	24
乙丑	甲午	甲子	癸巳	癸亥	壬辰	辛酉	辛卯	庚申	庚寅	己未	辛卯	25
丙寅	乙未	乙丑	甲午	甲子	癸巳	壬戌	壬辰	辛酉	辛卯	庚申	壬辰	26
丁卯	丙申	丙寅	乙未	乙丑	甲午	癸亥	癸巳	壬戌	壬辰	辛酉	癸巳	27
戊辰	丁酉	丁卯	丙申	丙寅	乙未	甲子	甲午	癸亥	癸巳	壬戌	甲午	28
己巳	戊戌	戊辰	丁酉	丁卯	丙申	乙丑	乙未	甲子	甲午	癸亥		29
庚午	己亥	己巳	戊戌	戊辰	丁酉	丙寅	丙申	乙丑	乙未	甲子		30
辛未	庚子		己亥		戊戌	丁卯		丙寅		乙丑		31

1951年（昭和26年）辛卯　四緑木星

六白	七赤	八白	九紫	一白	二黒	三碧	四緑	五黄	六白	七赤	八白	九星
1月	12月	11月	10月	9月	8月	7月	6月	5月	4月	3月	2月	月
辛丑	庚子	己亥	戊戌	丁酉	丙申	乙未	甲午	癸巳	壬辰	辛卯	庚寅	月干支
6日后 6：10	8日前 7：03	8日后 2：27	9日前 11：37	8日后 8：19	8日后 5：38	8日前 7：54	6日后 9：33	6日后 5：10	5日后 11：33	6日后 6：27	5日前 0：14	節入日
丙午	乙亥	乙巳	甲戌	甲辰	癸酉	壬寅	壬申	辛丑	辛未	庚子	壬申	1
丁未	丙子	丙午	乙亥	乙巳	甲戌	癸卯	癸酉	壬寅	壬申	辛丑	癸酉	2
戊申	丁丑	丁未	丙子	丙午	乙亥	甲辰	甲戌	癸卯	癸酉	壬寅	甲戌	3
己酉	戊寅	戊申	丁丑	丁未	丙子	乙巳	乙亥	甲辰	甲戌	癸卯	乙亥	4
庚戌	己卯	己酉	戊寅	戊申	丁丑	丙午	丙子	乙巳	乙亥	甲辰	丙子	5
辛亥	庚辰	庚戌	己卯	己酉	戊寅	丁未	丁丑	丙午	丙子	乙巳	丁丑	6
壬子	辛巳	辛亥	庚辰	庚戌	己卯	戊申	戊寅	丁未	丁丑	丙午	戊寅	7
癸丑	壬午	壬子	辛巳	辛亥	庚辰	己酉	己卯	戊申	戊寅	丁未	己卯	8
甲寅	癸未	癸丑	壬午	壬子	辛巳	庚戌	庚辰	己酉	己卯	戊申	庚辰	9
乙卯	甲申	甲寅	癸未	癸丑	壬午	辛亥	辛巳	庚戌	庚辰	己酉	辛巳	10
丙辰	乙酉	乙卯	甲申	甲寅	癸未	壬子	壬午	辛亥	辛巳	庚戌	壬午	11
丁巳	丙戌	丙辰	乙酉	乙卯	甲申	癸丑	癸未	壬子	壬午	辛亥	癸未	12
戊午	丁亥	丁巳	丙戌	丙辰	乙酉	甲寅	甲申	癸丑	癸未	壬子	甲申	13
己未	戊子	戊午	丁亥	丁巳	丙戌	乙卯	乙酉	甲寅	甲申	癸丑	乙酉	14
庚申	己丑	己未	戊子	戊午	丁亥	丙辰	丙戌	乙卯	乙酉	甲寅	丙戌	15
辛酉	庚寅	庚申	己丑	己未	戊子	丁巳	丁亥	丙辰	丙戌	乙卯	丁亥	16
壬戌	辛卯	辛酉	庚寅	庚申	己丑	戊午	戊子	丁巳	丁亥	丙辰	戊子	17
癸亥	壬辰	壬戌	辛卯	辛酉	庚寅	己未	己丑	戊午	戊子	丁巳	己丑	18
甲子	癸巳	癸亥	壬辰	壬戌	辛卯	庚申	庚寅	己未	己丑	戊午	庚寅	19
乙丑	甲午	甲子	癸巳	癸亥	壬辰	辛酉	辛卯	庚申	庚寅	己未	辛卯	20
丙寅	乙未	乙丑	甲午	甲子	癸巳	壬戌	壬辰	辛酉	辛卯	庚申	壬辰	21
丁卯	丙申	丙寅	乙未	乙丑	甲午	癸亥	癸巳	壬戌	壬辰	辛酉	癸巳	22
戊辰	丁酉	丁卯	丙申	丙寅	乙未	甲子	甲午	癸亥	癸巳	壬戌	甲午	23
己巳	戊戌	戊辰	丁酉	丁卯	丙申	乙丑	乙未	甲子	甲午	癸亥	乙未	24
庚午	己亥	己巳	戊戌	戊辰	丁酉	丙寅	丙申	乙丑	乙未	甲子	丙申	25
辛未	庚子	庚午	己亥	己巳	戊戌	丁卯	丁酉	丙寅	丙申	乙丑	丁酉	26
壬申	辛丑	辛未	庚子	庚午	己亥	戊辰	戊戌	丁卯	丁酉	丙寅	戊戌	27
癸酉	壬寅	壬申	辛丑	辛未	庚子	己巳	己亥	戊辰	戊戌	丁卯	己亥	28
甲戌	癸卯	癸酉	壬寅	壬申	辛丑	庚午	庚子	己巳	己亥	戊辰		29
乙亥	甲辰	甲戌	癸卯	癸酉	壬寅	辛未	辛丑	庚午	庚子	己巳		30
丙子	乙巳		甲辰		癸卯	壬申		辛未		庚午		31

1952年（昭和27年）壬辰　三碧木星

三碧	四緑	五黄	六白	七赤	八白	九紫	一白	二黒	三碧	四緑	五黄	九星
1月	12月	11月	10月	9月	8月	7月	6月	5月	4月	3月	2月	月
癸丑	壬子	辛亥	庚戌	己酉	戊申	丁未	丙午	乙巳	甲辰	癸卯	壬寅	月干支
6日前 0：03	7日后 0：56	7日后 8：22	8日后 5：33	8日前 2：14	7日后 11：32	7日后 1：45	6日前 3：21	5日后 10：54	5日前 5：16	6日前 0：08	5日前 5：54	節入日
壬子	辛巳	辛亥	庚辰	庚戌	己卯	戊申	戊寅	丁未	丁丑	丙午	丁丑	1
癸丑	壬午	壬子	辛巳	辛亥	庚辰	己酉	己卯	戊申	戊寅	丁未	戊寅	2
甲寅	癸未	癸丑	壬午	壬子	辛巳	庚戌	庚辰	己酉	己卯	戊申	己卯	3
乙卯	甲申	甲寅	癸未	癸丑	壬午	辛亥	辛巳	庚戌	庚辰	己酉	庚辰	4
丙辰	乙酉	乙卯	甲申	甲寅	癸未	壬子	壬午	**辛亥**	**辛巳**	庚戌	**辛巳**	5
丁巳	丙戌	丙辰	乙酉	乙卯	甲申	癸丑	**癸未**	壬子	壬午	**辛亥**	壬午	6
戊午	**丁亥**	**丁巳**	丙戌	丙辰	**乙酉**	**甲寅**	甲申	癸丑	癸未	壬子	癸未	7
己未	戊子	戊午	**丁亥**	**丁巳**	丙戌	乙卯	乙酉	甲寅	甲申	癸丑	甲申	8
庚申	己丑	己未	戊子	戊午	丁亥	丙辰	丙戌	乙卯	乙酉	甲寅	乙酉	9
辛酉	庚寅	庚申	己丑	己未	戊子	丁巳	丁亥	丙辰	丙戌	乙卯	丙戌	10
壬戌	辛卯	辛酉	庚寅	庚申	己丑	戊午	戊子	丁巳	丁亥	丙辰	丁亥	11
癸亥	壬辰	壬戌	辛卯	辛酉	庚寅	己未	己丑	戊午	戊子	丁巳	戊子	12
甲子	癸巳	癸亥	壬辰	壬戌	辛卯	庚申	庚寅	己未	己丑	戊午	己丑	13
乙丑	甲午	甲子	癸巳	癸亥	壬辰	辛酉	辛卯	庚申	庚寅	己未	庚寅	14
丙寅	乙未	乙丑	甲午	甲子	癸巳	壬戌	壬辰	辛酉	辛卯	庚申	辛卯	15
丁卯	丙申	丙寅	乙未	乙丑	甲午	癸亥	癸巳	壬戌	壬辰	辛酉	壬辰	16
戊辰	丁酉	丁卯	丙申	丙寅	乙未	甲子	甲午	癸亥	癸巳	壬戌	癸巳	17
己巳	戊戌	戊辰	丁酉	丁卯	丙申	乙丑	乙未	甲子	甲午	癸亥	甲午	18
庚午	己亥	己巳	戊戌	戊辰	丁酉	丙寅	丙申	乙丑	乙未	甲子	乙未	19
辛未	庚子	庚午	己亥	己巳	戊戌	丁卯	丁酉	丙寅	丙申	乙丑	丙申	20
壬申	辛丑	辛未	庚子	庚午	己亥	戊辰	戊戌	丁卯	丁酉	丙寅	丁酉	21
癸酉	壬寅	壬申	辛丑	辛未	庚子	己巳	己亥	戊辰	戊戌	丁卯	戊戌	22
甲戌	癸卯	癸酉	壬寅	壬申	辛丑	庚午	庚子	己巳	己亥	戊辰	己亥	23
乙亥	甲辰	甲戌	癸卯	癸酉	壬寅	辛未	辛丑	庚午	庚子	己巳	庚子	24
丙子	乙巳	乙亥	甲辰	甲戌	癸卯	壬申	壬寅	辛未	辛丑	庚午	辛丑	25
丁丑	丙午	丙子	乙巳	乙亥	甲辰	癸酉	癸卯	壬申	壬寅	辛未	壬寅	26
戊寅	丁未	丁丑	丙午	丙子	乙巳	甲戌	甲辰	癸酉	癸卯	壬申	癸卯	27
己卯	戊申	戊寅	丁未	丁丑	丙午	乙亥	乙巳	甲戌	甲辰	癸酉	甲辰	28
庚辰	己酉	己卯	戊申	戊寅	丁未	丙子	丙午	乙亥	乙巳	甲戌	乙巳	29
辛巳	庚戌	庚辰	己酉	己卯	戊申	丁丑	丁未	丙子	丙午	乙亥		30
壬午	辛亥		庚戌		己酉	戊寅		丁丑		丙子		31

1953年（昭和28年）癸巳　二黒土星

九紫	一白	二黒	三碧	四緑	五黄	六白	七赤	八白	九紫	一白	二黒	九星
1月	12月	11月	10月	9月	8月	7月	6月	5月	4月	3月	2月	月
乙丑	甲子	癸亥	壬戌	辛酉	庚申	己未	戊午	丁巳	丙辰	乙卯	甲寅	月干支
6日前 5：46	7日后 6：38	8日前 2：02	8日后 11：11	8日前 7：53	8日前 5：15	7日后 7：35	6日前 9：17	6日前 4：53	5日前 11：13	6日前 6：03	4日前 11：47	節入日
丁巳	丙戌	丙辰	乙酉	乙卯	甲申	癸丑	癸未	壬子	壬午	辛亥	癸未	1
戊午	丁亥	丁巳	丙戌	丙辰	乙酉	甲寅	甲申	癸丑	癸未	壬子	甲申	2
己未	戊子	戊午	丁亥	丁巳	丙戌	乙卯	乙酉	甲寅	甲申	癸丑	乙酉	3
庚申	己丑	己未	戊子	戊午	丁亥	丙辰	丙戌	乙卯	乙酉	甲寅	**丙戌**	4
辛酉	庚寅	庚申	己丑	己未	戊子	丁巳	丁亥	丙辰	**丙戌**	乙卯	丁亥	5
壬戌	辛卯	辛酉	庚寅	庚申	己丑	戊午	**戊子**	**丁巳**	丁亥	**丙辰**	戊子	6
癸亥	**壬辰**	壬戌	辛卯	辛酉	庚寅	**己未**	己丑	戊午	戊子	丁巳	己丑	7
甲子	癸巳	**癸亥**	**壬辰**	**壬戌**	**辛卯**	庚申	庚寅	己未	己丑	戊午	庚寅	8
乙丑	甲午	甲子	癸巳	癸亥	壬辰	辛酉	辛卯	庚申	庚寅	己未	辛卯	9
丙寅	乙未	乙丑	甲午	甲子	癸巳	壬戌	壬辰	辛酉	辛卯	庚申	壬辰	10
丁卯	丙申	丙寅	乙未	乙丑	甲午	癸亥	癸巳	壬戌	壬辰	辛酉	癸巳	11
戊辰	丁酉	丁卯	丙申	丙寅	乙未	甲子	甲午	癸亥	癸巳	壬戌	甲午	12
己巳	戊戌	戊辰	丁酉	丁卯	丙申	乙丑	乙未	甲子	甲午	癸亥	乙未	13
庚午	己亥	己巳	戊戌	戊辰	丁酉	丙寅	丙申	乙丑	乙未	甲子	丙申	14
辛未	庚子	庚午	己亥	己巳	戊戌	丁卯	丁酉	丙寅	丙申	乙丑	丁酉	15
壬申	辛丑	辛未	庚子	庚午	己亥	戊辰	戊戌	丁卯	丁酉	丙寅	戊戌	16
癸酉	壬寅	壬申	辛丑	辛未	庚子	己巳	己亥	戊辰	戊戌	丁卯	己亥	17
甲戌	癸卯	癸酉	壬寅	壬申	辛丑	庚午	庚子	己巳	己亥	戊辰	庚子	18
乙亥	甲辰	甲戌	癸卯	癸酉	壬寅	辛未	辛丑	庚午	庚子	己巳	辛丑	19
丙子	乙巳	乙亥	甲辰	甲戌	癸卯	壬申	壬寅	辛未	辛丑	庚午	壬寅	20
丁丑	丙午	丙子	乙巳	乙亥	甲辰	癸酉	癸卯	壬申	壬寅	辛未	癸卯	21
戊寅	丁未	丁丑	丙午	丙子	乙巳	甲戌	甲辰	癸酉	癸卯	壬申	甲辰	22
己卯	戊申	戊寅	丁未	丁丑	丙午	乙亥	乙巳	甲戌	甲辰	癸酉	乙巳	23
庚辰	己酉	己卯	戊申	戊寅	丁未	丙子	丙午	乙亥	乙巳	甲戌	丙午	24
辛巳	庚戌	庚辰	己酉	己卯	戊申	丁丑	丁未	丙子	丙午	乙亥	丁未	25
壬午	辛亥	辛巳	庚戌	庚辰	己酉	戊寅	戊申	丁丑	丁未	丙子	戊申	26
癸未	壬子	壬午	辛亥	辛巳	庚戌	己卯	己酉	戊寅	戊申	丁丑	己酉	27
甲申	癸丑	癸未	壬子	壬午	辛亥	庚辰	庚戌	己卯	己酉	戊寅	庚戌	28
乙酉	甲寅	甲申	癸丑	癸未	壬子	辛巳	辛亥	庚辰	庚戌	己卯		29
丙戌	乙卯	乙酉	甲寅	甲申	癸丑	壬午	壬子	辛巳	辛亥	庚辰		30
丁亥	丙辰		乙卯		甲寅	癸未		壬午		辛巳		31

1954年（昭和29年）甲午　一白水星

六白	七赤	八白	九紫	一白	二黒	三碧	四緑	五黄	六白	七赤	八白	九星
1月	12月	11月	10月	9月	8月	7月	6月	5月	4月	3月	2月	月
丁丑	丙子	乙亥	甲戌	癸酉	壬申	辛未	庚午	己巳	戊辰	丁卯	丙寅	月干支
6日前 11：37	8日前 0：29	8日前 7：51	9日前 4：58	8日后 1：38	8日前 11：00	8日前 1：20	6日后 3：01	6日前 10：39	5日后 5：00	6日前 11：49	4日后 5：31	節入日
壬戌	辛卯	辛酉	庚寅	庚申	己丑	戊午	戊子	丁巳	丁亥	丙辰	戊子	1
癸亥	壬辰	壬戌	辛卯	辛酉	庚寅	己未	己丑	戊午	戊子	丁巳	己丑	2
甲子	癸巳	癸亥	壬辰	壬戌	辛卯	庚申	庚寅	己未	己丑	戊午	庚寅	3
乙丑	甲午	甲子	癸巳	癸亥	壬辰	辛酉	辛卯	庚申	庚寅	己未	辛卯	4
丙寅	乙未	乙丑	甲午	甲子	癸巳	壬戌	壬辰	辛酉	辛卯	庚申	壬辰	5
丁卯	丙申	丙寅	乙未	乙丑	甲午	癸亥	癸巳	壬戌	壬辰	辛酉	癸巳	6
戊辰	丁酉	丁卯	丙申	丙寅	乙未	甲子	甲午	癸亥	癸巳	壬戌	甲午	7
己巳	戊戌	戊辰	丁酉	丁卯	丙申	乙丑	乙未	甲子	甲午	癸亥	乙未	8
庚午	己亥	己巳	戊戌	戊辰	丁酉	丙寅	丙申	乙丑	乙未	甲子	丙申	9
辛未	庚子	庚午	己亥	己巳	戊戌	丁卯	丁酉	丙寅	丙申	乙丑	丁酉	10
壬申	辛丑	辛未	庚子	庚午	己亥	戊辰	戊戌	丁卯	丁酉	丙寅	戊戌	11
癸酉	壬寅	壬申	辛丑	辛未	庚子	己巳	己亥	戊辰	戊戌	丁卯	己亥	12
甲戌	癸卯	癸酉	壬寅	壬申	辛丑	庚午	庚子	己巳	己亥	戊辰	庚子	13
乙亥	甲辰	甲戌	癸卯	癸酉	壬寅	辛未	辛丑	庚午	庚子	己巳	辛丑	14
丙子	乙巳	乙亥	甲辰	甲戌	癸卯	壬申	壬寅	辛未	辛丑	庚午	壬寅	15
丁丑	丙午	丙子	乙巳	乙亥	甲辰	癸酉	癸卯	壬申	壬寅	辛未	癸卯	16
戊寅	丁未	丁丑	丙午	丙子	乙巳	甲戌	甲辰	癸酉	癸卯	壬申	甲辰	17
己卯	戊申	戊寅	丁未	丁丑	丙午	乙亥	乙巳	甲戌	甲辰	癸酉	乙巳	18
庚辰	己酉	己卯	戊申	戊寅	丁未	丙子	丙午	乙亥	乙巳	甲戌	丙午	19
辛巳	庚戌	庚辰	己酉	己卯	戊申	丁丑	丁未	丙子	丙午	乙亥	丁未	20
壬午	辛亥	辛巳	庚戌	庚辰	己酉	戊寅	戊申	丁丑	丁未	丙子	戊申	21
癸未	壬子	壬午	辛亥	辛巳	庚戌	己卯	己酉	戊寅	戊申	丁丑	己酉	22
甲申	癸丑	癸未	壬子	壬午	辛亥	庚辰	庚戌	己卯	己酉	戊寅	庚戌	23
乙酉	甲寅	甲申	癸丑	癸未	壬子	辛巳	辛亥	庚辰	庚戌	己卯	辛亥	24
丙戌	乙卯	乙酉	甲寅	甲申	癸丑	壬午	壬子	辛巳	辛亥	庚辰	壬子	25
丁亥	丙辰	丙戌	乙卯	乙酉	甲寅	癸未	癸丑	壬午	壬子	辛巳	癸丑	26
戊子	丁巳	丁亥	丙辰	丙戌	乙卯	甲申	甲寅	癸未	癸丑	壬午	甲寅	27
己丑	戊午	戊子	丁巳	丁亥	丙辰	乙酉	乙卯	甲申	甲寅	癸未	乙卯	28
庚寅	己未	己丑	戊午	戊子	丁巳	丙戌	丙辰	乙酉	乙卯	甲申		29
辛卯	庚申	庚寅	己未	己丑	戊午	丁亥	丁巳	丙戌	丙辰	乙酉		30
壬辰	辛酉		庚申		己未	戊子		丁亥		丙戌		31

1955年（昭和30年）乙未　九紫火星

三碧	四緑	五黄	六白	七赤	八白	九紫	一白	二黒	三碧	四緑	五黄	九星
1月	12月	11月	10月	9月	8月	7月	6月	5月	4月	3月	2月	月
己丑	戊子	丁亥	丙戌	乙酉	甲申	癸未	壬午	辛巳	庚辰	己卯	戊寅	月干支
6日后 5：31	8日前 6：24	8日后 1：46	9日前 10：53	8日后 7：32	8日后 4：51	8日前 7：06	6日后 8：44	6日后 4：18	5日后 10：39	6日后 5：32	4日后 11：18	節入日
丁卯	丙申	丙寅	乙未	乙丑	甲午	癸亥	癸巳	壬戌	壬辰	辛酉	癸巳	1
戊辰	丁酉	丁卯	丙申	丙寅	乙未	甲子	甲午	癸亥	癸巳	壬戌	甲午	2
己巳	戊戌	戊辰	丁酉	丁卯	丙申	乙丑	乙未	甲子	甲午	癸亥	乙未	3
庚午	己亥	己巳	戊戌	戊辰	丁酉	丙寅	丙申	乙丑	乙未	甲子	**丙申**	4
辛未	庚子	庚午	己亥	己巳	戊戌	丁卯	丁酉	丙寅	**丙申**	乙丑	丁酉	5
壬申	辛丑	辛未	庚子	庚午	己亥	戊辰	**戊戌**	**丁卯**	丁酉	**丙寅**	戊戌	6
癸酉	壬寅	壬申	辛丑	辛未	庚子	己巳	己亥	戊辰	戊戌	丁卯	己亥	7
甲戌	**癸卯**	**癸酉**	壬寅	**壬申**	**辛丑**	**庚午**	庚子	己巳	己亥	戊辰	庚子	8
乙亥	甲辰	甲戌	**癸卯**	癸酉	壬寅	辛未	辛丑	庚午	庚子	己巳	辛丑	9
丙子	乙巳	乙亥	甲辰	甲戌	癸卯	壬申	壬寅	辛未	辛丑	庚午	壬寅	10
丁丑	丙午	丙子	乙巳	乙亥	甲辰	癸酉	癸卯	壬申	壬寅	辛未	癸卯	11
戊寅	丁未	丁丑	丙午	丙子	乙巳	甲戌	甲辰	癸酉	癸卯	壬申	甲辰	12
己卯	戊申	戊寅	丁未	丁丑	丙午	乙亥	乙巳	甲戌	甲辰	癸酉	乙巳	13
庚辰	己酉	己卯	戊申	戊寅	丁未	丙子	丙午	乙亥	乙巳	甲戌	丙午	14
辛巳	庚戌	庚辰	己酉	己卯	戊申	丁丑	丁未	丙子	丙午	乙亥	丁未	15
壬午	辛亥	辛巳	庚戌	庚辰	己酉	戊寅	戊申	丁丑	丁未	丙子	戊申	16
癸未	壬子	壬午	辛亥	辛巳	庚戌	己卯	己酉	戊寅	戊申	丁丑	己酉	17
甲申	癸丑	癸未	壬子	壬午	辛亥	庚辰	庚戌	己卯	己酉	戊寅	庚戌	18
乙酉	甲寅	甲申	癸丑	癸未	壬子	辛巳	辛亥	庚辰	庚戌	己卯	辛亥	19
丙戌	乙卯	乙酉	甲寅	甲申	癸丑	壬午	壬子	辛巳	辛亥	庚辰	壬子	20
丁亥	丙辰	丙戌	乙卯	乙酉	甲寅	癸未	癸丑	壬午	壬子	辛巳	癸丑	21
戊子	丁巳	丁亥	丙辰	丙戌	乙卯	甲申	甲寅	癸未	癸丑	壬午	甲寅	22
己丑	戊午	戊子	丁巳	丁亥	丙辰	乙酉	乙卯	甲申	甲寅	癸未	乙卯	23
庚寅	己未	己丑	戊午	戊子	丁巳	丙戌	丙辰	乙酉	乙卯	甲申	丙辰	24
辛卯	庚申	庚寅	己未	己丑	戊午	丁亥	丁巳	丙戌	丙辰	乙酉	丁巳	25
壬辰	辛酉	辛卯	庚申	庚寅	己未	戊子	戊午	丁亥	丁巳	丙戌	戊午	26
癸巳	壬戌	壬辰	辛酉	辛卯	庚申	己丑	己未	戊子	戊午	丁亥	己未	27
甲午	癸亥	癸巳	壬戌	壬辰	辛酉	庚寅	庚申	己丑	己未	戊子	庚申	28
乙未	甲子	甲午	癸亥	癸巳	壬戌	辛卯	辛酉	庚寅	庚申	己丑		29
丙申	乙丑	乙未	甲子	甲午	癸亥	壬辰	壬戌	辛卯	辛酉	庚寅		30
丁酉	丙寅		乙丑		甲子	癸巳		壬辰		辛卯		31

1956年（昭和31年）丙申　八白土星

九紫	一白	二黒	三碧	四緑	五黄	六白	七赤	八白	九紫	一白	二黒	九星
1月	12月	11月	10月	9月	8月	7月	6月	5月	4月	3月	2月	月
辛丑	庚子	己亥	戊戌	丁酉	丙申	乙未	甲午	癸巳	壬辰	辛卯	庚寅	月干支
5日后 11:11	7日后 0:03	7日后 7:27	8日后 4:37	8日前 1:20	7日后 10:41	7日后 0:59	6日前 2:36	5日后 10:10	5日前 4:32	5日后 11:25	5日前 5:13	節入日
癸酉	壬寅	壬申	辛丑	辛未	庚子	己巳	己亥	戊辰	戊戌	丁卯	戊戌	1
甲戌	癸卯	癸酉	壬寅	壬申	辛丑	庚午	庚子	己巳	己亥	戊辰	己亥	2
乙亥	甲辰	甲戌	癸卯	癸酉	壬寅	辛未	辛丑	庚午	庚子	己巳	庚子	3
丙子	乙巳	乙亥	甲辰	甲戌	癸卯	壬申	壬寅	辛未	辛丑	庚午	辛丑	4
丁丑	丙午	丙子	乙巳	乙亥	甲辰	癸酉	癸卯	**壬申**	**壬寅**	**辛未**	**壬寅**	5
戊寅	丁未	丁丑	丙午	丙子	乙巳	甲戌	**甲辰**	癸酉	癸卯	壬申	癸卯	6
己卯	**戊申**	**戊寅**	丁未	丁丑	**丙午**	**乙亥**	乙巳	甲戌	甲辰	癸酉	甲辰	7
庚辰	己酉	己卯	**戊申**	**戊寅**	丁未	丙子	丙午	乙亥	乙巳	甲戌	乙巳	8
辛巳	庚戌	庚辰	己酉	己卯	戊申	丁丑	丁未	丙子	丙午	乙亥	丙午	9
壬午	辛亥	辛巳	庚戌	庚辰	己酉	戊寅	戊申	丁丑	丁未	丙子	丁未	10
癸未	壬子	壬午	辛亥	辛巳	庚戌	己卯	己酉	戊寅	戊申	丁丑	戊申	11
甲申	癸丑	癸未	壬子	壬午	辛亥	庚辰	庚戌	己卯	己酉	戊寅	己酉	12
乙酉	甲寅	甲申	癸丑	癸未	壬子	辛巳	辛亥	庚辰	庚戌	己卯	庚戌	13
丙戌	乙卯	乙酉	甲寅	甲申	癸丑	壬午	壬子	辛巳	辛亥	庚辰	辛亥	14
丁亥	丙辰	丙戌	乙卯	乙酉	甲寅	癸未	癸丑	壬午	壬子	辛巳	壬子	15
戊子	丁巳	丁亥	丙辰	丙戌	乙卯	甲申	甲寅	癸未	癸丑	壬午	癸丑	16
己丑	戊午	戊子	丁巳	丁亥	丙辰	乙酉	乙卯	甲申	甲寅	癸未	甲寅	17
庚寅	己未	己丑	戊午	戊子	丁巳	丙戌	丙辰	乙酉	乙卯	甲申	乙卯	18
辛卯	庚申	庚寅	己未	己丑	戊午	丁亥	丁巳	丙戌	丙辰	乙酉	丙辰	19
壬辰	辛酉	辛卯	庚申	庚寅	己未	戊子	戊午	丁亥	丁巳	丙戌	丁巳	20
癸巳	壬戌	壬辰	辛酉	辛卯	庚申	己丑	己未	戊子	戊午	丁亥	戊午	21
甲午	癸亥	癸巳	壬戌	壬辰	辛酉	庚寅	庚申	己丑	己未	戊子	己未	22
乙未	甲子	甲午	癸亥	癸巳	壬戌	辛卯	辛酉	庚寅	庚申	己丑	庚申	23
丙申	乙丑	乙未	甲子	甲午	癸亥	壬辰	壬戌	辛卯	辛酉	庚寅	辛酉	24
丁酉	丙寅	丙申	乙丑	乙未	甲子	癸巳	癸亥	壬辰	壬戌	辛卯	壬戌	25
戊戌	丁卯	丁酉	丙寅	丙申	乙丑	甲午	甲子	癸巳	癸亥	壬辰	癸亥	26
己亥	戊辰	戊戌	丁卯	丁酉	丙寅	乙未	乙丑	甲午	甲子	癸巳	甲子	27
庚子	己巳	己亥	戊辰	戊戌	丁卯	丙申	丙寅	乙未	乙丑	甲午	乙丑	28
辛丑	庚午	庚子	己巳	己亥	戊辰	丁酉	丁卯	丙申	丙寅	乙未	丙寅	29
壬寅	辛未	辛丑	庚午	庚子	己巳	戊戌	戊辰	丁酉	丁卯	丙申		30
癸卯	壬申		辛未		庚午	己亥		戊戌		丁酉		31

1957年（昭和32年）丁酉　七赤金星

六白	七赤	八白	九紫	一白	二黒	三碧	四緑	五黄	六白	七赤	八白	九星
1月	12月	11月	10月	9月	8月	7月	6月	5月	4月	3月	2月	月
癸丑	壬子	辛亥	庚戌	己酉	戊申	丁未	丙午	乙巳	甲辰	癸卯	壬寅	月干支
6日前 5：05	7日后 5：57	8日前 1：21	8日后 10：31	8日前 7：13	8日前 4：33	6日后 6：49	6日前 8：25	6日前 3：59	5日前 10：19	6日前 5：11	4日前 10：55	節入日
戊寅	丁未	丁丑	丙午	丙子	乙巳	甲戌	甲辰	癸酉	癸卯	壬申	甲辰	1
己卯	戊申	戊寅	丁未	丁丑	丙午	乙亥	乙巳	甲戌	甲辰	癸酉	乙巳	2
庚辰	己酉	己卯	戊申	戊寅	丁未	丙子	丙午	乙亥	乙巳	甲戌	丙午	3
辛巳	庚戌	庚辰	己酉	己卯	戊申	丁丑	丁未	丙子	丙午	乙亥	**丁未**	4
壬午	辛亥	辛巳	庚戌	庚辰	己酉	戊寅	戊申	丁丑	**丁未**	丙子	戊申	5
癸未	壬子	壬午	辛亥	辛巳	庚戌	**己卯**	**己酉**	**戊寅**	戊申	**丁丑**	己酉	6
甲申	**癸丑**	癸未	壬子	壬午	辛亥	庚辰	庚戌	己卯	己酉	戊寅	庚戌	7
乙酉	甲寅	**甲申**	**癸丑**	**癸未**	**壬子**	辛巳	辛亥	庚辰	庚戌	己卯	辛亥	8
丙戌	乙卯	乙酉	甲寅	甲申	癸丑	壬午	壬子	辛巳	辛亥	庚辰	壬子	9
丁亥	丙辰	丙戌	乙卯	乙酉	甲寅	癸未	癸丑	壬午	壬子	辛巳	癸丑	10
戊子	丁巳	丁亥	丙辰	丙戌	乙卯	甲申	甲寅	癸未	癸丑	壬午	甲寅	11
己丑	戊午	戊子	丁巳	丁亥	丙辰	乙酉	乙卯	甲申	甲寅	癸未	乙卯	12
庚寅	己未	己丑	戊午	戊子	丁巳	丙戌	丙辰	乙酉	乙卯	甲申	丙辰	13
辛卯	庚申	庚寅	己未	己丑	戊午	丁亥	丁巳	丙戌	丙辰	乙酉	丁巳	14
壬辰	辛酉	辛卯	庚申	庚寅	己未	戊子	戊午	丁亥	丁巳	丙戌	戊午	15
癸巳	壬戌	壬辰	辛酉	辛卯	庚申	己丑	己未	戊子	戊午	丁亥	己未	16
甲午	癸亥	癸巳	壬戌	壬辰	辛酉	庚寅	庚申	己丑	己未	戊子	庚申	17
乙未	甲子	甲午	癸亥	癸巳	壬戌	辛卯	辛酉	庚寅	庚申	己丑	辛酉	18
丙申	乙丑	乙未	甲子	甲午	癸亥	壬辰	壬戌	辛卯	辛酉	庚寅	壬戌	19
丁酉	丙寅	丙申	乙丑	乙未	甲子	癸巳	癸亥	壬辰	壬戌	辛卯	癸亥	20
戊戌	丁卯	丁酉	丙寅	丙申	乙丑	甲午	甲子	癸巳	癸亥	壬辰	甲子	21
己亥	戊辰	戊戌	丁卯	丁酉	丙寅	乙未	乙丑	甲午	甲子	癸巳	乙丑	22
庚子	己巳	己亥	戊辰	戊戌	丁卯	丙申	丙寅	乙未	乙丑	甲午	丙寅	23
辛丑	庚午	庚子	己巳	己亥	戊辰	丁酉	丁卯	丙申	丙寅	乙未	丁卯	24
壬寅	辛未	辛丑	庚午	庚子	己巳	戊戌	戊辰	丁酉	丁卯	丙申	戊辰	25
癸卯	壬申	壬寅	辛未	辛丑	庚午	己亥	己巳	戊戌	戊辰	丁酉	己巳	26
甲辰	癸酉	癸卯	壬申	壬寅	辛未	庚子	庚午	己亥	己巳	戊戌	庚午	27
乙巳	甲戌	甲辰	癸酉	癸卯	壬申	辛丑	辛未	庚子	庚午	己亥	辛未	28
丙午	乙亥	乙巳	甲戌	甲辰	癸酉	壬寅	壬申	辛丑	辛未	庚子		29
丁未	丙子	丙午	乙亥	乙巳	甲戌	癸卯	癸酉	壬寅	壬申	辛丑		30
戊申	丁丑		丙子		乙亥	甲辰		癸卯		壬寅		31

1958年（昭和33年）戊戌　六白金星

三碧	四緑	五黄	六白	七赤	八白	九紫	一白	二黒	三碧	四緑	五黄	九星
1月	12月	11月	10月	9月	8月	7月	6月	5月	4月	3月	2月	月
乙丑	甲子	癸亥	壬戌	辛酉	庚申	己未	戊午	丁巳	丙辰	乙卯	甲寅	月干支
6日前 10：59	7日后 11：50	8日前 7：13	9日前 4：20	8日后 1：00	8日前 10：18	8日前 0：34	6日后 2：13	6日前 9：50	5日后 4：13	6日前 11：06	4日后 4：50	節入日
癸未	壬子	壬午	辛亥	辛巳	庚戌	己卯	己酉	戊寅	戊申	丁丑	己酉	1
甲申	癸丑	癸未	壬子	壬午	辛亥	庚辰	庚戌	己卯	己酉	戊寅	庚戌	2
乙酉	甲寅	甲申	癸丑	癸未	壬子	辛巳	辛亥	庚辰	庚戌	己卯	辛亥	3
丙戌	乙卯	乙酉	甲寅	甲申	癸丑	壬午	壬子	辛巳	辛亥	庚辰	壬子	4
丁亥	丙辰	丙戌	乙卯	乙酉	甲寅	癸未	癸丑	壬午	壬子	辛巳	癸丑	5
戊子	丁巳	丁亥	丙辰	丙戌	乙卯	甲申	甲寅	癸未	癸丑	壬午	甲寅	6
己丑	戊午	戊子	丁巳	丁亥	丙辰	乙酉	乙卯	甲申	甲寅	癸未	乙卯	7
庚寅	己未	己丑	戊午	戊子	丁巳	丙戌	丙辰	乙酉	乙卯	甲申	丙辰	8
辛卯	庚申	庚寅	己未	己丑	戊午	丁亥	丁巳	丙戌	丙辰	乙酉	丁巳	9
壬辰	辛酉	辛卯	庚申	庚寅	己未	戊子	戊午	丁亥	丁巳	丙戌	戊午	10
癸巳	壬戌	壬辰	辛酉	辛卯	庚申	己丑	己未	戊子	戊午	丁亥	己未	11
甲午	癸亥	癸巳	壬戌	壬辰	辛酉	庚寅	庚申	己丑	己未	戊子	庚申	12
乙未	甲子	甲午	癸亥	癸巳	壬戌	辛卯	辛酉	庚寅	庚申	己丑	辛酉	13
丙申	乙丑	乙未	甲子	甲午	癸亥	壬辰	壬戌	辛卯	辛酉	庚寅	壬戌	14
丁酉	丙寅	丙申	乙丑	乙未	甲子	癸巳	癸亥	壬辰	壬戌	辛卯	癸亥	15
戊戌	丁卯	丁酉	丙寅	丙申	乙丑	甲午	甲子	癸巳	癸亥	壬辰	甲子	16
己亥	戊辰	戊戌	丁卯	丁酉	丙寅	乙未	乙丑	甲午	甲子	癸巳	乙丑	17
庚子	己巳	己亥	戊辰	戊戌	丁卯	丙申	丙寅	乙未	乙丑	甲午	丙寅	18
辛丑	庚午	庚子	己巳	己亥	戊辰	丁酉	丁卯	丙申	丙寅	乙未	丁卯	19
壬寅	辛未	辛丑	庚午	庚子	己巳	戊戌	戊辰	丁酉	丁卯	丙申	戊辰	20
癸卯	壬申	壬寅	辛未	辛丑	庚午	己亥	己巳	戊戌	戊辰	丁酉	己巳	21
甲辰	癸酉	癸卯	壬申	壬寅	辛未	庚子	庚午	己亥	己巳	戊戌	庚午	22
乙巳	甲戌	甲辰	癸酉	癸卯	壬申	辛丑	辛未	庚子	庚午	己亥	辛未	23
丙午	乙亥	乙巳	甲戌	甲辰	癸酉	壬寅	壬申	辛丑	辛未	庚子	壬申	24
丁未	丙子	丙午	乙亥	乙巳	甲戌	癸卯	癸酉	壬寅	壬申	辛丑	癸酉	25
戊申	丁丑	丁未	丙子	丙午	乙亥	甲辰	甲戌	癸卯	癸酉	壬寅	甲戌	26
己酉	戊寅	戊申	丁丑	丁未	丙子	乙巳	乙亥	甲辰	甲戌	癸卯	乙亥	27
庚戌	己卯	己酉	戊寅	戊申	丁丑	丙午	丙子	乙巳	乙亥	甲辰	丙子	28
辛亥	庚辰	庚戌	己卯	己酉	戊寅	丁未	丁丑	丙午	丙子	乙巳		29
壬子	辛巳	辛亥	庚辰	庚戌	己卯	戊申	戊寅	丁未	丁丑	丙午		30
癸丑	壬午		辛巳		庚辰	己酉		戊申		丁未		31

1959年（昭和34年）己亥　五黄土星

九紫	一白	二黒	三碧	四緑	五黄	六白	七赤	八白	九紫	一白	二黒	九星
1月	12月	11月	10月	9月	8月	7月	6月	5月	4月	3月	2月	月
丁丑	丙子	乙亥	甲戌	癸酉	壬申	辛未	庚午	己巳	戊辰	丁卯	丙寅	月干支
6日后 4：43	8日前 5：38	8日后 1：03	9日前 10：11	8日后 6：49	8日后 4：05	8日前 6：20	6日后 8：01	6日后 3：39	5日后 10：04	6日后 4：57	4日后 10：43	節入日
戊子	丁巳	丁亥	丙辰	丙戌	乙卯	甲申	甲寅	癸未	癸丑	壬午	甲寅	1
己丑	戊午	戊子	丁巳	丁亥	丙辰	乙酉	乙卯	甲申	甲寅	癸未	乙卯	2
庚寅	己未	己丑	戊午	戊子	丁巳	丙戌	丙辰	乙酉	乙卯	甲申	丙辰	3
辛卯	庚申	庚寅	己未	己丑	戊午	丁亥	丁巳	丙戌	丙辰	乙酉	**丁巳**	4
壬辰	辛酉	辛卯	庚申	庚寅	己未	戊子	戊午	丁亥	**丁巳**	丙戌	戊午	5
癸巳	壬戌	壬辰	辛酉	辛卯	庚申	己丑	**己未**	**戊子**	戊午	**丁亥**	己未	6
甲午	癸亥	癸巳	壬戌	壬辰	辛酉	庚寅	庚申	己丑	己未	戊子	庚申	7
乙未	**甲子**	**甲午**	癸亥	**癸巳**	**壬戌**	**辛卯**	辛酉	庚寅	庚申	己丑	辛酉	8
丙申	乙丑	乙未	**甲子**	甲午	癸亥	壬辰	壬戌	辛卯	辛酉	庚寅	壬戌	9
丁酉	丙寅	丙申	乙丑	乙未	甲子	癸巳	癸亥	壬辰	壬戌	辛卯	癸亥	10
戊戌	丁卯	丁酉	丙寅	丙申	乙丑	甲午	甲子	癸巳	癸亥	壬辰	甲子	11
己亥	戊辰	戊戌	丁卯	丁酉	丙寅	乙未	乙丑	甲午	甲子	癸巳	乙丑	12
庚子	己巳	己亥	戊辰	戊戌	丁卯	丙申	丙寅	乙未	乙丑	甲午	丙寅	13
辛丑	庚午	庚子	己巳	己亥	戊辰	丁酉	丁卯	丙申	丙寅	乙未	丁卯	14
壬寅	辛未	辛丑	庚午	庚子	己巳	戊戌	戊辰	丁酉	丁卯	丙申	戊辰	15
癸卯	壬申	壬寅	辛未	辛丑	庚午	己亥	己巳	戊戌	戊辰	丁酉	己巳	16
甲辰	癸酉	癸卯	壬申	壬寅	辛未	庚子	庚午	己亥	己巳	戊戌	庚午	17
乙巳	甲戌	甲辰	癸酉	癸卯	壬申	辛丑	辛未	庚子	庚午	己亥	辛未	18
丙午	乙亥	乙巳	甲戌	甲辰	癸酉	壬寅	壬申	辛丑	辛未	庚子	壬申	19
丁未	丙子	丙午	乙亥	乙巳	甲戌	癸卯	癸酉	壬寅	壬申	辛丑	癸酉	20
戊申	丁丑	丁未	丙子	丙午	乙亥	甲辰	甲戌	癸卯	癸酉	壬寅	甲戌	21
己酉	戊寅	戊申	丁丑	丁未	丙子	乙巳	乙亥	甲辰	甲戌	癸卯	乙亥	22
庚戌	己卯	己酉	戊寅	戊申	丁丑	丙午	丙子	乙巳	乙亥	甲辰	丙子	23
辛亥	庚辰	庚戌	己卯	己酉	戊寅	丁未	丁丑	丙午	丙子	乙巳	丁丑	24
壬子	辛巳	辛亥	庚辰	庚戌	己卯	戊申	戊寅	丁未	丁丑	丙午	戊寅	25
癸丑	壬午	壬子	辛巳	辛亥	庚辰	己酉	己卯	戊申	戊寅	丁未	己卯	26
甲寅	癸未	癸丑	壬午	壬子	辛巳	庚戌	庚辰	己酉	己卯	戊申	庚辰	27
乙卯	甲申	甲寅	癸未	癸丑	壬午	辛亥	辛巳	庚戌	庚辰	己酉	辛巳	28
丙辰	乙酉	乙卯	甲申	甲寅	癸未	壬子	壬午	辛亥	辛巳	庚戌		29
丁巳	丙戌	丙辰	乙酉	乙卯	甲申	癸丑	癸未	壬子	壬午	辛亥		30
戊午	丁亥		丙戌		乙酉	甲寅		癸丑		壬子		31

1960年（昭和35年）庚子　四緑木星

六白	七赤	八白	九紫	一白	二黒	三碧	四緑	五黄	六白	七赤	八白	九星
1月	12月	11月	10月	9月	8月	7月	6月	5月	4月	3月	2月	月
己丑	戊子	丁亥	丙戌	乙酉	甲申	癸未	壬午	辛巳	庚辰	己卯	戊寅	月干支
5日后 10：43	7日前 11：38	7日后 7：02	8日后 4：09	8日前 0：46	7日后 10：00	7日后 0：13	6日前 1：48	5日后 9：23	5日前 3：44	5日后 10：36	5日前 4：23	節入日
甲午	癸亥	癸巳	壬戌	壬辰	辛酉	庚寅	庚申	己丑	己未	戊子	己未	1
乙未	甲子	甲午	癸亥	癸巳	壬戌	辛卯	辛酉	庚寅	庚申	己丑	庚申	2
丙申	乙丑	乙未	甲子	甲午	癸亥	壬辰	壬戌	辛卯	辛酉	庚寅	辛酉	3
丁酉	丙寅	丙申	乙丑	乙未	甲子	癸巳	癸亥	壬辰	壬戌	辛卯	壬戌	4
戊戌	丁卯	丁酉	丙寅	丙申	乙丑	甲午	甲子	**癸巳**	**癸亥**	**壬辰**	**癸亥**	5
己亥	戊辰	戊戌	丁卯	丁酉	丙寅	乙未	**乙丑**	甲午	甲子	癸巳	甲子	6
庚子	**己巳**	**己亥**	戊辰	戊戌	**丁卯**	**丙申**	丙寅	乙未	乙丑	甲午	乙丑	7
辛丑	庚午	庚子	**己巳**	**己亥**	戊辰	丁酉	丁卯	丙申	丙寅	乙未	丙寅	8
壬寅	辛未	辛丑	庚午	庚子	己巳	戊戌	戊辰	丁酉	丁卯	丙申	丁卯	9
癸卯	壬申	壬寅	辛未	辛丑	庚午	己亥	己巳	戊戌	戊辰	丁酉	戊辰	10
甲辰	癸酉	癸卯	壬申	壬寅	辛未	庚子	庚午	己亥	己巳	戊戌	己巳	11
乙巳	甲戌	甲辰	癸酉	癸卯	壬申	辛丑	辛未	庚子	庚午	己亥	庚午	12
丙午	乙亥	乙巳	甲戌	甲辰	癸酉	壬寅	壬申	辛丑	辛未	庚子	辛未	13
丁未	丙子	丙午	乙亥	乙巳	甲戌	癸卯	癸酉	壬寅	壬申	辛丑	壬申	14
戊申	丁丑	丁未	丙子	丙午	乙亥	甲辰	甲戌	癸卯	癸酉	壬寅	癸酉	15
己酉	戊寅	戊申	丁丑	丁未	丙子	乙巳	乙亥	甲辰	甲戌	癸卯	甲戌	16
庚戌	己卯	己酉	戊寅	戊申	丁丑	丙午	丙子	乙巳	乙亥	甲辰	乙亥	17
辛亥	庚辰	庚戌	己卯	己酉	戊寅	丁未	丁丑	丙午	丙子	乙巳	丙子	18
壬子	辛巳	辛亥	庚辰	庚戌	己卯	戊申	戊寅	丁未	丁丑	丙午	丁丑	19
癸丑	壬午	壬子	辛巳	辛亥	庚辰	己酉	己卯	戊申	戊寅	丁未	戊寅	20
甲寅	癸未	癸丑	壬午	壬子	辛巳	庚戌	庚辰	己酉	己卯	戊申	己卯	21
乙卯	甲申	甲寅	癸未	癸丑	壬午	辛亥	辛巳	庚戌	庚辰	己酉	庚辰	22
丙辰	乙酉	乙卯	甲申	甲寅	癸未	壬子	壬午	辛亥	辛巳	庚戌	辛巳	23
丁巳	丙戌	丙辰	乙酉	乙卯	甲申	癸丑	癸未	壬子	壬午	辛亥	壬午	24
戊午	丁亥	丁巳	丙戌	丙辰	乙酉	甲寅	甲申	癸丑	癸未	壬子	癸未	25
己未	戊子	戊午	丁亥	丁巳	丙戌	乙卯	乙酉	甲寅	甲申	癸丑	甲申	26
庚申	己丑	己未	戊子	戊午	丁亥	丙辰	丙戌	乙卯	乙酉	甲寅	乙酉	27
辛酉	庚寅	庚申	己丑	己未	戊子	丁巳	丁亥	丙辰	丙戌	乙卯	丙戌	28
壬戌	辛卯	辛酉	庚寅	庚申	己丑	戊午	戊子	丁巳	丁亥	丙辰	丁亥	29
癸亥	壬辰	壬戌	辛卯	辛酉	庚寅	己未	己丑	戊午	戊子	丁巳		30
甲子	癸巳		壬辰		辛卯	庚申		己未		戊午		31

1961年（昭和36年）辛丑　三碧木星

三碧	四緑	五黄	六白	七赤	八白	九紫	一白	二黒	三碧	四緑	五黄	九星
1月	12月	11月	10月	9月	8月	7月	6月	5月	4月	3月	2月	月
辛丑	庚子	己亥	戊戌	丁酉	丙申	乙未	甲午	癸巳	壬辰	辛卯	庚寅	月干支
6日前 4：35	7日后 5：26	8日前 0：46	8日后 9：51	8日前 6：29	8日前 3：48	7日后 6：07	6日前 7：46	6日前 3：21	5日前 9：42	6日前 4：35	4日前 10：23	節入日
己亥	戊辰	戊戌	丁卯	丁酉	丙寅	乙未	乙丑	甲午	甲子	癸巳	乙丑	1
庚子	己巳	己亥	戊辰	戊戌	丁卯	丙申	丙寅	乙未	乙丑	甲午	丙寅	2
辛丑	庚午	庚子	己巳	己亥	戊辰	丁酉	丁卯	丙申	丙寅	乙未	丁卯	3
壬寅	辛未	辛丑	庚午	庚子	己巳	戊戌	戊辰	丁酉	丁卯	丙申	**戊辰**	4
癸卯	壬申	壬寅	辛未	辛丑	庚午	己亥	己巳	戊戌	**戊辰**	丁酉	己巳	5
甲辰	癸酉	癸卯	壬申	壬寅	辛未	庚子	**庚午**	**己亥**	己巳	**戊戌**	庚午	6
乙巳	**甲戌**	甲辰	癸酉	癸卯	壬申	**辛丑**	辛未	庚子	庚午	己亥	辛未	7
丙午	乙亥	**乙巳**	**甲戌**	**甲辰**	**癸酉**	壬寅	壬申	辛丑	辛未	庚子	壬申	8
丁未	丙子	丙午	乙亥	乙巳	甲戌	癸卯	癸酉	壬寅	壬申	辛丑	癸酉	9
戊申	丁丑	丁未	丙子	丙午	乙亥	甲辰	甲戌	癸卯	癸酉	壬寅	甲戌	10
己酉	戊寅	戊申	丁丑	丁未	丙子	乙巳	乙亥	甲辰	甲戌	癸卯	乙亥	11
庚戌	己卯	己酉	戊寅	戊申	丁丑	丙午	丙子	乙巳	乙亥	甲辰	丙子	12
辛亥	庚辰	庚戌	己卯	己酉	戊寅	丁未	丁丑	丙午	丙子	乙巳	丁丑	13
壬子	辛巳	辛亥	庚辰	庚戌	己卯	戊申	戊寅	丁未	丁丑	丙午	戊寅	14
癸丑	壬午	壬子	辛巳	辛亥	庚辰	己酉	己卯	戊申	戊寅	丁未	己卯	15
甲寅	癸未	癸丑	壬午	壬子	辛巳	庚戌	庚辰	己酉	己卯	戊申	庚辰	16
乙卯	甲申	甲寅	癸未	癸丑	壬午	辛亥	辛巳	庚戌	庚辰	己酉	辛巳	17
丙辰	乙酉	乙卯	甲申	甲寅	癸未	壬子	壬午	辛亥	辛巳	庚戌	壬午	18
丁巳	丙戌	丙辰	乙酉	乙卯	甲申	癸丑	癸未	壬子	壬午	辛亥	癸未	19
戊午	丁亥	丁巳	丙戌	丙辰	乙酉	甲寅	甲申	癸丑	癸未	壬子	甲申	20
己未	戊子	戊午	丁亥	丁巳	丙戌	乙卯	乙酉	甲寅	甲申	癸丑	乙酉	21
庚申	己丑	己未	戊子	戊午	丁亥	丙辰	丙戌	乙卯	乙酉	甲寅	丙戌	22
辛酉	庚寅	庚申	己丑	己未	戊子	丁巳	丁亥	丙辰	丙戌	乙卯	丁亥	23
壬戌	辛卯	辛酉	庚寅	庚申	己丑	戊午	戊子	丁巳	丁亥	丙辰	戊子	24
癸亥	壬辰	壬戌	辛卯	辛酉	庚寅	己未	己丑	戊午	戊子	丁巳	己丑	25
甲子	癸巳	癸亥	壬辰	壬戌	辛卯	庚申	庚寅	己未	己丑	戊午	庚寅	26
乙丑	甲午	甲子	癸巳	癸亥	壬辰	辛酉	辛卯	庚申	庚寅	己未	辛卯	27
丙寅	乙未	乙丑	甲午	甲子	癸巳	壬戌	壬辰	辛酉	辛卯	庚申	壬辰	28
丁卯	丙申	丙寅	乙未	乙丑	甲午	癸亥	癸巳	壬戌	壬辰	辛酉		29
戊辰	丁酉	丁卯	丙申	丙寅	乙未	甲子	甲午	癸亥	癸巳	壬戌		30
己巳	戊戌		丁酉		丙申	乙丑		甲子		癸亥		31

1962年（昭和37年）壬寅　二黒土星

九紫	一白	二黒	三碧	四緑	五黄	六白	七赤	八白	九紫	一白	二黒	九星
1月	12月	11月	10月	9月	8月	7月	6月	5月	4月	3月	2月	月
癸丑	壬子	辛亥	庚戌	己酉	戊申	丁未	丙午	乙巳	甲辰	癸卯	壬寅	月干支
6日前 10：27	7日后 11：17	8日前 6：35	9日前 3：38	8日后 0：16	8日前 9：34	7日后 11：51	6日后 1：31	6日前 9：09	5日后 3：34	6日前 10：30	4日后 4：18	節入日
甲辰	癸酉	癸卯	壬申	壬寅	辛未	庚子	庚午	己亥	己巳	戊戌	庚午	1
乙巳	甲戌	甲辰	癸酉	癸卯	壬申	辛丑	辛未	庚子	庚午	己亥	辛未	2
丙午	乙亥	乙巳	甲戌	甲辰	癸酉	壬寅	壬申	辛丑	辛未	庚子	壬申	3
丁未	丙子	丙午	乙亥	乙巳	甲戌	癸卯	癸酉	壬寅	壬申	辛丑	癸酉	4
戊申	丁丑	丁未	丙子	丙午	乙亥	甲辰	甲戌	癸卯	癸酉	壬寅	甲戌	5
己酉	戊寅	戊申	丁丑	丁未	丙子	乙巳	乙亥	甲辰	甲戌	癸卯	乙亥	6
庚戌	己卯	己酉	戊寅	戊申	丁丑	丙午	丙子	乙巳	乙亥	甲辰	丙子	7
辛亥	庚辰	庚戌	己卯	己酉	戊寅	丁未	丁丑	丙午	丙子	乙巳	丁丑	8
壬子	辛巳	辛亥	庚辰	庚戌	己卯	戊申	戊寅	丁未	丁丑	丙午	戊寅	9
癸丑	壬午	壬子	辛巳	辛亥	庚辰	己酉	己卯	戊申	戊寅	丁未	己卯	10
甲寅	癸未	癸丑	壬午	壬子	辛巳	庚戌	庚辰	己酉	己卯	戊申	庚辰	11
乙卯	甲申	甲寅	癸未	癸丑	壬午	辛亥	辛巳	庚戌	庚辰	己酉	辛巳	12
丙辰	乙酉	乙卯	甲申	甲寅	癸未	壬子	壬午	辛亥	辛巳	庚戌	壬午	13
丁巳	丙戌	丙辰	乙酉	乙卯	甲申	癸丑	癸未	壬子	壬午	辛亥	癸未	14
戊午	丁亥	丁巳	丙戌	丙辰	乙酉	甲寅	甲申	癸丑	癸未	壬子	甲申	15
己未	戊子	戊午	丁亥	丁巳	丙戌	乙卯	乙酉	甲寅	甲申	癸丑	乙酉	16
庚申	己丑	己未	戊子	戊午	丁亥	丙辰	丙戌	乙卯	乙酉	甲寅	丙戌	17
辛酉	庚寅	庚申	己丑	己未	戊子	丁巳	丁亥	丙辰	丙戌	乙卯	丁亥	18
壬戌	辛卯	辛酉	庚寅	庚申	己丑	戊午	戊子	丁巳	丁亥	丙辰	戊子	19
癸亥	壬辰	壬戌	辛卯	辛酉	庚寅	己未	己丑	戊午	戊子	丁巳	己丑	20
甲子	癸巳	癸亥	壬辰	壬戌	辛卯	庚申	庚寅	己未	己丑	戊午	庚寅	21
乙丑	甲午	甲子	癸巳	癸亥	壬辰	辛酉	辛卯	庚申	庚寅	己未	辛卯	22
丙寅	乙未	乙丑	甲午	甲子	癸巳	壬戌	壬辰	辛酉	辛卯	庚申	壬辰	23
丁卯	丙申	丙寅	乙未	乙丑	甲午	癸亥	癸巳	壬戌	壬辰	辛酉	癸巳	24
戊辰	丁酉	丁卯	丙申	丙寅	乙未	甲子	甲午	癸亥	癸巳	壬戌	甲午	25
己巳	戊戌	戊辰	丁酉	丁卯	丙申	乙丑	乙未	甲子	甲午	癸亥	乙未	26
庚午	己亥	己巳	戊戌	戊辰	丁酉	丙寅	丙申	乙丑	乙未	甲子	丙申	27
辛未	庚子	庚午	己亥	己巳	戊戌	丁卯	丁酉	丙寅	丙申	乙丑	丁酉	28
壬申	辛丑	辛未	庚子	庚午	己亥	戊辰	戊戌	丁卯	丁酉	丙寅		29
癸酉	壬寅	壬申	辛丑	辛未	庚子	己巳	己亥	戊辰	戊戌	丁卯		30
甲戌	癸卯		壬寅		辛丑	庚午		己巳		戊辰		31

1963年（昭和38年）癸卯　一白水星

六白	七赤	八白	九紫	一白	二黒	三碧	四緑	五黄	六白	七赤	八白	九星
1月	12月	11月	10月	9月	8月	7月	6月	5月	4月	3月	2月	月
乙丑	甲子	癸亥	壬戌	辛酉	庚申	己未	戊午	丁巳	丙辰	乙卯	甲寅	月干支
6日后 4：23	8日前 5：13	8日后 0：33	9日前 9：36	8日后 6：12	8日后 3：25	8日前 5：38	6日后 7：14	6日后 2：52	5日后 9：19	6日后 4：17	4日后 10：08	節入日
己酉	戊寅	戊申	丁丑	丁未	丙子	乙巳	乙亥	甲辰	甲戌	癸卯	乙亥	1
庚戌	己卯	己酉	戊寅	戊申	丁丑	丙午	丙子	乙巳	乙亥	甲辰	丙子	2
辛亥	庚辰	庚戌	己卯	己酉	戊寅	丁未	丁丑	丙午	丙子	乙巳	丁丑	3
壬子	辛巳	辛亥	庚辰	庚戌	己卯	戊申	戊寅	丁未	丁丑	丙午	**戊寅**	4
癸丑	壬午	壬子	辛巳	辛亥	庚辰	己酉	己卯	戊申	**戊寅**	丁未	己卯	5
甲寅	癸未	癸丑	壬午	壬子	辛巳	庚戌	**庚辰**	**己酉**	己卯	**戊申**	庚辰	6
乙卯	甲申	甲寅	癸未	癸丑	壬午	辛亥	辛巳	庚戌	庚辰	己酉	辛巳	7
丙辰	**乙酉**	**乙卯**	甲申	**甲寅**	**癸未**	**壬子**	壬午	辛亥	辛巳	庚戌	壬午	8
丁巳	丙戌	丙辰	**乙酉**	乙卯	甲申	癸丑	癸未	壬子	壬午	辛亥	癸未	9
戊午	丁亥	丁巳	丙戌	丙辰	乙酉	甲寅	甲申	癸丑	癸未	壬子	甲申	10
己未	戊子	戊午	丁亥	丁巳	丙戌	乙卯	乙酉	甲寅	甲申	癸丑	乙酉	11
庚申	己丑	己未	戊子	戊午	丁亥	丙辰	丙戌	乙卯	乙酉	甲寅	丙戌	12
辛酉	庚寅	庚申	己丑	己未	戊子	丁巳	丁亥	丙辰	丙戌	乙卯	丁亥	13
壬戌	辛卯	辛酉	庚寅	庚申	己丑	戊午	戊子	丁巳	丁亥	丙辰	戊子	14
癸亥	壬辰	壬戌	辛卯	辛酉	庚寅	己未	己丑	戊午	戊子	丁巳	己丑	15
甲子	癸巳	癸亥	壬辰	壬戌	辛卯	庚申	庚寅	己未	己丑	戊午	庚寅	16
乙丑	甲午	甲子	癸巳	癸亥	壬辰	辛酉	辛卯	庚申	庚寅	己未	辛卯	17
丙寅	乙未	乙丑	甲午	甲子	癸巳	壬戌	壬辰	辛酉	辛卯	庚申	壬辰	18
丁卯	丙申	丙寅	乙未	乙丑	甲午	癸亥	癸巳	壬戌	壬辰	辛酉	癸巳	19
戊辰	丁酉	丁卯	丙申	丙寅	乙未	甲子	甲午	癸亥	癸巳	壬戌	甲午	20
己巳	戊戌	戊辰	丁酉	丁卯	丙申	乙丑	乙未	甲子	甲午	癸亥	乙未	21
庚午	己亥	己巳	戊戌	戊辰	丁酉	丙寅	丙申	乙丑	乙未	甲子	丙申	22
辛未	庚子	庚午	己亥	己巳	戊戌	丁卯	丁酉	丙寅	丙申	乙丑	丁酉	23
壬申	辛丑	辛未	庚子	庚午	己亥	戊辰	戊戌	丁卯	丁酉	丙寅	戊戌	24
癸酉	壬寅	壬申	辛丑	辛未	庚子	己巳	己亥	戊辰	戊戌	丁卯	己亥	25
甲戌	癸卯	癸酉	壬寅	壬申	辛丑	庚午	庚子	己巳	己亥	戊辰	庚子	26
乙亥	甲辰	甲戌	癸卯	癸酉	壬寅	辛未	辛丑	庚午	庚子	己巳	辛丑	27
丙子	乙巳	乙亥	甲辰	甲戌	癸卯	壬申	壬寅	辛未	辛丑	庚午	壬寅	28
丁丑	丙午	丙子	乙巳	乙亥	甲辰	癸酉	癸卯	壬申	壬寅	辛未		29
戊寅	丁未	丁丑	丙午	丙子	乙巳	甲戌	甲辰	癸酉	癸卯	壬申		30
己卯	戊申		丁未		丙午	乙亥		甲戌		癸酉		31

1964年（昭和39年）甲辰　九紫火星

三碧	四緑	五黄	六白	七赤	八白	九紫	一白	二黒	三碧	四緑	五黄	九星
1月	12月	11月	10月	9月	8月	7月	6月	5月	4月	3月	2月	月
丁丑	丙子	乙亥	甲戌	癸酉	壬申	辛未	庚午	己巳	戊辰	丁卯	丙寅	月干支
5日后 10：02	7日前 10：53	7日后 6：15	8日后 3：22	7日后 11：59	7日后 9：16	7日前 11：32	6日前 1：12	5日后 8：51	5日前 3：18	5日后 10：16	5日前 4：05	節入日
乙卯	甲申	甲寅	癸未	癸丑	壬午	辛亥	辛巳	庚戌	庚辰	己酉	庚辰	1
丙辰	乙酉	乙卯	甲申	甲寅	癸未	壬子	壬午	辛亥	辛巳	庚戌	辛巳	2
丁巳	丙戌	丙辰	乙酉	乙卯	甲申	癸丑	癸未	壬子	壬午	辛亥	壬午	3
戊午	丁亥	丁巳	丙戌	丙辰	乙酉	甲寅	甲申	癸丑	癸未	壬子	癸未	4
己未	戊子	戊午	丁亥	丁巳	丙戌	乙卯	乙酉	**甲寅**	**甲申**	**癸丑**	**甲申**	5
庚申	己丑	己未	戊子	戊午	丁亥	丙辰	**丙戌**	乙卯	乙酉	甲寅	乙酉	6
辛酉	**庚寅**	**庚申**	己丑	己未	**戊子**	**丁巳**	丁亥	丙辰	丙戌	乙卯	丙戌	7
壬戌	辛卯	辛酉	**庚寅**	**庚申**	己丑	戊午	戊子	丁巳	丁亥	丙辰	丁亥	8
癸亥	壬辰	壬戌	辛卯	辛酉	庚寅	己未	己丑	戊午	戊子	丁巳	戊子	9
甲子	癸巳	癸亥	壬辰	壬戌	辛卯	庚申	庚寅	己未	己丑	戊午	己丑	10
乙丑	甲午	甲子	癸巳	癸亥	壬辰	辛酉	辛卯	庚申	庚寅	己未	庚寅	11
丙寅	乙未	乙丑	甲午	甲子	癸巳	壬戌	壬辰	辛酉	辛卯	庚申	辛卯	12
丁卯	丙申	丙寅	乙未	乙丑	甲午	癸亥	癸巳	壬戌	壬辰	辛酉	壬辰	13
戊辰	丁酉	丁卯	丙申	丙寅	乙未	甲子	甲午	癸亥	癸巳	壬戌	癸巳	14
己巳	戊戌	戊辰	丁酉	丁卯	丙申	乙丑	乙未	甲子	甲午	癸亥	甲午	15
庚午	己亥	己巳	戊戌	戊辰	丁酉	丙寅	丙申	乙丑	乙未	甲子	乙未	16
辛未	庚子	庚午	己亥	己巳	戊戌	丁卯	丁酉	丙寅	丙申	乙丑	丙申	17
壬申	辛丑	辛未	庚子	庚午	己亥	戊辰	戊戌	丁卯	丁酉	丙寅	丁酉	18
癸酉	壬寅	壬申	辛丑	辛未	庚子	己巳	己亥	戊辰	戊戌	丁卯	戊戌	19
甲戌	癸卯	癸酉	壬寅	壬申	辛丑	庚午	庚子	己巳	己亥	戊辰	己亥	20
乙亥	甲辰	甲戌	癸卯	癸酉	壬寅	辛未	辛丑	庚午	庚子	己巳	庚子	21
丙子	乙巳	乙亥	甲辰	甲戌	癸卯	壬申	壬寅	辛未	辛丑	庚午	辛丑	22
丁丑	丙午	丙子	乙巳	乙亥	甲辰	癸酉	癸卯	壬申	壬寅	辛未	壬寅	23
戊寅	丁未	丁丑	丙午	丙子	乙巳	甲戌	甲辰	癸酉	癸卯	壬申	癸卯	24
己卯	戊申	戊寅	丁未	丁丑	丙午	乙亥	乙巳	甲戌	甲辰	癸酉	甲辰	25
庚辰	己酉	己卯	戊申	戊寅	丁未	丙子	丙午	乙亥	乙巳	甲戌	乙巳	26
辛巳	庚戌	庚辰	己酉	己卯	戊申	丁丑	丁未	丙子	丙午	乙亥	丙午	27
壬午	辛亥	辛巳	庚戌	庚辰	己酉	戊寅	戊申	丁丑	丁未	丙子	丁未	28
癸未	壬子	壬午	辛亥	辛巳	庚戌	己卯	己酉	戊寅	戊申	丁丑	戊申	29
甲申	癸丑	癸未	壬子	壬午	辛亥	庚辰	庚戌	己卯	己酉	戊寅		30
乙酉	甲寅		癸丑		壬子	辛巳		庚辰		己卯		31

1965年（昭和40年）乙巳　八白土星

九紫	一白	二黒	三碧	四緑	五黄	六白	七赤	八白	九紫	一白	二黒	九星
1月	12月	11月	10月	9月	8月	7月	6月	5月	4月	3月	2月	月
己丑	戊子	丁亥	丙戌	乙酉	甲申	癸未	壬午	辛巳	庚辰	己卯	戊寅	月干支
6日前 3：56	7日后 4：46	8日前 0：07	8日后 9：11	8日前 5：48	8日前 3：05	7日后 5：21	6日前 7：02	6日前 2：41	5日前 9：07	6日前 4：01	4日前 9：46	節入日
庚申	己丑	己未	戊子	戊午	丁亥	丙辰	丙戌	乙卯	乙酉	甲寅	丙戌	1
辛酉	庚寅	庚申	己丑	己未	戊子	丁巳	丁亥	丙辰	丙戌	乙卯	丁亥	2
壬戌	辛卯	辛酉	庚寅	庚申	己丑	戊午	戊子	丁巳	丁亥	丙辰	戊子	3
癸亥	壬辰	壬戌	辛卯	辛酉	庚寅	己未	己丑	戊午	戊子	丁巳	**己丑**	4
甲子	癸巳	癸亥	壬辰	壬戌	辛卯	庚申	庚寅	己未	**己丑**	戊午	庚寅	5
乙丑	甲午	甲子	癸巳	癸亥	壬辰	辛酉	**辛卯**	**庚申**	庚寅	**己未**	辛卯	6
丙寅	**乙未**	乙丑	甲午	甲子	癸巳	**壬戌**	壬辰	辛酉	辛卯	庚申	壬辰	7
丁卯	丙申	**丙寅**	**乙未**	**乙丑**	**甲午**	癸亥	癸巳	壬戌	壬辰	辛酉	癸巳	8
戊辰	丁酉	丁卯	丙申	丙寅	乙未	甲子	甲午	癸亥	癸巳	壬戌	甲午	9
己巳	戊戌	戊辰	丁酉	丁卯	丙申	乙丑	乙未	甲子	甲午	癸亥	乙未	10
庚午	己亥	己巳	戊戌	戊辰	丁酉	丙寅	丙申	乙丑	乙未	甲子	丙申	11
辛未	庚子	庚午	己亥	己巳	戊戌	丁卯	丁酉	丙寅	丙申	乙丑	丁酉	12
壬申	辛丑	辛未	庚子	庚午	己亥	戊辰	戊戌	丁卯	丁酉	丙寅	戊戌	13
癸酉	壬寅	壬申	辛丑	辛未	庚子	己巳	己亥	戊辰	戊戌	丁卯	己亥	14
甲戌	癸卯	癸酉	壬寅	壬申	辛丑	庚午	庚子	己巳	己亥	戊辰	庚子	15
乙亥	甲辰	甲戌	癸卯	癸酉	壬寅	辛未	辛丑	庚午	庚子	己巳	辛丑	16
丙子	乙巳	乙亥	甲辰	甲戌	癸卯	壬申	壬寅	辛未	辛丑	庚午	壬寅	17
丁丑	丙午	丙子	乙巳	乙亥	甲辰	癸酉	癸卯	壬申	壬寅	辛未	癸卯	18
戊寅	丁未	丁丑	丙午	丙子	乙巳	甲戌	甲辰	癸酉	癸卯	壬申	甲辰	19
己卯	戊申	戊寅	丁未	丁丑	丙午	乙亥	乙巳	甲戌	甲辰	癸酉	乙巳	20
庚辰	己酉	己卯	戊申	戊寅	丁未	丙子	丙午	乙亥	乙巳	甲戌	丙午	21
辛巳	庚戌	庚辰	己酉	己卯	戊申	丁丑	丁未	丙子	丙午	乙亥	丁未	22
壬午	辛亥	辛巳	庚戌	庚辰	己酉	戊寅	戊申	丁丑	丁未	丙子	戊申	23
癸未	壬子	壬午	辛亥	辛巳	庚戌	己卯	己酉	戊寅	戊申	丁丑	己酉	24
甲申	癸丑	癸未	壬子	壬午	辛亥	庚辰	庚戌	己卯	己酉	戊寅	庚戌	25
乙酉	甲寅	甲申	癸丑	癸未	壬子	辛巳	辛亥	庚辰	庚戌	己卯	辛亥	26
丙戌	乙卯	乙酉	甲寅	甲申	癸丑	壬午	壬子	辛巳	辛亥	庚辰	壬子	27
丁亥	丙辰	丙戌	乙卯	乙酉	甲寅	癸未	癸丑	壬午	壬子	辛巳	癸丑	28
戊子	丁巳	丁亥	丙辰	丙戌	乙卯	甲申	甲寅	癸未	癸丑	壬午		29
己丑	戊午	戊子	丁巳	丁亥	丙辰	乙酉	乙卯	甲申	甲寅	癸未		30
庚寅	己未		戊午		丁巳	丙戌		乙酉		甲申		31

1966年（昭和41年）丙午　七赤金星

六白	七赤	八白	九紫	一白	二黒	三碧	四緑	五黄	六白	七赤	八白	九星
1月	12月	11月	10月	9月	8月	7月	6月	5月	4月	3月	2月	月
辛丑	庚子	己亥	戊戌	丁酉	丙申	乙未	甲午	癸巳	壬辰	辛卯	庚寅	月干支
6日前 9:49	7日后 10:38	8日前 5:56	9日前 2:57	8日前 11:32	8日前 8:49	7日后 11:07	6日后 0:50	6日前 8:30	5日后 2:57	6日前 9:52	4日后 3:38	節入日
乙丑	甲午	甲子	癸巳	癸亥	壬辰	辛酉	辛卯	庚申	庚寅	己未	辛卯	1
丙寅	乙未	乙丑	甲午	甲子	癸巳	壬戌	壬辰	辛酉	辛卯	庚申	壬辰	2
丁卯	丙申	丙寅	乙未	乙丑	甲午	癸亥	癸巳	壬戌	壬辰	辛酉	癸巳	3
戊辰	丁酉	丁卯	丙申	丙寅	乙未	甲子	甲午	癸亥	癸巳	壬戌	**甲午**	4
己巳	戊戌	戊辰	丁酉	丁卯	丙申	乙丑	乙未	甲子	**甲午**	癸亥	乙未	5
庚午	己亥	己巳	戊戌	戊辰	丁酉	丙寅	**丙申**	**乙丑**	乙未	**甲子**	丙申	6
辛未	**庚子**	庚午	己亥	己巳	戊戌	**丁卯**	丁酉	丙寅	丙申	乙丑	丁酉	7
壬申	辛丑	**辛未**	庚子	**庚午**	**己亥**	戊辰	戊戌	丁卯	丁酉	丙寅	戊戌	8
癸酉	壬寅	壬申	**辛丑**	辛未	庚子	己巳	己亥	戊辰	戊戌	丁卯	己亥	9
甲戌	癸卯	癸酉	壬寅	壬申	辛丑	庚午	庚子	己巳	己亥	戊辰	庚子	10
乙亥	甲辰	甲戌	癸卯	癸酉	壬寅	辛未	辛丑	庚午	庚子	己巳	辛丑	11
丙子	乙巳	乙亥	甲辰	甲戌	癸卯	壬申	壬寅	辛未	辛丑	庚午	壬寅	12
丁丑	丙午	丙子	乙巳	乙亥	甲辰	癸酉	癸卯	壬申	壬寅	辛未	癸卯	13
戊寅	丁未	丁丑	丙午	丙子	乙巳	甲戌	甲辰	癸酉	癸卯	壬申	甲辰	14
己卯	戊申	戊寅	丁未	丁丑	丙午	乙亥	乙巳	甲戌	甲辰	癸酉	乙巳	15
庚辰	己酉	己卯	戊申	戊寅	丁未	丙子	丙午	乙亥	乙巳	甲戌	丙午	16
辛巳	庚戌	庚辰	己酉	己卯	戊申	丁丑	丁未	丙子	丙午	乙亥	丁未	17
壬午	辛亥	辛巳	庚戌	庚辰	己酉	戊寅	戊申	丁丑	丁未	丙子	戊申	18
癸未	壬子	壬午	辛亥	辛巳	庚戌	己卯	己酉	戊寅	戊申	丁丑	己酉	19
甲申	癸丑	癸未	壬子	壬午	辛亥	庚辰	庚戌	己卯	己酉	戊寅	庚戌	20
乙酉	甲寅	甲申	癸丑	癸未	壬子	辛巳	辛亥	庚辰	庚戌	己卯	辛亥	21
丙戌	乙卯	乙酉	甲寅	甲申	癸丑	壬午	壬子	辛巳	辛亥	庚辰	壬子	22
丁亥	丙辰	丙戌	乙卯	乙酉	甲寅	癸未	癸丑	壬午	壬子	辛巳	癸丑	23
戊子	丁巳	丁亥	丙辰	丙戌	乙卯	甲申	甲寅	癸未	癸丑	壬午	甲寅	24
己丑	戊午	戊子	丁巳	丁亥	丙辰	乙酉	乙卯	甲申	甲寅	癸未	乙卯	25
庚寅	己未	己丑	戊午	戊子	丁巳	丙戌	丙辰	乙酉	乙卯	甲申	丙辰	26
辛卯	庚申	庚寅	己未	己丑	戊午	丁亥	丁巳	丙戌	丙辰	乙酉	丁巳	27
壬辰	辛酉	辛卯	庚申	庚寅	己未	戊子	戊午	丁亥	丁巳	丙戌	戊午	28
癸巳	壬戌	壬辰	辛酉	辛卯	庚申	己丑	己未	戊子	戊午	丁亥		29
甲午	癸亥	癸巳	壬戌	壬辰	辛酉	庚寅	庚申	己丑	己未	戊子		30
乙未	甲子		癸亥		壬戌	辛卯		庚寅		己丑		31

1967年（昭和42年）丁未　六白金星

三碧	四緑	五黄	六白	七赤	八白	九紫	一白	二黒	三碧	四緑	五黄	九星
1月	12月	11月	10月	9月	8月	7月	6月	5月	4月	3月	2月	月
癸丑	壬子	辛亥	庚戌	己酉	戊申	丁未	丙午	乙巳	甲辰	癸卯	壬寅	月干支
6日后 3：27	8日前 4：18	8日前 11：38	9日前 8：41	8日后 5：18	8日后 2：35	8日前 4：53	6日后 6：36	6日后 2：17	5日后 8：45	6日后 3：42	4日后 9：31	節入日
庚午	己亥	己巳	戊戌	戊辰	丁酉	丙寅	丙申	乙丑	乙未	甲子	丙申	1
辛未	庚子	庚午	己亥	己巳	戊戌	丁卯	丁酉	丙寅	丙申	乙丑	丁酉	2
壬申	辛丑	辛未	庚子	庚午	己亥	戊辰	戊戌	丁卯	丁酉	丙寅	戊戌	3
癸酉	壬寅	壬申	辛丑	辛未	庚子	己巳	己亥	戊辰	戊戌	丁卯	**己亥**	4
甲戌	癸卯	癸酉	壬寅	壬申	辛丑	庚午	庚子	己巳	**己亥**	戊辰	庚子	5
乙亥	甲辰	甲戌	癸卯	癸酉	壬寅	辛未	**辛丑**	**庚午**	庚子	**己巳**	辛丑	6
丙子	乙巳	乙亥	甲辰	甲戌	癸卯	壬申	壬寅	辛未	辛丑	庚午	壬寅	7
丁丑	**丙午**	**丙子**	乙巳	**乙亥**	**甲辰**	**癸酉**	癸卯	壬申	壬寅	辛未	癸卯	8
戊寅	丁未	丁丑	**丙午**	丙子	乙巳	甲戌	甲辰	癸酉	癸卯	壬申	甲辰	9
己卯	戊申	戊寅	丁未	丁丑	丙午	乙亥	乙巳	甲戌	甲辰	癸酉	乙巳	10
庚辰	己酉	己卯	戊申	戊寅	丁未	丙子	丙午	乙亥	乙巳	甲戌	丙午	11
辛巳	庚戌	庚辰	己酉	己卯	戊申	丁丑	丁未	丙子	丙午	乙亥	丁未	12
壬午	辛亥	辛巳	庚戌	庚辰	己酉	戊寅	戊申	丁丑	丁未	丙子	戊申	13
癸未	壬子	壬午	辛亥	辛巳	庚戌	己卯	己酉	戊寅	戊申	丁丑	己酉	14
甲申	癸丑	癸未	壬子	壬午	辛亥	庚辰	庚戌	己卯	己酉	戊寅	庚戌	15
乙酉	甲寅	甲申	癸丑	癸未	壬子	辛巳	辛亥	庚辰	庚戌	己卯	辛亥	16
丙戌	乙卯	乙酉	甲寅	甲申	癸丑	壬午	壬子	辛巳	辛亥	庚辰	壬子	17
丁亥	丙辰	丙戌	乙卯	乙酉	甲寅	癸未	癸丑	壬午	壬子	辛巳	癸丑	18
戊子	丁巳	丁亥	丙辰	丙戌	乙卯	甲申	甲寅	癸未	癸丑	壬午	甲寅	19
己丑	戊午	戊子	丁巳	丁亥	丙辰	乙酉	乙卯	甲申	甲寅	癸未	乙卯	20
庚寅	己未	己丑	戊午	戊子	丁巳	丙戌	丙辰	乙酉	乙卯	甲申	丙辰	21
辛卯	庚申	庚寅	己未	己丑	戊午	丁亥	丁巳	丙戌	丙辰	乙酉	丁巳	22
壬辰	辛酉	辛卯	庚申	庚寅	己未	戊子	戊午	丁亥	丁巳	丙戌	戊午	23
癸巳	壬戌	壬辰	辛酉	辛卯	庚申	己丑	己未	戊子	戊午	丁亥	己未	24
甲午	癸亥	癸巳	壬戌	壬辰	辛酉	庚寅	庚申	己丑	己未	戊子	庚申	25
乙未	甲子	甲午	癸亥	癸巳	壬戌	辛卯	辛酉	庚寅	庚申	己丑	辛酉	26
丙申	乙丑	乙未	甲子	甲午	癸亥	壬辰	壬戌	辛卯	辛酉	庚寅	壬戌	27
丁酉	丙寅	丙申	乙丑	乙未	甲子	癸巳	癸亥	壬辰	壬戌	辛卯	癸亥	28
戊戌	丁卯	丁酉	丙寅	丙申	乙丑	甲午	甲子	癸巳	癸亥	壬辰		29
己亥	戊辰	戊戌	丁卯	丁酉	丙寅	乙未	乙丑	甲午	甲子	癸巳		30
庚子	己巳		戊辰		丁卯	丙申		乙未		甲午		31

1968年（昭和43年）戊申　五黄土星

九紫	一白	二黒	三碧	四緑	五黄	六白	七赤	八白	九紫	一白	二黒	九星
1月	12月	11月	10月	9月	8月	7月	6月	5月	4月	3月	2月	月
乙丑	甲子	癸亥	壬戌	辛酉	庚申	己未	戊午	丁巳	丙辰	乙卯	甲寅	月干支
5日后 9：17	7日前 10：09	7日后 5：30	8日后 2：35	7日后 11：12	7日后 8：27	7日前 10：42	6日前 0：19	5日后 7：56	5日前 2：21	5日后 9：18	5日前 3：08	節入日
丙子	乙巳	乙亥	甲辰	甲戌	癸卯	壬申	壬寅	辛未	辛丑	庚午	辛丑	1
丁丑	丙午	丙子	乙巳	乙亥	甲辰	癸酉	癸卯	壬申	壬寅	辛未	壬寅	2
戊寅	丁未	丁丑	丙午	丙子	乙巳	甲戌	甲辰	癸酉	癸卯	壬申	癸卯	3
己卯	戊申	戊寅	丁未	丁丑	丙午	乙亥	乙巳	甲戌	甲辰	癸酉	甲辰	4
庚辰	己酉	己卯	戊申	戊寅	丁未	丙子	丙午	**乙亥**	**乙巳**	**甲戌**	**乙巳**	5
辛巳	庚戌	庚辰	己酉	己卯	戊申	丁丑	**丁未**	丙子	丙午	乙亥	丙午	6
壬午	**辛亥**	**辛巳**	庚戌	**庚辰**	**己酉**	**戊寅**	戊申	丁丑	丁未	丙子	丁未	7
癸未	壬子	壬午	**辛亥**	辛巳	庚戌	己卯	己酉	戊寅	戊申	丁丑	戊申	8
甲申	癸丑	癸未	壬子	壬午	辛亥	庚辰	庚戌	己卯	己酉	戊寅	己酉	9
乙酉	甲寅	甲申	癸丑	癸未	壬子	辛巳	辛亥	庚辰	庚戌	己卯	庚戌	10
丙戌	乙卯	乙酉	甲寅	甲申	癸丑	壬午	壬子	辛巳	辛亥	庚辰	辛亥	11
丁亥	丙辰	丙戌	乙卯	乙酉	甲寅	癸未	癸丑	壬午	壬子	辛巳	壬子	12
戊子	丁巳	丁亥	丙辰	丙戌	乙卯	甲申	甲寅	癸未	癸丑	壬午	癸丑	13
己丑	戊午	戊子	丁巳	丁亥	丙辰	乙酉	乙卯	甲申	甲寅	癸未	甲寅	14
庚寅	己未	己丑	戊午	戊子	丁巳	丙戌	丙辰	乙酉	乙卯	甲申	乙卯	15
辛卯	庚申	庚寅	己未	己丑	戊午	丁亥	丁巳	丙戌	丙辰	乙酉	丙辰	16
壬辰	辛酉	辛卯	庚申	庚寅	己未	戊子	戊午	丁亥	丁巳	丙戌	丁巳	17
癸巳	壬戌	壬辰	辛酉	辛卯	庚申	己丑	己未	戊子	戊午	丁亥	戊午	18
甲午	癸亥	癸巳	壬戌	壬辰	辛酉	庚寅	庚申	己丑	己未	戊子	己未	19
乙未	甲子	甲午	癸亥	癸巳	壬戌	辛卯	辛酉	庚寅	庚申	己丑	庚申	20
丙申	乙丑	乙未	甲子	甲午	癸亥	壬辰	壬戌	辛卯	辛酉	庚寅	辛酉	21
丁酉	丙寅	丙申	乙丑	乙未	甲子	癸巳	癸亥	壬辰	壬戌	辛卯	壬戌	22
戊戌	丁卯	丁酉	丙寅	丙申	乙丑	甲午	甲子	癸巳	癸亥	壬辰	癸亥	23
己亥	戊辰	戊戌	丁卯	丁酉	丙寅	乙未	乙丑	甲午	甲子	癸巳	甲子	24
庚子	己巳	己亥	戊辰	戊戌	丁卯	丙申	丙寅	乙未	乙丑	甲午	乙丑	25
辛丑	庚午	庚子	己巳	己亥	戊辰	丁酉	丁卯	丙申	丙寅	乙未	丙寅	26
壬寅	辛未	辛丑	庚午	庚子	己巳	戊戌	戊辰	丁酉	丁卯	丙申	丁卯	27
癸卯	壬申	壬寅	辛未	辛丑	庚午	己亥	己巳	戊戌	戊辰	丁酉	戊辰	28
甲辰	癸酉	癸卯	壬申	壬寅	辛未	庚子	庚午	己亥	己巳	戊戌	己巳	29
乙巳	甲戌	甲辰	癸酉	癸卯	壬申	辛丑	辛未	庚子	庚午	己亥		30
丙午	乙亥		甲戌		癸酉	壬寅		辛丑		庚子		31

1969年（昭和44年）己酉　四緑木星

六白	七赤	八白	九紫	一白	二黒	三碧	四緑	五黄	六白	七赤	八白	九星
1月	12月	11月	10月	9月	8月	7月	6月	5月	4月	3月	2月	月
丁丑	丙子	乙亥	甲戌	癸酉	壬申	辛未	庚午	己巳	戊辰	丁卯	丙寅	月干支
6日前 3：02	7日后 3：52	7日后 11：12	8日后 8：17	8日前 4：56	8日前 2：14	7日后 4：32	6日前 6：12	6日前 1：50	5日前 8：15	6日前 3：11	4日前 8：59	節入日
辛巳	庚戌	庚辰	己酉	己卯	戊申	丁丑	丁未	丙子	丙午	乙亥	丁未	1
壬午	辛亥	辛巳	庚戌	庚辰	己酉	戊寅	戊申	丁丑	丁未	丙子	戊申	2
癸未	壬子	壬午	辛亥	辛巳	庚戌	己卯	己酉	戊寅	戊申	丁丑	己酉	3
甲申	癸丑	癸未	壬子	壬午	辛亥	庚辰	庚戌	己卯	己酉	戊寅	**庚戌**	4
乙酉	甲寅	甲申	癸丑	癸未	壬子	辛巳	辛亥	庚辰	**庚戌**	己卯	辛亥	5
丙戌	乙卯	乙酉	甲寅	甲申	癸丑	壬午	**壬子**	**辛巳**	辛亥	**庚辰**	壬子	6
丁亥	**丙辰**	**丙戌**	乙卯	乙酉	甲寅	**癸未**	癸丑	壬午	壬子	辛巳	癸丑	7
戊子	丁巳	丁亥	**丙辰**	**丙戌**	**乙卯**	甲申	甲寅	癸未	癸丑	壬午	甲寅	8
己丑	戊午	戊子	丁巳	丁亥	丙辰	乙酉	乙卯	甲申	甲寅	癸未	乙卯	9
庚寅	己未	己丑	戊午	戊子	丁巳	丙戌	丙辰	乙酉	乙卯	甲申	丙辰	10
辛卯	庚申	庚寅	己未	己丑	戊午	丁亥	丁巳	丙戌	丙辰	乙酉	丁巳	11
壬辰	辛酉	辛卯	庚申	庚寅	己未	戊子	戊午	丁亥	丁巳	丙戌	戊午	12
癸巳	壬戌	壬辰	辛酉	辛卯	庚申	己丑	己未	戊子	戊午	丁亥	己未	13
甲午	癸亥	癸巳	壬戌	壬辰	辛酉	庚寅	庚申	己丑	己未	戊子	庚申	14
乙未	甲子	甲午	癸亥	癸巳	壬戌	辛卯	辛酉	庚寅	庚申	己丑	辛酉	15
丙申	乙丑	乙未	甲子	甲午	癸亥	壬辰	壬戌	辛卯	辛酉	庚寅	壬戌	16
丁酉	丙寅	丙申	乙丑	乙未	甲子	癸巳	癸亥	壬辰	壬戌	辛卯	癸亥	17
戊戌	丁卯	丁酉	丙寅	丙申	乙丑	甲午	甲子	癸巳	癸亥	壬辰	甲子	18
己亥	戊辰	戊戌	丁卯	丁酉	丙寅	乙未	乙丑	甲午	甲子	癸巳	乙丑	19
庚子	己巳	己亥	戊辰	戊戌	丁卯	丙申	丙寅	乙未	乙丑	甲午	丙寅	20
辛丑	庚午	庚子	己巳	己亥	戊辰	丁酉	丁卯	丙申	丙寅	乙未	丁卯	21
壬寅	辛未	辛丑	庚午	庚子	己巳	戊戌	戊辰	丁酉	丁卯	丙申	戊辰	22
癸卯	壬申	壬寅	辛未	辛丑	庚午	己亥	己巳	戊戌	戊辰	丁酉	己巳	23
甲辰	癸酉	癸卯	壬申	壬寅	辛未	庚子	庚午	己亥	己巳	戊戌	庚午	24
乙巳	甲戌	甲辰	癸酉	癸卯	壬申	辛丑	辛未	庚子	庚午	己亥	辛未	25
丙午	乙亥	乙巳	甲戌	甲辰	癸酉	壬寅	壬申	辛丑	辛未	庚子	壬申	26
丁未	丙子	丙午	乙亥	乙巳	甲戌	癸卯	癸酉	壬寅	壬申	辛丑	癸酉	27
戊申	丁丑	丁未	丙子	丙午	乙亥	甲辰	甲戌	癸卯	癸酉	壬寅	甲戌	28
己酉	戊寅	戊申	丁丑	丁未	丙子	乙巳	乙亥	甲辰	甲戌	癸卯		29
庚戌	己卯	己酉	戊寅	戊申	丁丑	丙午	丙子	乙巳	乙亥	甲辰		30
辛亥	庚辰		己卯		戊寅	丁未		丙午		乙巳		31

1970年（昭和45年）庚戌　三碧木星

三碧	四緑	五黄	六白	七赤	八白	九紫	一白	二黒	三碧	四緑	五黄	九星
1月	12月	11月	10月	9月	8月	7月	6月	5月	4月	3月	2月	月
己丑	戊子	丁亥	丙戌	乙酉	甲申	癸未	壬午	辛巳	庚辰	己卯	戊寅	月干支
6日前 8：45	7日后 9：38	8日前 4：58	9日前 2：02	8日前 10：38	8日前 7：54	7日后 10：11	6日前 11：52	6日前 7：34	5日后 2：02	6日前 8：59	4日后 2：46	節入日
丙戌	乙卯	乙酉	甲寅	甲申	癸丑	壬午	壬子	辛巳	辛亥	庚辰	壬子	1
丁亥	丙辰	丙戌	乙卯	乙酉	甲寅	癸未	癸丑	壬午	壬子	辛巳	癸丑	2
戊子	丁巳	丁亥	丙辰	丙戌	乙卯	甲申	甲寅	癸未	癸丑	壬午	甲寅	3
己丑	戊午	戊子	丁巳	丁亥	丙辰	乙酉	乙卯	甲申	甲寅	癸未	乙卯	4
庚寅	己未	己丑	戊午	戊子	丁巳	丙戌	丙辰	乙酉	乙卯	甲申	丙辰	5
辛卯	庚申	庚寅	己未	己丑	戊午	丁亥	丁巳	丙戌	丙辰	乙酉	丁巳	6
壬辰	辛酉	辛卯	庚申	庚寅	己未	戊子	戊午	丁亥	丁巳	丙戌	戊午	7
癸巳	壬戌	壬辰	辛酉	辛卯	庚申	己丑	己未	戊子	戊午	丁亥	己未	8
甲午	癸亥	癸巳	壬戌	壬辰	辛酉	庚寅	庚申	己丑	己未	戊子	庚申	9
乙未	甲子	甲午	癸亥	癸巳	壬戌	辛卯	辛酉	庚寅	庚申	己丑	辛酉	10
丙申	乙丑	乙未	甲子	甲午	癸亥	壬辰	壬戌	辛卯	辛酉	庚寅	壬戌	11
丁酉	丙寅	丙申	乙丑	乙未	甲子	癸巳	癸亥	壬辰	壬戌	辛卯	癸亥	12
戊戌	丁卯	丁酉	丙寅	丙申	乙丑	甲午	甲子	癸巳	癸亥	壬辰	甲子	13
己亥	戊辰	戊戌	丁卯	丁酉	丙寅	乙未	乙丑	甲午	甲子	癸巳	乙丑	14
庚子	己巳	己亥	戊辰	戊戌	丁卯	丙申	丙寅	乙未	乙丑	甲午	丙寅	15
辛丑	庚午	庚子	己巳	己亥	戊辰	丁酉	丁卯	丙申	丙寅	乙未	丁卯	16
壬寅	辛未	辛丑	庚午	庚子	己巳	戊戌	戊辰	丁酉	丁卯	丙申	戊辰	17
癸卯	壬申	壬寅	辛未	辛丑	庚午	己亥	己巳	戊戌	戊辰	丁酉	己巳	18
甲辰	癸酉	癸卯	壬申	壬寅	辛未	庚子	庚午	己亥	己巳	戊戌	庚午	19
乙巳	甲戌	甲辰	癸酉	癸卯	壬申	辛丑	辛未	庚子	庚午	己亥	辛未	20
丙午	乙亥	乙巳	甲戌	甲辰	癸酉	壬寅	壬申	辛丑	辛未	庚子	壬申	21
丁未	丙子	丙午	乙亥	乙巳	甲戌	癸卯	癸酉	壬寅	壬申	辛丑	癸酉	22
戊申	丁丑	丁未	丙子	丙午	乙亥	甲辰	甲戌	癸卯	癸酉	壬寅	甲戌	23
己酉	戊寅	戊申	丁丑	丁未	丙子	乙巳	乙亥	甲辰	甲戌	癸卯	乙亥	24
庚戌	己卯	己酉	戊寅	戊申	丁丑	丙午	丙子	乙巳	乙亥	甲辰	丙子	25
辛亥	庚辰	庚戌	己卯	己酉	戊寅	丁未	丁丑	丙午	丙子	乙巳	丁丑	26
壬子	辛巳	辛亥	庚辰	庚戌	己卯	戊申	戊寅	丁未	丁丑	丙午	戊寅	27
癸丑	壬午	壬子	辛巳	辛亥	庚辰	己酉	己卯	戊申	戊寅	丁未	己卯	28
甲寅	癸未	癸丑	壬午	壬子	辛巳	庚戌	庚辰	己酉	己卯	戊申		29
乙卯	甲申	甲寅	癸未	癸丑	壬午	辛亥	辛巳	庚戌	庚辰	己酉		30
丙辰	乙酉		甲申		癸未	壬子		辛亥		庚戌		31

1971年（昭和46年）辛亥　二黒土星

九紫	一白	二黒	三碧	四緑	五黄	六白	七赤	八白	九紫	一白	二黒	九星
1月	12月	11月	10月	9月	8月	7月	6月	5月	4月	3月	2月	月
辛丑	庚子	己亥	戊戌	丁酉	丙申	乙未	甲午	癸巳	壬辰	辛卯	庚寅	月干支
6日后 2：42	8日前 3：36	8日前 10：57	9日前 7：59	8日后 4：30	8日后 1：40	8日前 3：51	6日后 5：29	6日后 1：08	5日后 7：36	6日后 2：35	4日后 8：26	節入日
辛卯	庚申	庚寅	己未	己丑	戊午	丁亥	丁巳	丙戌	丙辰	乙酉	丁巳	1
壬辰	辛酉	辛卯	庚申	庚寅	己未	戊子	戊午	丁亥	丁巳	丙戌	戊午	2
癸巳	壬戌	壬辰	辛酉	辛卯	庚申	己丑	己未	戊子	戊午	丁亥	己未	3
甲午	癸亥	癸巳	壬戌	壬辰	辛酉	庚寅	庚申	己丑	己未	戊子	庚申	4
乙未	甲子	甲午	癸亥	癸巳	壬戌	辛卯	辛酉	庚寅	庚申	己丑	辛酉	5
丙申	乙丑	乙未	甲子	甲午	癸亥	壬辰	壬戌	辛卯	辛酉	庚寅	壬戌	6
丁酉	丙寅	丙申	乙丑	乙未	甲子	癸巳	癸亥	壬辰	壬戌	辛卯	癸亥	7
戊戌	丁卯	丁酉	丙寅	丙申	乙丑	甲午	甲子	癸巳	癸亥	壬辰	甲子	8
己亥	戊辰	戊戌	丁卯	丁酉	丙寅	乙未	乙丑	甲午	甲子	癸巳	乙丑	9
庚子	己巳	己亥	戊辰	戊戌	丁卯	丙申	丙寅	乙未	乙丑	甲午	丙寅	10
辛丑	庚午	庚子	己巳	己亥	戊辰	丁酉	丁卯	丙申	丙寅	乙未	丁卯	11
壬寅	辛未	辛丑	庚午	庚子	己巳	戊戌	戊辰	丁酉	丁卯	丙申	戊辰	12
癸卯	壬申	壬寅	辛未	辛丑	庚午	己亥	己巳	戊戌	戊辰	丁酉	己巳	13
甲辰	癸酉	癸卯	壬申	壬寅	辛未	庚子	庚午	己亥	己巳	戊戌	庚午	14
乙巳	甲戌	甲辰	癸酉	癸卯	壬申	辛丑	辛未	庚子	庚午	己亥	辛未	15
丙午	乙亥	乙巳	甲戌	甲辰	癸酉	壬寅	壬申	辛丑	辛未	庚子	壬申	16
丁未	丙子	丙午	乙亥	乙巳	甲戌	癸卯	癸酉	壬寅	壬申	辛丑	癸酉	17
戊申	丁丑	丁未	丙子	丙午	乙亥	甲辰	甲戌	癸卯	癸酉	壬寅	甲戌	18
己酉	戊寅	戊申	丁丑	丁未	丙子	乙巳	乙亥	甲辰	甲戌	癸卯	乙亥	19
庚戌	己卯	己酉	戊寅	戊申	丁丑	丙午	丙子	乙巳	乙亥	甲辰	丙子	20
辛亥	庚辰	庚戌	己卯	己酉	戊寅	丁未	丁丑	丙午	丙子	乙巳	丁丑	21
壬子	辛巳	辛亥	庚辰	庚戌	己卯	戊申	戊寅	丁未	丁丑	丙午	戊寅	22
癸丑	壬午	壬子	辛巳	辛亥	庚辰	己酉	己卯	戊申	戊寅	丁未	己卯	23
甲寅	癸未	癸丑	壬午	壬子	辛巳	庚戌	庚辰	己酉	己卯	戊申	庚辰	24
乙卯	甲申	甲寅	癸未	癸丑	壬午	辛亥	辛巳	庚戌	庚辰	己酉	辛巳	25
丙辰	乙酉	乙卯	甲申	甲寅	癸未	壬子	壬午	辛亥	辛巳	庚戌	壬午	26
丁巳	丙戌	丙辰	乙酉	乙卯	甲申	癸丑	癸未	壬子	壬午	辛亥	癸未	27
戊午	丁亥	丁巳	丙戌	丙辰	乙酉	甲寅	甲申	癸丑	癸未	壬子	甲申	28
己未	戊子	戊午	丁亥	丁巳	丙戌	乙卯	乙酉	甲寅	甲申	癸丑		29
庚申	己丑	己未	戊子	戊午	丁亥	丙辰	丙戌	乙卯	乙酉	甲寅		30
辛酉	庚寅		己丑		戊子	丁巳		丙辰		乙卯		31

1972年（昭和47年）壬子　一白水星

六白	七赤	八白	九紫	一白	二黒	三碧	四緑	五黄	六白	七赤	八白	九星
1月	12月	11月	10月	9月	8月	7月	6月	5月	4月	3月	2月	月
癸丑	壬子	辛亥	庚戌	己酉	戊申	丁未	丙午	乙巳	甲辰	癸卯	壬寅	月干支
5日后 8：26	7日前 9：19	7日后 4：40	8日后 1：42	7日后 10：15	7日后 7：29	7日前 9：43	5日后 11：22	5日后 7：01	5日前 1：29	5日后 8：28	5日前 2：20	節入日
丁酉	丙寅	丙申	乙丑	乙未	甲子	癸巳	癸亥	壬辰	壬戌	辛卯	壬戌	1
戊戌	丁卯	丁酉	丙寅	丙申	乙丑	甲午	甲子	癸巳	癸亥	壬辰	癸亥	2
己亥	戊辰	戊戌	丁卯	丁酉	丙寅	乙未	乙丑	甲午	甲子	癸巳	甲子	3
庚子	己巳	己亥	戊辰	戊戌	丁卯	丙申	丙寅	乙未	乙丑	甲午	乙丑	4
辛丑	庚午	庚子	己巳	己亥	戊辰	丁酉	丁卯	丙申	丙寅	乙未	丙寅	5
壬寅	辛未	辛丑	庚午	庚子	己巳	戊戌	戊辰	丁酉	丁卯	丙申	丁卯	6
癸卯	壬申	壬寅	辛未	辛丑	庚午	己亥	己巳	戊戌	戊辰	丁酉	戊辰	7
甲辰	癸酉	癸卯	壬申	壬寅	辛未	庚子	庚午	己亥	己巳	戊戌	己巳	8
乙巳	甲戌	甲辰	癸酉	癸卯	壬申	辛丑	辛未	庚子	庚午	己亥	庚午	9
丙午	乙亥	乙巳	甲戌	甲辰	癸酉	壬寅	壬申	辛丑	辛未	庚子	辛未	10
丁未	丙子	丙午	乙亥	乙巳	甲戌	癸卯	癸酉	壬寅	壬申	辛丑	壬申	11
戊申	丁丑	丁未	丙子	丙午	乙亥	甲辰	甲戌	癸卯	癸酉	壬寅	癸酉	12
己酉	戊寅	戊申	丁丑	丁未	丙子	乙巳	乙亥	甲辰	甲戌	癸卯	甲戌	13
庚戌	己卯	己酉	戊寅	戊申	丁丑	丙午	丙子	乙巳	乙亥	甲辰	乙亥	14
辛亥	庚辰	庚戌	己卯	己酉	戊寅	丁未	丁丑	丙午	丙子	乙巳	丙子	15
壬子	辛巳	辛亥	庚辰	庚戌	己卯	戊申	戊寅	丁未	丁丑	丙午	丁丑	16
癸丑	壬午	壬子	辛巳	辛亥	庚辰	己酉	己卯	戊申	戊寅	丁未	戊寅	17
甲寅	癸未	癸丑	壬午	壬子	辛巳	庚戌	庚辰	己酉	己卯	戊申	己卯	18
乙卯	甲申	甲寅	癸未	癸丑	壬午	辛亥	辛巳	庚戌	庚辰	己酉	庚辰	19
丙辰	乙酉	乙卯	甲申	甲寅	癸未	壬子	壬午	辛亥	辛巳	庚戌	辛巳	20
丁巳	丙戌	丙辰	乙酉	乙卯	甲申	癸丑	癸未	壬子	壬午	辛亥	壬午	21
戊午	丁亥	丁巳	丙戌	丙辰	乙酉	甲寅	甲申	癸丑	癸未	壬子	癸未	22
己未	戊子	戊午	丁亥	丁巳	丙戌	乙卯	乙酉	甲寅	甲申	癸丑	甲申	23
庚申	己丑	己未	戊子	戊午	丁亥	丙辰	丙戌	乙卯	乙酉	甲寅	乙酉	24
辛酉	庚寅	庚申	己丑	己未	戊子	丁巳	丁亥	丙辰	丙戌	乙卯	丙戌	25
壬戌	辛卯	辛酉	庚寅	庚申	己丑	戊午	戊子	丁巳	丁亥	丙辰	丁亥	26
癸亥	壬辰	壬戌	辛卯	辛酉	庚寅	己未	己丑	戊午	戊子	丁巳	戊子	27
甲子	癸巳	癸亥	壬辰	壬戌	辛卯	庚申	庚寅	己未	己丑	戊午	己丑	28
乙丑	甲午	甲子	癸巳	癸亥	壬辰	辛酉	辛卯	庚申	庚寅	己未	庚寅	29
丙寅	乙未	乙丑	甲午	甲子	癸巳	壬戌	壬辰	辛酉	辛卯	庚申		30
丁卯	丙申		乙未		甲午	癸亥		壬戌		辛酉		31

1973年（昭和48年）癸丑　九紫火星

三碧	四緑	五黄	六白	七赤	八白	九紫	一白	二黒	三碧	四緑	五黄	九星
1月	12月	11月	10月	9月	8月	7月	6月	5月	4月	3月	2月	月
乙丑	甲子	癸亥	壬戌	辛酉	庚申	己未	戊午	丁巳	丙辰	乙卯	甲寅	月干支
6日前 2：20	7日后 3：11	5日后 10：28	8日后 7：28	8日前 4：00	8日前 1：13	7日后 3：27	6日前 5：07	6日前 0：46	5日前 7：14	6日前 2：13	4日前 8：04	節入日
壬寅	辛未	辛丑	庚午	庚子	己巳	戊戌	戊辰	丁酉	丁卯	丙申	戊辰	1
癸卯	壬申	壬寅	辛未	辛丑	庚午	己亥	己巳	戊戌	戊辰	丁酉	己巳	2
甲辰	癸酉	癸卯	壬申	壬寅	辛未	庚子	庚午	己亥	己巳	戊戌	庚午	3
乙巳	甲戌	甲辰	癸酉	癸卯	壬申	辛丑	辛未	庚子	庚午	己亥	**辛未**	4
丙午	乙亥	**乙巳**	甲戌	甲辰	癸酉	壬寅	壬申	辛丑	**辛未**	庚子	壬申	5
丁未	丙子	丙午	乙亥	乙巳	甲戌	癸卯	**癸酉**	**壬寅**	壬申	**辛丑**	癸酉	6
戊申	**丁丑**	丁未	丙子	丙午	乙亥	**甲辰**	甲戌	癸卯	癸酉	壬寅	甲戌	7
己酉	戊寅	戊申	**丁丑**	**丁未**	**丙子**	乙巳	乙亥	甲辰	甲戌	癸卯	乙亥	8
庚戌	己卯	己酉	戊寅	戊申	丁丑	丙午	丙子	乙巳	乙亥	甲辰	丙子	9
辛亥	庚辰	庚戌	己卯	己酉	戊寅	丁未	丁丑	丙午	丙子	乙巳	丁丑	10
壬子	辛巳	辛亥	庚辰	庚戌	己卯	戊申	戊寅	丁未	丁丑	丙午	戊寅	11
癸丑	壬午	壬子	辛巳	辛亥	庚辰	己酉	己卯	戊申	戊寅	丁未	己卯	12
甲寅	癸未	癸丑	壬午	壬子	辛巳	庚戌	庚辰	己酉	己卯	戊申	庚辰	13
乙卯	甲申	甲寅	癸未	癸丑	壬午	辛亥	辛巳	庚戌	庚辰	己酉	辛巳	14
丙辰	乙酉	乙卯	甲申	甲寅	癸未	壬子	壬午	辛亥	辛巳	庚戌	壬午	15
丁巳	丙戌	丙辰	乙酉	乙卯	甲申	癸丑	癸未	壬子	壬午	辛亥	癸未	16
戊午	丁亥	丁巳	丙戌	丙辰	乙酉	甲寅	甲申	癸丑	癸未	壬子	甲申	17
己未	戊子	戊午	丁亥	丁巳	丙戌	乙卯	乙酉	甲寅	甲申	癸丑	乙酉	18
庚申	己丑	己未	戊子	戊午	丁亥	丙辰	丙戌	乙卯	乙酉	甲寅	丙戌	19
辛酉	庚寅	庚申	己丑	己未	戊子	丁巳	丁亥	丙辰	丙戌	乙卯	丁亥	20
壬戌	辛卯	辛酉	庚寅	庚申	己丑	戊午	戊子	丁巳	丁亥	丙辰	戊子	21
癸亥	壬辰	壬戌	辛卯	辛酉	庚寅	己未	己丑	戊午	戊子	丁巳	己丑	22
甲子	癸巳	癸亥	壬辰	壬戌	辛卯	庚申	庚寅	己未	己丑	戊午	庚寅	23
乙丑	甲午	甲子	癸巳	癸亥	壬辰	辛酉	辛卯	庚申	庚寅	己未	辛卯	24
丙寅	乙未	乙丑	甲午	甲子	癸巳	壬戌	壬辰	辛酉	辛卯	庚申	壬辰	25
丁卯	丙申	丙寅	乙未	乙丑	甲午	癸亥	癸巳	壬戌	壬辰	辛酉	癸巳	26
戊辰	丁酉	丁卯	丙申	丙寅	乙未	甲子	甲午	癸亥	癸巳	壬戌	甲午	27
己巳	戊戌	戊辰	丁酉	丁卯	丙申	乙丑	乙未	甲子	甲午	癸亥	乙未	28
庚午	己亥	己巳	戊戌	戊辰	丁酉	丙寅	丙申	乙丑	乙未	甲子		29
辛未	庚子	庚午	己亥	己巳	戊戌	丁卯	丁酉	丙寅	丙申	乙丑		30
壬申	辛丑		庚子		己亥	戊辰		丁卯		丙寅		31

1974年（昭和49年）甲寅　八白土星

九紫	一白	二黒	三碧	四緑	五黄	六白	七赤	八白	九紫	一白	二黒	九星
1月	12月	11月	10月	9月	8月	7月	6月	5月	4月	3月	2月	月
丁丑	丙子	乙亥	甲戌	癸酉	壬申	辛未	庚午	己巳	戊辰	丁卯	丙寅	月干支
6日前 8：18	7日后 9：05	8日前 4：18	9日前 1：15	8日前 9：45	8日前 6：57	7日后 9：11	6日前 10：52	6日前 6：34	5日后 1：05	6日前 8：07	4日后 2：00	節入日
丁未	丙子	丙午	乙亥	乙巳	甲戌	癸卯	癸酉	壬寅	壬申	辛丑	癸酉	1
戊申	丁丑	丁未	丙子	丙午	乙亥	甲辰	甲戌	癸卯	癸酉	壬寅	甲戌	2
己酉	戊寅	戊申	丁丑	丁未	丙子	乙巳	乙亥	甲辰	甲戌	癸卯	乙亥	3
庚戌	己卯	己酉	戊寅	戊申	丁丑	丙午	丙子	乙巳	乙亥	甲辰	**丙子**	4
辛亥	庚辰	庚戌	己卯	己酉	戊寅	丁未	丁丑	丙午	**丙子**	乙巳	丁丑	5
壬子	辛巳	辛亥	庚辰	庚戌	己卯	戊申	**戊寅**	**丁未**	丁丑	**丙午**	戊寅	6
癸丑	**壬午**	壬子	辛巳	辛亥	庚辰	**己酉**	己卯	戊申	戊寅	丁未	己卯	7
甲寅	癸未	**癸丑**	壬午	**壬子**	**辛巳**	庚戌	庚辰	己酉	己卯	戊申	庚辰	8
乙卯	甲申	甲寅	**癸未**	癸丑	壬午	辛亥	辛巳	庚戌	庚辰	己酉	辛巳	9
丙辰	乙酉	乙卯	甲申	甲寅	癸未	壬子	壬午	辛亥	辛巳	庚戌	壬午	10
丁巳	丙戌	丙辰	乙酉	乙卯	甲申	癸丑	癸未	壬子	壬午	辛亥	癸未	11
戊午	丁亥	丁巳	丙戌	丙辰	乙酉	甲寅	甲申	癸丑	癸未	壬子	甲申	12
己未	戊子	戊午	丁亥	丁巳	丙戌	乙卯	乙酉	甲寅	甲申	癸丑	乙酉	13
庚申	己丑	己未	戊子	戊午	丁亥	丙辰	丙戌	乙卯	乙酉	甲寅	丙戌	14
辛酉	庚寅	庚申	己丑	己未	戊子	丁巳	丁亥	丙辰	丙戌	乙卯	丁亥	15
壬戌	辛卯	辛酉	庚寅	庚申	己丑	戊午	戊子	丁巳	丁亥	丙辰	戊子	16
癸亥	壬辰	壬戌	辛卯	辛酉	庚寅	己未	己丑	戊午	戊子	丁巳	己丑	17
甲子	癸巳	癸亥	壬辰	壬戌	辛卯	庚申	庚寅	己未	己丑	戊午	庚寅	18
乙丑	甲午	甲子	癸巳	癸亥	壬辰	辛酉	辛卯	庚申	庚寅	己未	辛卯	19
丙寅	乙未	乙丑	甲午	甲子	癸巳	壬戌	壬辰	辛酉	辛卯	庚申	壬辰	20
丁卯	丙申	丙寅	乙未	乙丑	甲午	癸亥	癸巳	壬戌	壬辰	辛酉	癸巳	21
戊辰	丁酉	丁卯	丙申	丙寅	乙未	甲子	甲午	癸亥	癸巳	壬戌	甲午	22
己巳	戊戌	戊辰	丁酉	丁卯	丙申	乙丑	乙未	甲子	甲午	癸亥	乙未	23
庚午	己亥	己巳	戊戌	戊辰	丁酉	丙寅	丙申	乙丑	乙未	甲子	丙申	24
辛未	庚子	庚午	己亥	己巳	戊戌	丁卯	丁酉	丙寅	丙申	乙丑	丁酉	25
壬申	辛丑	辛未	庚子	庚午	己亥	戊辰	戊戌	丁卯	丁酉	丙寅	戊戌	26
癸酉	壬寅	壬申	辛丑	辛未	庚子	己巳	己亥	戊辰	戊戌	丁卯	己亥	27
甲戌	癸卯	癸酉	壬寅	壬申	辛丑	庚午	庚子	己巳	己亥	戊辰	庚子	28
乙亥	甲辰	甲戌	癸卯	癸酉	壬寅	辛未	辛丑	庚午	庚子	己巳		29
丙子	乙巳	乙亥	甲辰	甲戌	癸卯	壬申	壬寅	辛未	辛丑	庚午		30
丁丑	丙午		乙巳		甲辰	癸酉		壬申		辛未		31

1975年（昭和50年）乙卯　七赤金星

六白	七赤	八白	九紫	一白	二黒	三碧	四緑	五黄	六白	七赤	八白	九星
1月	12月	11月	10月	9月	8月	7月	6月	5月	4月	3月	2月	月
己丑	戊子	丁亥	丙戌	乙酉	甲申	癸未	壬午	辛巳	庚辰	己卯	戊寅	月干支
6日后 1：58	8日前 2：47	8日前 10：03	9日前 7：02	8日后 3：33	8日后 0：45	8日前 2：59	6日后 4：42	6日后 0：27	5日后 7：02	6日后 2：06	4日后 7：59	節入日
壬子	辛巳	辛亥	庚辰	庚戌	己卯	戊申	戊寅	丁未	丁丑	丙午	戊寅	1
癸丑	壬午	壬子	辛巳	辛亥	庚辰	己酉	己卯	戊申	戊寅	丁未	己卯	2
甲寅	癸未	癸丑	壬午	壬子	辛巳	庚戌	庚辰	己酉	己卯	戊申	庚辰	3
乙卯	甲申	甲寅	癸未	癸丑	壬午	辛亥	辛巳	庚戌	庚辰	己酉	**辛巳**	4
丙辰	乙酉	乙卯	甲申	甲寅	癸未	壬子	壬午	辛亥	**辛巳**	庚戌	壬午	5
丁巳	丙戌	丙辰	乙酉	乙卯	甲申	癸丑	**癸未**	**壬子**	壬午	**辛亥**	癸未	6
戊午	丁亥	丁巳	丙戌	丙辰	乙酉	甲寅	甲申	癸丑	癸未	壬子	甲申	7
己未	**戊子**	**戊午**	丁亥	**丁巳**	**丙戌**	**乙卯**	乙酉	甲寅	甲申	癸丑	乙酉	8
庚申	己丑	己未	**戊子**	戊午	丁亥	丙辰	丙戌	乙卯	乙酉	甲寅	丙戌	9
辛酉	庚寅	庚申	己丑	己未	戊子	丁巳	丁亥	丙辰	丙戌	乙卯	丁亥	10
壬戌	辛卯	辛酉	庚寅	庚申	己丑	戊午	戊子	丁巳	丁亥	丙辰	戊子	11
癸亥	壬辰	壬戌	辛卯	辛酉	庚寅	己未	己丑	戊午	戊子	丁巳	己丑	12
甲子	癸巳	癸亥	壬辰	壬戌	辛卯	庚申	庚寅	己未	己丑	戊午	庚寅	13
乙丑	甲午	甲子	癸巳	癸亥	壬辰	辛酉	辛卯	庚申	庚寅	己未	辛卯	14
丙寅	乙未	乙丑	甲午	甲子	癸巳	壬戌	壬辰	辛酉	辛卯	庚申	壬辰	15
丁卯	丙申	丙寅	乙未	乙丑	甲午	癸亥	癸巳	壬戌	壬辰	辛酉	癸巳	16
戊辰	丁酉	丁卯	丙申	丙寅	乙未	甲子	甲午	癸亥	癸巳	壬戌	甲午	17
己巳	戊戌	戊辰	丁酉	丁卯	丙申	乙丑	乙未	甲子	甲午	癸亥	乙未	18
庚午	己亥	己巳	戊戌	戊辰	丁酉	丙寅	丙申	乙丑	乙未	甲子	丙申	19
辛未	庚子	庚午	己亥	己巳	戊戌	丁卯	丁酉	丙寅	丙申	乙丑	丁酉	20
壬申	辛丑	辛未	庚子	庚午	己亥	戊辰	戊戌	丁卯	丁酉	丙寅	戊戌	21
癸酉	壬寅	壬申	辛丑	辛未	庚子	己巳	己亥	戊辰	戊戌	丁卯	己亥	22
甲戌	癸卯	癸酉	壬寅	壬申	辛丑	庚午	庚子	己巳	己亥	戊辰	庚子	23
乙亥	甲辰	甲戌	癸卯	癸酉	壬寅	辛未	辛丑	庚午	庚子	己巳	辛丑	24
丙子	乙巳	乙亥	甲辰	甲戌	癸卯	壬申	壬寅	辛未	辛丑	庚午	壬寅	25
丁丑	丙午	丙子	乙巳	乙亥	甲辰	癸酉	癸卯	壬申	壬寅	辛未	癸卯	26
戊寅	丁未	丁丑	丙午	丙子	乙巳	甲戌	甲辰	癸酉	癸卯	壬申	甲辰	27
己卯	戊申	戊寅	丁未	丁丑	丙午	乙亥	乙巳	甲戌	甲辰	癸酉	乙巳	28
庚辰	己酉	己卯	戊申	戊寅	丁未	丙子	丙午	乙亥	乙巳	甲戌		29
辛巳	庚戌	庚辰	己酉	己卯	戊申	丁丑	丁未	丙子	丙午	乙亥		30
壬午	辛亥		庚戌		己酉	戊寅		丁丑		丙子		31

1976年（昭和51年）丙辰　六白金星

三碧	四緑	五黄	六白	七赤	八白	九紫	一白	二黒	三碧	四緑	五黄	九星
1月	12月	11月	10月	9月	8月	7月	6月	5月	4月	3月	2月	月
辛丑	庚子	己亥	戊戌	丁酉	丙申	乙未	甲午	癸巳	壬辰	辛卯	庚寅	月干支
5日后 7：51	7日前 8：41	7日后 3：59	8日后 0：58	7日后 9：28	7日后 6：39	7日前 8：51	5日后 10：31	5日后 6：14	5日前 0：47	5日后 7：48	5日前 1：40	節入日
戊午	丁亥	丁巳	丙戌	丙辰	乙酉	甲寅	甲申	癸丑	癸未	壬子	癸未	1
己未	戊子	戊午	丁亥	丁巳	丙戌	乙卯	乙酉	甲寅	甲申	癸丑	甲申	2
庚申	己丑	己未	戊子	戊午	丁亥	丙辰	丙戌	乙卯	乙酉	甲寅	乙酉	3
辛酉	庚寅	庚申	己丑	己未	戊子	丁巳	丁亥	丙辰	丙戌	乙卯	丙戌	4
壬戌	辛卯	辛酉	庚寅	庚申	己丑	戊午	戊子	丁巳	丁亥	丙辰	丁亥	5
癸亥	壬辰	壬戌	辛卯	辛酉	庚寅	己未	己丑	戊午	戊子	丁巳	戊子	6
甲子	癸巳	癸亥	壬辰	壬戌	辛卯	庚申	庚寅	己未	己丑	戊午	己丑	7
乙丑	甲午	甲子	癸巳	癸亥	壬辰	辛酉	辛卯	庚申	庚寅	己未	庚寅	8
丙寅	乙未	乙丑	甲午	甲子	癸巳	壬戌	壬辰	辛酉	辛卯	庚申	辛卯	9
丁卯	丙申	丙寅	乙未	乙丑	甲午	癸亥	癸巳	壬戌	壬辰	辛酉	壬辰	10
戊辰	丁酉	丁卯	丙申	丙寅	乙未	甲子	甲午	癸亥	癸巳	壬戌	癸巳	11
己巳	戊戌	戊辰	丁酉	丁卯	丙申	乙丑	乙未	甲子	甲午	癸亥	甲午	12
庚午	己亥	己巳	戊戌	戊辰	丁酉	丙寅	丙申	乙丑	乙未	甲子	乙未	13
辛未	庚子	庚午	己亥	己巳	戊戌	丁卯	丁酉	丙寅	丙申	乙丑	丙申	14
壬申	辛丑	辛未	庚子	庚午	己亥	戊辰	戊戌	丁卯	丁酉	丙寅	丁酉	15
癸酉	壬寅	壬申	辛丑	辛未	庚子	己巳	己亥	戊辰	戊戌	丁卯	戊戌	16
甲戌	癸卯	癸酉	壬寅	壬申	辛丑	庚午	庚子	己巳	己亥	戊辰	己亥	17
乙亥	甲辰	甲戌	癸卯	癸酉	壬寅	辛未	辛丑	庚午	庚子	己巳	庚子	18
丙子	乙巳	乙亥	甲辰	甲戌	癸卯	壬申	壬寅	辛未	辛丑	庚午	辛丑	19
丁丑	丙午	丙子	乙巳	乙亥	甲辰	癸酉	癸卯	壬申	壬寅	辛未	壬寅	20
戊寅	丁未	丁丑	丙午	丙子	乙巳	甲戌	甲辰	癸酉	癸卯	壬申	癸卯	21
己卯	戊申	戊寅	丁未	丁丑	丙午	乙亥	乙巳	甲戌	甲辰	癸酉	甲辰	22
庚辰	己酉	己卯	戊申	戊寅	丁未	丙子	丙午	乙亥	乙巳	甲戌	乙巳	23
辛巳	庚戌	庚辰	己酉	己卯	戊申	丁丑	丁未	丙子	丙午	乙亥	丙午	24
壬午	辛亥	辛巳	庚戌	庚辰	己酉	戊寅	戊申	丁丑	丁未	丙子	丁未	25
癸未	壬子	壬午	辛亥	辛巳	庚戌	己卯	己酉	戊寅	戊申	丁丑	戊申	26
甲申	癸丑	癸未	壬子	壬午	辛亥	庚辰	庚戌	己卯	己酉	戊寅	己酉	27
乙酉	甲寅	甲申	癸丑	癸未	壬子	辛巳	辛亥	庚辰	庚戌	己卯	庚戌	28
丙戌	乙卯	乙酉	甲寅	甲申	癸丑	壬午	壬子	辛巳	辛亥	庚辰	辛亥	29
丁亥	丙辰	丙戌	乙卯	乙酉	甲寅	癸未	癸丑	壬午	壬子	辛巳		30
戊子	丁巳		丙辰		乙卯	甲申		癸未		壬午		31

1977年（昭和52年）丁巳　五黄土星

九紫	一白	二黒	三碧	四緑	五黄	六白	七赤	八白	九紫	一白	二黒	九星
1月	12月	11月	10月	9月	8月	7月	6月	5月	4月	3月	2月	月
癸丑	壬子	辛亥	庚戌	己酉	戊申	丁未	丙午	乙巳	甲辰	癸卯	壬寅	月干支
6日前 1：44	7日后 2：31	7日后 9：46	8日后 6：44	8日前 3：16	8日前 0：30	7日后 2：48	6日前 4：32	6日前 0：16	5日前 6：46	6日前 1：44	4日前 7：35	節入日
癸亥	壬辰	壬戌	辛卯	辛酉	庚寅	己未	己丑	戊午	戊子	丁巳	己丑	1
甲子	癸巳	癸亥	壬辰	壬戌	辛卯	庚申	庚寅	己未	己丑	戊午	庚寅	2
乙丑	甲午	甲子	癸巳	癸亥	壬辰	辛酉	辛卯	庚申	庚寅	己未	辛卯	3
丙寅	乙未	乙丑	甲午	甲子	癸巳	壬戌	壬辰	辛酉	辛卯	庚申	**壬辰**	4
丁卯	丙申	丙寅	乙未	乙丑	甲午	癸亥	癸巳	壬戌	**壬辰**	辛酉	癸巳	5
戊辰	丁酉	丁卯	丙申	丙寅	乙未	甲子	**甲午**	**癸亥**	癸巳	**壬戌**	甲午	6
己巳	**戊戌**	**戊辰**	丁酉	丁卯	丙申	**乙丑**	乙未	甲子	甲午	癸亥	乙未	7
庚午	己亥	己巳	**戊戌**	**戊辰**	**丁酉**	丙寅	丙申	乙丑	乙未	甲子	丙申	8
辛未	庚子	庚午	己亥	己巳	戊戌	丁卯	丁酉	丙寅	丙申	乙丑	丁酉	9
壬申	辛丑	辛未	庚子	庚午	己亥	戊辰	戊戌	丁卯	丁酉	丙寅	戊戌	10
癸酉	壬寅	壬申	辛丑	辛未	庚子	己巳	己亥	戊辰	戊戌	丁卯	己亥	11
甲戌	癸卯	癸酉	壬寅	壬申	辛丑	庚午	庚子	己巳	己亥	戊辰	庚子	12
乙亥	甲辰	甲戌	癸卯	癸酉	壬寅	辛未	辛丑	庚午	庚子	己巳	辛丑	13
丙子	乙巳	乙亥	甲辰	甲戌	癸卯	壬申	壬寅	辛未	辛丑	庚午	壬寅	14
丁丑	丙午	丙子	乙巳	乙亥	甲辰	癸酉	癸卯	壬申	壬寅	辛未	癸卯	15
戊寅	丁未	丁丑	丙午	丙子	乙巳	甲戌	甲辰	癸酉	癸卯	壬申	甲辰	16
己卯	戊申	戊寅	丁未	丁丑	丙午	乙亥	乙巳	甲戌	甲辰	癸酉	乙巳	17
庚辰	己酉	己卯	戊申	戊寅	丁未	丙子	丙午	乙亥	乙巳	甲戌	丙午	18
辛巳	庚戌	庚辰	己酉	己卯	戊申	丁丑	丁未	丙子	丙午	乙亥	丁未	19
壬午	辛亥	辛巳	庚戌	庚辰	己酉	戊寅	戊申	丁丑	丁未	丙子	戊申	20
癸未	壬子	壬午	辛亥	辛巳	庚戌	己卯	己酉	戊寅	戊申	丁丑	己酉	21
甲申	癸丑	癸未	壬子	壬午	辛亥	庚辰	庚戌	己卯	己酉	戊寅	庚戌	22
乙酉	甲寅	甲申	癸丑	癸未	壬子	辛巳	辛亥	庚辰	庚戌	己卯	辛亥	23
丙戌	乙卯	乙酉	甲寅	甲申	癸丑	壬午	壬子	辛巳	辛亥	庚辰	壬子	24
丁亥	丙辰	丙戌	乙卯	乙酉	甲寅	癸未	癸丑	壬午	壬子	辛巳	癸丑	25
戊子	丁巳	丁亥	丙辰	丙戌	乙卯	甲申	甲寅	癸未	癸丑	壬午	甲寅	26
己丑	戊午	戊子	丁巳	丁亥	丙辰	乙酉	乙卯	甲申	甲寅	癸未	乙卯	27
庚寅	己未	己丑	戊午	戊子	丁巳	丙戌	丙辰	乙酉	乙卯	甲申	丙辰	28
辛卯	庚申	庚寅	己未	己丑	戊午	丁亥	丁巳	丙戌	丙辰	乙酉		29
壬辰	辛酉	辛卯	庚申	庚寅	己未	戊子	戊午	丁亥	丁巳	丙戌		30
癸巳	壬戌		辛酉		庚申	己丑		戊子		丁亥		31

1978年（昭和53年）戊午　四緑木星

六白	七赤	八白	九紫	一白	二黒	三碧	四緑	五黄	六白	七赤	八白	九星
1月	12月	11月	10月	9月	8月	7月	6月	5月	4月	3月	2月	月
乙丑	甲子	癸亥	壬戌	辛酉	庚申	己未	戊午	丁巳	丙辰	乙卯	甲寅	月干支
6日前 7:32	7日后 8:20	8日前 3:34	9日前 0:31	8日前 9:03	8日前 6:18	7日后 8:37	6日前 10:23	6日前 6:09	5日后 0:39	6日前 7:38	4日后 1:27	節入日
戊辰	丁酉	丁卯	丙申	丙寅	乙未	甲子	甲午	癸亥	癸巳	壬戌	甲午	1
己巳	戊戌	戊辰	丁酉	丁卯	丙申	乙丑	乙未	甲子	甲午	癸亥	乙未	2
庚午	己亥	己巳	戊戌	戊辰	丁酉	丙寅	丙申	乙丑	乙未	甲子	丙申	3
辛未	庚子	庚午	己亥	己巳	戊戌	丁卯	丁酉	丙寅	丙申	乙丑	丁酉	4
壬申	辛丑	辛未	庚子	庚午	己亥	戊辰	戊戌	丁卯	丁酉	丙寅	戊戌	5
癸酉	壬寅	壬申	辛丑	辛未	庚子	己巳	己亥	戊辰	戊戌	丁卯	己亥	6
甲戌	癸卯	癸酉	壬寅	壬申	辛丑	庚午	庚子	己巳	己亥	戊辰	庚子	7
乙亥	甲辰	甲戌	癸卯	癸酉	壬寅	辛未	辛丑	庚午	庚子	己巳	辛丑	8
丙子	乙巳	乙亥	甲辰	甲戌	癸卯	壬申	壬寅	辛未	辛丑	庚午	壬寅	9
丁丑	丙午	丙子	乙巳	乙亥	甲辰	癸酉	癸卯	壬申	壬寅	辛未	癸卯	10
戊寅	丁未	丁丑	丙午	丙子	乙巳	甲戌	甲辰	癸酉	癸卯	壬申	甲辰	11
己卯	戊申	戊寅	丁未	丁丑	丙午	乙亥	乙巳	甲戌	甲辰	癸酉	乙巳	12
庚辰	己酉	己卯	戊申	戊寅	丁未	丙子	丙午	乙亥	乙巳	甲戌	丙午	13
辛巳	庚戌	庚辰	己酉	己卯	戊申	丁丑	丁未	丙子	丙午	乙亥	丁未	14
壬午	辛亥	辛巳	庚戌	庚辰	己酉	戊寅	戊申	丁丑	丁未	丙子	戊申	15
癸未	壬子	壬午	辛亥	辛巳	庚戌	己卯	己酉	戊寅	戊申	丁丑	己酉	16
甲申	癸丑	癸未	壬子	壬午	辛亥	庚辰	庚戌	己卯	己酉	戊寅	庚戌	17
乙酉	甲寅	甲申	癸丑	癸未	壬子	辛巳	辛亥	庚辰	庚戌	己卯	辛亥	18
丙戌	乙卯	乙酉	甲寅	甲申	癸丑	壬午	壬子	辛巳	辛亥	庚辰	壬子	19
丁亥	丙辰	丙戌	乙卯	乙酉	甲寅	癸未	癸丑	壬午	壬子	辛巳	癸丑	20
戊子	丁巳	丁亥	丙辰	丙戌	乙卯	甲申	甲寅	癸未	癸丑	壬午	甲寅	21
己丑	戊午	戊子	丁巳	丁亥	丙辰	乙酉	乙卯	甲申	甲寅	癸未	乙卯	22
庚寅	己未	己丑	戊午	戊子	丁巳	丙戌	丙辰	乙酉	乙卯	甲申	丙辰	23
辛卯	庚申	庚寅	己未	己丑	戊午	丁亥	丁巳	丙戌	丙辰	乙酉	丁巳	24
壬辰	辛酉	辛卯	庚申	庚寅	己未	戊子	戊午	丁亥	丁巳	丙戌	戊午	25
癸巳	壬戌	壬辰	辛酉	辛卯	庚申	己丑	己未	戊子	戊午	丁亥	己未	26
甲午	癸亥	癸巳	壬戌	壬辰	辛酉	庚寅	庚申	己丑	己未	戊子	庚申	27
乙未	甲子	甲午	癸亥	癸巳	壬戌	辛卯	辛酉	庚寅	庚申	己丑	辛酉	28
丙申	乙丑	乙未	甲子	甲午	癸亥	壬辰	壬戌	辛卯	辛酉	庚寅		29
丁酉	丙寅	丙申	乙丑	乙未	甲子	癸巳	癸亥	壬辰	壬戌	辛卯		30
戊戌	丁卯		丙寅		乙丑	甲午		癸巳		壬辰		31

1979年（昭和54年）己未　三碧木星

三碧	四緑	五黄	六白	七赤	八白	九紫	一白	二黒	三碧	四緑	五黄	九星
1月	12月	11月	10月	9月	8月	7月	6月	5月	4月	3月	2月	月
丁丑	丙子	乙亥	甲戌	癸酉	壬申	辛未	庚午	己巳	戊辰	丁卯	丙寅	月干支
6日后 1：29	8日前 2：18	8日前 9：33	9日前 6：30	8日后 3：00	8日后 0：12	8日前 2：25	6日后 4：05	6日前 11：47	5日后 6：18	6日后 1：20	4日后 7：13	節入日
癸酉	壬寅	壬申	辛丑	辛未	庚子	己巳	己亥	戊辰	戊戌	丁卯	己亥	1
甲戌	癸卯	癸酉	壬寅	壬申	辛丑	庚午	庚子	己巳	己亥	戊辰	庚子	2
乙亥	甲辰	甲戌	癸卯	癸酉	壬寅	辛未	辛丑	庚午	庚子	己巳	辛丑	3
丙子	乙巳	乙亥	甲辰	甲戌	癸卯	壬申	壬寅	辛未	辛丑	庚午	**壬寅**	4
丁丑	丙午	丙子	乙巳	乙亥	甲辰	癸酉	癸卯	壬申	**壬寅**	辛未	癸卯	5
戊寅	丁未	丁丑	丙午	丙子	乙巳	甲戌	**甲辰**	**癸酉**	癸卯	**壬申**	甲辰	6
己卯	戊申	戊寅	丁未	丁丑	丙午	乙亥	乙巳	甲戌	甲辰	癸酉	乙巳	7
庚辰	**己酉**	**己卯**	戊申	**戊寅**	**丁未**	**丙子**	丙午	乙亥	乙巳	甲戌	丙午	8
辛巳	庚戌	庚辰	**己酉**	己卯	戊申	丁丑	丁未	丙子	丙午	乙亥	丁未	9
壬午	辛亥	辛巳	庚戌	庚辰	己酉	戊寅	戊申	丁丑	丁未	丙子	戊申	10
癸未	壬子	壬午	辛亥	辛巳	庚戌	己卯	己酉	戊寅	戊申	丁丑	己酉	11
甲申	癸丑	癸未	壬子	壬午	辛亥	庚辰	庚戌	己卯	己酉	戊寅	庚戌	12
乙酉	甲寅	甲申	癸丑	癸未	壬子	辛巳	辛亥	庚辰	庚戌	己卯	辛亥	13
丙戌	乙卯	乙酉	甲寅	甲申	癸丑	壬午	壬子	辛巳	辛亥	庚辰	壬子	14
丁亥	丙辰	丙戌	乙卯	乙酉	甲寅	癸未	癸丑	壬午	壬子	辛巳	癸丑	15
戊子	丁巳	丁亥	丙辰	丙戌	乙卯	甲申	甲寅	癸未	癸丑	壬午	甲寅	16
己丑	戊午	戊子	丁巳	丁亥	丙辰	乙酉	乙卯	甲申	甲寅	癸未	乙卯	17
庚寅	己未	己丑	戊午	戊子	丁巳	丙戌	丙辰	乙酉	乙卯	甲申	丙辰	18
辛卯	庚申	庚寅	己未	己丑	戊午	丁亥	丁巳	丙戌	丙辰	乙酉	丁巳	19
壬辰	辛酉	辛卯	庚申	庚寅	己未	戊子	戊午	丁亥	丁巳	丙戌	戊午	20
癸巳	壬戌	壬辰	辛酉	辛卯	庚申	己丑	己未	戊子	戊午	丁亥	己未	21
甲午	癸亥	癸巳	壬戌	壬辰	辛酉	庚寅	庚申	己丑	己未	戊子	庚申	22
乙未	甲子	甲午	癸亥	癸巳	壬戌	辛卯	辛酉	庚寅	庚申	己丑	辛酉	23
丙申	乙丑	乙未	甲子	甲午	癸亥	壬辰	壬戌	辛卯	辛酉	庚寅	壬戌	24
丁酉	丙寅	丙申	乙丑	乙未	甲子	癸巳	癸亥	壬辰	壬戌	辛卯	癸亥	25
戊戌	丁卯	丁酉	丙寅	丙申	乙丑	甲午	甲子	癸巳	癸亥	壬辰	甲子	26
己亥	戊辰	戊戌	丁卯	丁酉	丙寅	乙未	乙丑	甲午	甲子	癸巳	乙丑	27
庚子	己巳	己亥	戊辰	戊戌	丁卯	丙申	丙寅	乙未	乙丑	甲午	丙寅	28
辛丑	庚午	庚子	己巳	己亥	戊辰	丁酉	丁卯	丙申	丙寅	乙未		29
壬寅	辛未	辛丑	庚午	庚子	己巳	戊戌	戊辰	丁酉	丁卯	丙申		30
癸卯	壬申		辛未		庚午	己亥		戊戌		丁酉		31

1980年（昭和55年）庚申　二黒土星

九紫	一白	二黒	三碧	四緑	五黄	六白	七赤	八白	九紫	一白	二黒	九星
1月	12月	11月	10月	9月	8月	7月	6月	5月	4月	3月	2月	月
己丑	戊子	丁亥	丙戌	乙酉	甲申	癸未	壬午	辛巳	庚辰	己卯	戊寅	月干支
5日后 7：13	7日后 8：02	7日后 3：19	8日后 0：20	7日后 8：54	7日后 6：09	7日前 8：24	5日后 10：04	5日后 5：45	5日前 0：15	5日后 7：17	5日前 1：10	節入日
己卯	戊申	戊寅	丁未	丁丑	丙午	乙亥	乙巳	甲戌	甲辰	癸酉	甲辰	1
庚辰	己酉	己卯	戊申	戊寅	丁未	丙子	丙午	乙亥	乙巳	甲戌	乙巳	2
辛巳	庚戌	庚辰	己酉	己卯	戊申	丁丑	丁未	丙子	丙午	乙亥	丙午	3
壬午	辛亥	辛巳	庚戌	庚辰	己酉	戊寅	戊申	丁丑	丁未	丙子	丁未	4
癸未	壬子	壬午	辛亥	辛巳	庚戌	己卯	**己酉**	**戊寅**	**戊申**	**丁丑**	**戊申**	5
甲申	癸丑	癸未	壬子	壬午	辛亥	庚辰	庚戌	己卯	己酉	戊寅	己酉	6
乙酉	**甲寅**	**甲申**	癸丑	**癸未**	**壬子**	**辛巳**	辛亥	庚辰	庚戌	己卯	庚戌	7
丙戌	乙卯	乙酉	**甲寅**	甲申	癸丑	壬午	壬子	辛巳	辛亥	庚辰	辛亥	8
丁亥	丙辰	丙戌	乙卯	乙酉	甲寅	癸未	癸丑	壬午	壬子	辛巳	壬子	9
戊子	丁巳	丁亥	丙辰	丙戌	乙卯	甲申	甲寅	癸未	癸丑	壬午	癸丑	10
己丑	戊午	戊子	丁巳	丁亥	丙辰	乙酉	乙卯	甲申	甲寅	癸未	甲寅	11
庚寅	己未	己丑	戊午	戊子	丁巳	丙戌	丙辰	乙酉	乙卯	甲申	乙卯	12
辛卯	庚申	庚寅	己未	己丑	戊午	丁亥	丁巳	丙戌	丙辰	乙酉	丙辰	13
壬辰	辛酉	辛卯	庚申	庚寅	己未	戊子	戊午	丁亥	丁巳	丙戌	丁巳	14
癸巳	壬戌	壬辰	辛酉	辛卯	庚申	己丑	己未	戊子	戊午	丁亥	戊午	15
甲午	癸亥	癸巳	壬戌	壬辰	辛酉	庚寅	庚申	己丑	己未	戊子	己未	16
乙未	甲子	甲午	癸亥	癸巳	壬戌	辛卯	辛酉	庚寅	庚申	己丑	庚申	17
丙申	乙丑	乙未	甲子	甲午	癸亥	壬辰	壬戌	辛卯	辛酉	庚寅	辛酉	18
丁酉	丙寅	丙申	乙丑	乙未	甲子	癸巳	癸亥	壬辰	壬戌	辛卯	壬戌	19
戊戌	丁卯	丁酉	丙寅	丙申	乙丑	甲午	甲子	癸巳	癸亥	壬辰	癸亥	20
己亥	戊辰	戊戌	丁卯	丁酉	丙寅	乙未	乙丑	甲午	甲子	癸巳	甲子	21
庚子	己巳	己亥	戊辰	戊戌	丁卯	丙申	丙寅	乙未	乙丑	甲午	乙丑	22
辛丑	庚午	庚子	己巳	己亥	戊辰	丁酉	丁卯	丙申	丙寅	乙未	丙寅	23
壬寅	辛未	辛丑	庚午	庚子	己巳	戊戌	戊辰	丁酉	丁卯	丙申	丁卯	24
癸卯	壬申	壬寅	辛未	辛丑	庚午	己亥	己巳	戊戌	戊辰	丁酉	戊辰	25
甲辰	癸酉	癸卯	壬申	壬寅	辛未	庚子	庚午	己亥	己巳	戊戌	己巳	26
乙巳	甲戌	甲辰	癸酉	癸卯	壬申	辛丑	辛未	庚子	庚午	己亥	庚午	27
丙午	乙亥	乙巳	甲戌	甲辰	癸酉	壬寅	壬申	辛丑	辛未	庚子	辛未	28
丁未	丙子	丙午	乙亥	乙巳	甲戌	癸卯	癸酉	壬寅	壬申	辛丑	壬申	29
戊申	丁丑	丁未	丙子	丙午	乙亥	甲辰	甲戌	癸卯	癸酉	壬寅		30
己酉	戊寅		丁丑		丙子	乙巳		甲辰		癸卯		31

1981年（昭和56年）辛酉　一白水星

六白	七赤	八白	九紫	一白	二黒	三碧	四緑	五黄	六白	七赤	八白	九星
1月	12月	11月	10月	9月	8月	7月	6月	5月	4月	3月	2月	月
辛丑	庚子	己亥	戊戌	丁酉	丙申	乙未	甲午	癸巳	壬辰	辛卯	庚寅	月干支
6日前 1：03	7日后 1：52	7日后 9：09	8日后 6：10	8日前 2：43	7日后 11：57	7日后 2：12	6日前 3：53	5日后 11：35	5日前 6：05	6日前 1：05	4日后 6：56	節入日
甲申	癸丑	癸未	壬子	壬午	辛亥	庚辰	庚戌	己卯	己酉	戊寅	庚戌	1
乙酉	甲寅	甲申	癸丑	癸未	壬子	辛巳	辛亥	庚辰	庚戌	己卯	辛亥	2
丙戌	乙卯	乙酉	甲寅	甲申	癸丑	壬午	壬子	辛巳	辛亥	庚辰	壬子	3
丁亥	丙辰	丙戌	乙卯	乙酉	甲寅	癸未	癸丑	壬午	壬子	辛巳	**癸丑**	4
戊子	丁巳	丁亥	丙辰	丙戌	乙卯	甲申	甲寅	**癸未**	**癸丑**	壬午	甲寅	5
己丑	戊午	戊子	丁巳	丁亥	丙辰	乙酉	**乙卯**	甲申	甲寅	**癸未**	乙卯	6
庚寅	**己未**	**己丑**	戊午	戊子	**丁巳**	**丙戌**	丙辰	乙酉	乙卯	甲申	丙辰	7
辛卯	庚申	庚寅	**己未**	**己丑**	戊午	丁亥	丁巳	丙戌	丙辰	乙酉	丁巳	8
壬辰	辛酉	辛卯	庚申	庚寅	己未	戊子	戊午	丁亥	丁巳	丙戌	戊午	9
癸巳	壬戌	壬辰	辛酉	辛卯	庚申	己丑	己未	戊子	戊午	丁亥	己未	10
甲午	癸亥	癸巳	壬戌	壬辰	辛酉	庚寅	庚申	己丑	己未	戊子	庚申	11
乙未	甲子	甲午	癸亥	癸巳	壬戌	辛卯	辛酉	庚寅	庚申	己丑	辛酉	12
丙申	乙丑	乙未	甲子	甲午	癸亥	壬辰	壬戌	辛卯	辛酉	庚寅	壬戌	13
丁酉	丙寅	丙申	乙丑	乙未	甲子	癸巳	癸亥	壬辰	壬戌	辛卯	癸亥	14
戊戌	丁卯	丁酉	丙寅	丙申	乙丑	甲午	甲子	癸巳	癸亥	壬辰	甲子	15
己亥	戊辰	戊戌	丁卯	丁酉	丙寅	乙未	乙丑	甲午	甲子	癸巳	乙丑	16
庚子	己巳	己亥	戊辰	戊戌	丁卯	丙申	丙寅	乙未	乙丑	甲午	丙寅	17
辛丑	庚午	庚子	己巳	己亥	戊辰	丁酉	丁卯	丙申	丙寅	乙未	丁卯	18
壬寅	辛未	辛丑	庚午	庚子	己巳	戊戌	戊辰	丁酉	丁卯	丙申	戊辰	19
癸卯	壬申	壬寅	辛未	辛丑	庚午	己亥	己巳	戊戌	戊辰	丁酉	己巳	20
甲辰	癸酉	癸卯	壬申	壬寅	辛未	庚子	庚午	己亥	己巳	戊戌	庚午	21
乙巳	甲戌	甲辰	癸酉	癸卯	壬申	辛丑	辛未	庚子	庚午	己亥	辛未	22
丙午	乙亥	乙巳	甲戌	甲辰	癸酉	壬寅	壬申	辛丑	辛未	庚子	壬申	23
丁未	丙子	丙午	乙亥	乙巳	甲戌	癸卯	癸酉	壬寅	壬申	辛丑	癸酉	24
戊申	丁丑	丁未	丙子	丙午	乙亥	甲辰	甲戌	癸卯	癸酉	壬寅	甲戌	25
己酉	戊寅	戊申	丁丑	丁未	丙子	乙巳	乙亥	甲辰	甲戌	癸卯	乙亥	26
庚戌	己卯	己酉	戊寅	戊申	丁丑	丙午	丙子	乙巳	乙亥	甲辰	丙子	27
辛亥	庚辰	庚戌	己卯	己酉	戊寅	丁未	丁丑	丙午	丙子	乙巳	丁丑	28
壬子	辛巳	辛亥	庚辰	庚戌	己卯	戊申	戊寅	丁未	丁丑	丙午		29
癸丑	壬午	壬子	辛巳	辛亥	庚辰	己酉	己卯	戊申	戊寅	丁未		30
甲寅	癸未		壬午		辛巳	庚戌		己酉		戊申		31

1982年（昭和57年）壬戌　九紫火星

三碧	四緑	五黄	六白	七赤	八白	九紫	一白	二黒	三碧	四緑	五黄	九星
1月	12月	11月	10月	9月	8月	7月	6月	5月	4月	3月	2月	月
癸丑	壬子	辛亥	庚戌	己酉	戊申	丁未	丙午	乙巳	甲辰	癸卯	壬寅	月干支
6日前 6：59	7日后 7：48	8日前 3：04	9日后 0：02	8日前 8：32	8日前 5：42	7日后 7：55	6日前 9：36	6日前 5：20	5日前 11：53	6日前 6：55	4日后 0：46	節入日
己丑	戊午	戊子	丁巳	丁亥	丙辰	乙酉	乙卯	甲申	甲寅	癸未	乙卯	1
庚寅	己未	己丑	戊午	戊子	丁巳	丙戌	丙辰	乙酉	乙卯	甲申	丙辰	2
辛卯	庚申	庚寅	己未	己丑	戊午	丁亥	丁巳	丙戌	丙辰	乙酉	丁巳	3
壬辰	辛酉	辛卯	庚申	庚寅	己未	戊子	戊午	丁亥	丁巳	丙戌	戊午	4
癸巳	壬戌	壬辰	辛酉	辛卯	庚申	己丑	己未	戊子	戊午	丁亥	己未	5
甲午	癸亥	癸巳	壬戌	壬辰	辛酉	庚寅	庚申	己丑	己未	戊子	庚申	6
乙未	甲子	甲午	癸亥	癸巳	壬戌	辛卯	辛酉	庚寅	庚申	己丑	辛酉	7
丙申	乙丑	乙未	甲子	甲午	癸亥	壬辰	壬戌	辛卯	辛酉	庚寅	壬戌	8
丁酉	丙寅	丙申	乙丑	乙未	甲子	癸巳	癸亥	壬辰	壬戌	辛卯	癸亥	9
戊戌	丁卯	丁酉	丙寅	丙申	乙丑	甲午	甲子	癸巳	癸亥	壬辰	甲子	10
己亥	戊辰	戊戌	丁卯	丁酉	丙寅	乙未	乙丑	甲午	甲子	癸巳	乙丑	11
庚子	己巳	己亥	戊辰	戊戌	丁卯	丙申	丙寅	乙未	乙丑	甲午	丙寅	12
辛丑	庚午	庚子	己巳	己亥	戊辰	丁酉	丁卯	丙申	丙寅	乙未	丁卯	13
壬寅	辛未	辛丑	庚午	庚子	己巳	戊戌	戊辰	丁酉	丁卯	丙申	戊辰	14
癸卯	壬申	壬寅	辛未	辛丑	庚午	己亥	己巳	戊戌	戊辰	丁酉	己巳	15
甲辰	癸酉	癸卯	壬申	壬寅	辛未	庚子	庚午	己亥	己巳	戊戌	庚午	16
乙巳	甲戌	甲辰	癸酉	癸卯	壬申	辛丑	辛未	庚子	庚午	己亥	辛未	17
丙午	乙亥	乙巳	甲戌	甲辰	癸酉	壬寅	壬申	辛丑	辛未	庚子	壬申	18
丁未	丙子	丙午	乙亥	乙巳	甲戌	癸卯	癸酉	壬寅	壬申	辛丑	癸酉	19
戊申	丁丑	丁未	丙子	丙午	乙亥	甲辰	甲戌	癸卯	癸酉	壬寅	甲戌	20
己酉	戊寅	戊申	丁丑	丁未	丙子	乙巳	乙亥	甲辰	甲戌	癸卯	乙亥	21
庚戌	己卯	己酉	戊寅	戊申	丁丑	丙午	丙子	乙巳	乙亥	甲辰	丙子	22
辛亥	庚辰	庚戌	己卯	己酉	戊寅	丁未	丁丑	丙午	丙子	乙巳	丁丑	23
壬子	辛巳	辛亥	庚辰	庚戌	己卯	戊申	戊寅	丁未	丁丑	丙午	戊寅	24
癸丑	壬午	壬子	辛巳	辛亥	庚辰	己酉	己卯	戊申	戊寅	丁未	己卯	25
甲寅	癸未	癸丑	壬午	壬子	辛巳	庚戌	庚辰	己酉	己卯	戊申	庚辰	26
乙卯	甲申	甲寅	癸未	癸丑	壬午	辛亥	辛巳	庚戌	庚辰	己酉	辛巳	27
丙辰	乙酉	乙卯	甲申	甲寅	癸未	壬子	壬午	辛亥	辛巳	庚戌	壬午	28
丁巳	丙戌	丙辰	乙酉	乙卯	甲申	癸丑	癸未	壬子	壬午	辛亥		29
戊午	丁亥	丁巳	丙戌	丙辰	乙酉	甲寅	甲申	癸丑	癸未	壬子		30
己未	戊子		丁亥		丙戌	乙卯		甲寅		癸丑		31

1983年（昭和58年）癸亥　八白土星

九紫	一白	二黒	三碧	四緑	五黄	六白	七赤	八白	九紫	一白	二黒	九星
1月	12月	11月	10月	9月	8月	7月	6月	5月	4月	3月	2月	月
乙丑	甲子	癸亥	壬戌	辛酉	庚申	己未	戊午	丁巳	丙辰	乙卯	甲寅	月干支
6日后 0：41	8日前 1：34	8日前 8：53	9日前 5：51	8日后 2：20	8日前 11：30	8日前 1：43	6日后 3：26	6日前 11：11	5日后 5：44	6日后 0：47	4日后 6：40	節入日
甲午	癸亥	癸巳	壬戌	壬辰	辛酉	庚寅	庚申	己丑	己未	戊子	庚申	1
乙未	甲子	甲午	癸亥	癸巳	壬戌	辛卯	辛酉	庚寅	庚申	己丑	辛酉	2
丙申	乙丑	乙未	甲子	甲午	癸亥	壬辰	壬戌	辛卯	辛酉	庚寅	壬戌	3
丁酉	丙寅	丙申	乙丑	乙未	甲子	癸巳	癸亥	壬辰	壬戌	辛卯	**癸亥**	4
戊戌	丁卯	丁酉	丙寅	丙申	乙丑	甲午	甲子	癸巳	**癸亥**	壬辰	甲子	5
己亥	戊辰	戊戌	丁卯	丁酉	丙寅	乙未	**乙丑**	**甲午**	甲子	**癸巳**	乙丑	6
庚子	己巳	己亥	戊辰	戊戌	丁卯	丙申	丙寅	乙未	乙丑	甲午	丙寅	7
辛丑	**庚午**	**庚子**	己巳	**己亥**	**戊辰**	**丁酉**	丁卯	丙申	丙寅	乙未	丁卯	8
壬寅	辛未	辛丑	**庚午**	庚子	己巳	戊戌	戊辰	丁酉	丁卯	丙申	戊辰	9
癸卯	壬申	壬寅	辛未	辛丑	庚午	己亥	己巳	戊戌	戊辰	丁酉	己巳	10
甲辰	癸酉	癸卯	壬申	壬寅	辛未	庚子	庚午	己亥	己巳	戊戌	庚午	11
乙巳	甲戌	甲辰	癸酉	癸卯	壬申	辛丑	辛未	庚子	庚午	己亥	辛未	12
丙午	乙亥	乙巳	甲戌	甲辰	癸酉	壬寅	壬申	辛丑	辛未	庚子	壬申	13
丁未	丙子	丙午	乙亥	乙巳	甲戌	癸卯	癸酉	壬寅	壬申	辛丑	癸酉	14
戊申	丁丑	丁未	丙子	丙午	乙亥	甲辰	甲戌	癸卯	癸酉	壬寅	甲戌	15
己酉	戊寅	戊申	丁丑	丁未	丙子	乙巳	乙亥	甲辰	甲戌	癸卯	乙亥	16
庚戌	己卯	己酉	戊寅	戊申	丁丑	丙午	丙子	乙巳	乙亥	甲辰	丙子	17
辛亥	庚辰	庚戌	己卯	己酉	戊寅	丁未	丁丑	丙午	丙子	乙巳	丁丑	18
壬子	辛巳	辛亥	庚辰	庚戌	己卯	戊申	戊寅	丁未	丁丑	丙午	戊寅	19
癸丑	壬午	壬子	辛巳	辛亥	庚辰	己酉	己卯	戊申	戊寅	丁未	己卯	20
甲寅	癸未	癸丑	壬午	壬子	辛巳	庚戌	庚辰	己酉	己卯	戊申	庚辰	21
乙卯	甲申	甲寅	癸未	癸丑	壬午	辛亥	辛巳	庚戌	庚辰	己酉	辛巳	22
丙辰	乙酉	乙卯	甲申	甲寅	癸未	壬子	壬午	辛亥	辛巳	庚戌	壬午	23
丁巳	丙戌	丙辰	乙酉	乙卯	甲申	癸丑	癸未	壬子	壬午	辛亥	癸未	24
戊午	丁亥	丁巳	丙戌	丙辰	乙酉	甲寅	甲申	癸丑	癸未	壬子	甲申	25
己未	戊子	戊午	丁亥	丁巳	丙戌	乙卯	乙酉	甲寅	甲申	癸丑	乙酉	26
庚申	己丑	己未	戊子	戊午	丁亥	丙辰	丙戌	乙卯	乙酉	甲寅	丙戌	27
辛酉	庚寅	庚申	己丑	己未	戊子	丁巳	丁亥	丙辰	丙戌	乙卯	丁亥	28
壬戌	辛卯	辛酉	庚寅	庚申	己丑	戊午	戊子	丁巳	丁亥	丙辰		29
癸亥	壬辰	壬戌	辛卯	辛酉	庚寅	己未	己丑	戊午	戊子	丁巳		30
甲子	癸巳		壬辰		辛卯	庚申		己未		戊午		31

1984 年（昭和 59 年）甲子　七赤金星

六白	七赤	八白	九紫	一白	二黒	三碧	四緑	五黄	六白	七赤	八白	九星
1月	12月	11月	10月	9月	8月	7月	6月	5月	4月	3月	2月	月
丁丑	丙子	乙亥	甲戌	癸酉	壬申	辛未	庚午	己巳	戊辰	丁卯	丙寅	月干支
5日后 6：35	7日前 7：28	7日后 2：46	8日前 11：43	7日后 8：10	7日后 5：18	7日前 7：29	5日后 9：09	5日后 4：51	4日后 11：22	5日后 6：25	5日前 0：19	節入日
庚子	己巳	己亥	戊辰	戊戌	丁卯	丙申	丙寅	乙未	乙丑	甲午	乙丑	1
辛丑	庚午	庚子	己巳	己亥	戊辰	丁酉	丁卯	丙申	丙寅	乙未	丙寅	2
壬寅	辛未	辛丑	庚午	庚子	己巳	戊戌	戊辰	丁酉	丁卯	丙申	丁卯	3
癸卯	壬申	壬寅	辛未	辛丑	庚午	己亥	己巳	戊戌	**戊辰**	丁酉	戊辰	4
甲辰	癸酉	癸卯	壬申	壬寅	辛未	庚子	**庚午**	**己亥**	己巳	**戊戌**	**己巳**	5
乙巳	甲戌	甲辰	癸酉	癸卯	壬申	辛丑	辛未	庚子	庚午	己亥	庚午	6
丙午	**乙亥**	**乙巳**	甲戌	**甲辰**	**癸酉**	**壬寅**	壬申	辛丑	辛未	庚子	辛未	7
丁未	丙子	丙午	**乙亥**	乙巳	甲戌	癸卯	癸酉	壬寅	壬申	辛丑	壬申	8
戊申	丁丑	丁未	丙子	丙午	乙亥	甲辰	甲戌	癸卯	癸酉	壬寅	癸酉	9
己酉	戊寅	戊申	丁丑	丁未	丙子	乙巳	乙亥	甲辰	甲戌	癸卯	甲戌	10
庚戌	己卯	己酉	戊寅	戊申	丁丑	丙午	丙子	乙巳	乙亥	甲辰	乙亥	11
辛亥	庚辰	庚戌	己卯	己酉	戊寅	丁未	丁丑	丙午	丙子	乙巳	丙子	12
壬子	辛巳	辛亥	庚辰	庚戌	己卯	戊申	戊寅	丁未	丁丑	丙午	丁丑	13
癸丑	壬午	壬子	辛巳	辛亥	庚辰	己酉	己卯	戊申	戊寅	丁未	戊寅	14
甲寅	癸未	癸丑	壬午	壬子	辛巳	庚戌	庚辰	己酉	己卯	戊申	己卯	15
乙卯	甲申	甲寅	癸未	癸丑	壬午	辛亥	辛巳	庚戌	庚辰	己酉	庚辰	16
丙辰	乙酉	乙卯	甲申	甲寅	癸未	壬子	壬午	辛亥	辛巳	庚戌	辛巳	17
丁巳	丙戌	丙辰	乙酉	乙卯	甲申	癸丑	癸未	壬子	壬午	辛亥	壬午	18
戊午	丁亥	丁巳	丙戌	丙辰	乙酉	甲寅	甲申	癸丑	癸未	壬子	癸未	19
己未	戊子	戊午	丁亥	丁巳	丙戌	乙卯	乙酉	甲寅	甲申	癸丑	甲申	20
庚申	己丑	己未	戊子	戊午	丁亥	丙辰	丙戌	乙卯	乙酉	甲寅	乙酉	21
辛酉	庚寅	庚申	己丑	己未	戊子	丁巳	丁亥	丙辰	丙戌	乙卯	丙戌	22
壬戌	辛卯	辛酉	庚寅	庚申	己丑	戊午	戊子	丁巳	丁亥	丙辰	丁亥	23
癸亥	壬辰	壬戌	辛卯	辛酉	庚寅	己未	己丑	戊午	戊子	丁巳	戊子	24
甲子	癸巳	癸亥	壬辰	壬戌	辛卯	庚申	庚寅	己未	己丑	戊午	己丑	25
乙丑	甲午	甲子	癸巳	癸亥	壬辰	辛酉	辛卯	庚申	庚寅	己未	庚寅	26
丙寅	乙未	乙丑	甲午	甲子	癸巳	壬戌	壬辰	辛酉	辛卯	庚申	辛卯	27
丁卯	丙申	丙寅	乙未	乙丑	甲午	癸亥	癸巳	壬戌	壬辰	辛酉	壬辰	28
戊辰	丁酉	丁卯	丙申	丙寅	乙未	甲子	甲午	癸亥	癸巳	壬戌	癸巳	29
己巳	戊戌	戊辰	丁酉	丁卯	丙申	乙丑	乙未	甲子	甲午	癸亥		30
庚午	己亥		戊戌		丁酉	丙寅		乙丑		甲子		31

1985年（昭和60年）乙丑　六白金星

三碧	四緑	五黄	六白	七赤	八白	九紫	一白	二黒	三碧	四緑	五黄	九星
1月	12月	11月	10月	9月	8月	7月	6月	5月	4月	3月	2月	月
己丑	戊子	丁亥	丙戌	乙酉	甲申	癸未	壬午	辛巳	庚辰	己卯	戊寅	月干支
6日前 0：28	7日后 1：16	7日后 8：29	8日后 5：25	8日前 1：53	7日后 11：04	7日后 1：19	6日前 3：00	5日后 10：43	5日前 5：14	6日前 0：16	4日前 6：12	節入日
乙巳	甲戌	甲辰	癸酉	癸卯	壬申	辛丑	辛未	庚子	庚午	己亥	辛未	1
丙午	乙亥	乙巳	甲戌	甲辰	癸酉	壬寅	壬申	辛丑	辛未	庚子	壬申	2
丁未	丙子	丙午	乙亥	乙巳	甲戌	癸卯	癸酉	壬寅	壬申	辛丑	癸酉	3
戊申	丁丑	丁未	丙子	丙午	乙亥	甲辰	甲戌	癸卯	癸酉	壬寅	**甲戌**	4
己酉	戊寅	戊申	丁丑	丁未	丙子	乙巳	乙亥	**甲辰**	**甲戌**	癸卯	乙亥	5
庚戌	己卯	己酉	戊寅	戊申	丁丑	丙午	**丙子**	乙巳	乙亥	**甲辰**	丙子	6
辛亥	**庚辰**	**庚戌**	己卯	己酉	**戊寅**	**丁未**	丁丑	丙午	丙子	乙巳	丁丑	7
壬子	辛巳	辛亥	**庚辰**	**庚戌**	己卯	戊申	戊寅	丁未	丁丑	丙午	戊寅	8
癸丑	壬午	壬子	辛巳	辛亥	庚辰	己酉	己卯	戊申	戊寅	丁未	己卯	9
甲寅	癸未	癸丑	壬午	壬子	辛巳	庚戌	庚辰	己酉	己卯	戊申	庚辰	10
乙卯	甲申	甲寅	癸未	癸丑	壬午	辛亥	辛巳	庚戌	庚辰	己酉	辛巳	11
丙辰	乙酉	乙卯	甲申	甲寅	癸未	壬子	壬午	辛亥	辛巳	庚戌	壬午	12
丁巳	丙戌	丙辰	乙酉	乙卯	甲申	癸丑	癸未	壬子	壬午	辛亥	癸未	13
戊午	丁亥	丁巳	丙戌	丙辰	乙酉	甲寅	甲申	癸丑	癸未	壬子	甲申	14
己未	戊子	戊午	丁亥	丁巳	丙戌	乙卯	乙酉	甲寅	甲申	癸丑	乙酉	15
庚申	己丑	己未	戊子	戊午	丁亥	丙辰	丙戌	乙卯	乙酉	甲寅	丙戌	16
辛酉	庚寅	庚申	己丑	己未	戊子	丁巳	丁亥	丙辰	丙戌	乙卯	丁亥	17
壬戌	辛卯	辛酉	庚寅	庚申	己丑	戊午	戊子	丁巳	丁亥	丙辰	戊子	18
癸亥	壬辰	壬戌	辛卯	辛酉	庚寅	己未	己丑	戊午	戊子	丁巳	己丑	19
甲子	癸巳	癸亥	壬辰	壬戌	辛卯	庚申	庚寅	己未	己丑	戊午	庚寅	20
乙丑	甲午	甲子	癸巳	癸亥	壬辰	辛酉	辛卯	庚申	庚寅	己未	辛卯	21
丙寅	乙未	乙丑	甲午	甲子	癸巳	壬戌	壬辰	辛酉	辛卯	庚申	壬辰	22
丁卯	丙申	丙寅	乙未	乙丑	甲午	癸亥	癸巳	壬戌	壬辰	辛酉	癸巳	23
戊辰	丁酉	丁卯	丙申	丙寅	乙未	甲子	甲午	癸亥	癸巳	壬戌	甲午	24
己巳	戊戌	戊辰	丁酉	丁卯	丙申	乙丑	乙未	甲子	甲午	癸亥	乙未	25
庚午	己亥	己巳	戊戌	戊辰	丁酉	丙寅	丙申	乙丑	乙未	甲子	丙申	26
辛未	庚子	庚午	己亥	己巳	戊戌	丁卯	丁酉	丙寅	丙申	乙丑	丁酉	27
壬申	辛丑	辛未	庚子	庚午	己亥	戊辰	戊戌	丁卯	丁酉	丙寅	戊戌	28
癸酉	壬寅	壬申	辛丑	辛未	庚子	己巳	己亥	戊辰	戊戌	丁卯		29
甲戌	癸卯	癸酉	壬寅	壬申	辛丑	庚午	庚子	己巳	己亥	戊辰		30
乙亥	甲辰		癸卯		壬寅	辛未		庚午		己巳		31

1986年（昭和61年）丙寅　五黄土星

九紫	一白	二黒	三碧	四緑	五黄	六白	七赤	八白	九紫	一白	二黒	九星
1月	12月	11月	10月	9月	8月	7月	6月	5月	4月	3月	2月	月
辛丑	庚子	己亥	戊戌	丁酉	丙申	乙未	甲午	癸巳	壬辰	辛卯	庚寅	月干支
6日前 6:13	7日后 7:01	8日前 2:13	8日后 11:07	8日前 7:25	8日前 4:46	7日后 7:01	6日前 8:44	6日前 4:31	5日前 11:06	6日前 6:12	4日后 0:08	節入日
庚戌	己卯	己酉	戊寅	戊申	丁丑	丙午	丙子	乙巳	乙亥	甲辰	丙子	1
辛亥	庚辰	庚戌	己卯	己酉	戊寅	丁未	丁丑	丙午	丙子	乙巳	丁丑	2
壬子	辛巳	辛亥	庚辰	庚戌	己卯	戊申	戊寅	丁未	丁丑	丙午	戊寅	3
癸丑	壬午	壬子	辛巳	辛亥	庚辰	己酉	己卯	戊申	戊寅	丁未	己卯	4
甲寅	癸未	癸丑	壬午	壬子	辛巳	庚戌	庚辰	己酉	己卯	戊申	庚辰	5
乙卯	甲申	甲寅	癸未	癸丑	壬午	辛亥	辛巳	庚戌	庚辰	己酉	辛巳	6
丙辰	乙酉	乙卯	甲申	甲寅	癸未	壬子	壬午	辛亥	辛巳	庚戌	壬午	7
丁巳	丙戌	丙辰	乙酉	乙卯	甲申	癸丑	癸未	壬子	壬午	辛亥	癸未	8
戊午	丁亥	丁巳	丙戌	丙辰	乙酉	甲寅	甲申	癸丑	癸未	壬子	甲申	9
己未	戊子	戊午	丁亥	丁巳	丙戌	乙卯	乙酉	甲寅	甲申	癸丑	乙酉	10
庚申	己丑	己未	戊子	戊午	丁亥	丙辰	丙戌	乙卯	乙酉	甲寅	丙戌	11
辛酉	庚寅	庚申	己丑	己未	戊子	丁巳	丁亥	丙辰	丙戌	乙卯	丁亥	12
壬戌	辛卯	辛酉	庚寅	庚申	己丑	戊午	戊子	丁巳	丁亥	丙辰	戊子	13
癸亥	壬辰	壬戌	辛卯	辛酉	庚寅	己未	己丑	戊午	戊子	丁巳	己丑	14
甲子	癸巳	癸亥	壬辰	壬戌	辛卯	庚申	庚寅	己未	己丑	戊午	庚寅	15
乙丑	甲午	甲子	癸巳	癸亥	壬辰	辛酉	辛卯	庚申	庚寅	己未	辛卯	16
丙寅	乙未	乙丑	甲午	甲子	癸巳	壬戌	壬辰	辛酉	辛卯	庚申	壬辰	17
丁卯	丙申	丙寅	乙未	乙丑	甲午	癸亥	癸巳	壬戌	壬辰	辛酉	癸巳	18
戊辰	丁酉	丁卯	丙申	丙寅	乙未	甲子	甲午	癸亥	癸巳	壬戌	甲午	19
己巳	戊戌	戊辰	丁酉	丁卯	丙申	乙丑	乙未	甲子	甲午	癸亥	乙未	20
庚午	己亥	己巳	戊戌	戊辰	丁酉	丙寅	丙申	乙丑	乙未	甲子	丙申	21
辛未	庚子	庚午	己亥	己巳	戊戌	丁卯	丁酉	丙寅	丙申	乙丑	丁酉	22
壬申	辛丑	辛未	庚子	庚午	己亥	戊辰	戊戌	丁卯	丁酉	丙寅	戊戌	23
癸酉	壬寅	壬申	辛丑	辛未	庚子	己巳	己亥	戊辰	戊戌	丁卯	己亥	24
甲戌	癸卯	癸酉	壬寅	壬申	辛丑	庚午	庚子	己巳	己亥	戊辰	庚子	25
乙亥	甲辰	甲戌	癸卯	癸酉	壬寅	辛未	辛丑	庚午	庚子	己巳	辛丑	26
丙子	乙巳	乙亥	甲辰	甲戌	癸卯	壬申	壬寅	辛未	辛丑	庚午	壬寅	27
丁丑	丙午	丙子	乙巳	乙亥	甲辰	癸酉	癸卯	壬申	壬寅	辛未	癸卯	28
戊寅	丁未	丁丑	丙午	丙子	乙巳	甲戌	甲辰	癸酉	癸卯	壬申		29
己卯	戊申	戊寅	丁未	丁丑	丙午	乙亥	乙巳	甲戌	甲辰	癸酉		30
庚辰	己酉		戊申		丁未	丙子		乙亥		甲戌		31

1987年（昭和62年）丁卯　四緑木星

六白	七赤	八白	九紫	一白	二黒	三碧	四緑	五黄	六白	七赤	八白	九星
1月	12月	11月	10月	9月	8月	7月	6月	5月	4月	3月	2月	月
癸丑	壬子	辛亥	庚戌	己酉	戊申	丁未	丙午	乙巳	甲辰	癸卯	壬寅	月干支
6日后 0:04	8日前 0:52	8日前 8:06	9日前 5:00	8日后 1:24	8日前 10:29	8日前 0:39	6日后 2:19	6日前 10:06	5日后 4:44	6日前 11:54	4日后 5:52	節入日
乙卯	甲申	甲寅	癸未	癸丑	壬午	辛亥	辛巳	庚戌	庚辰	己酉	辛巳	1
丙辰	乙酉	乙卯	甲申	甲寅	癸未	壬子	壬午	辛亥	辛巳	庚戌	壬午	2
丁巳	丙戌	丙辰	乙酉	乙卯	甲申	癸丑	癸未	壬子	壬午	辛亥	癸未	3
戊午	丁亥	丁巳	丙戌	丙辰	乙酉	甲寅	甲申	癸丑	癸未	壬子	**甲申**	4
己未	戊子	戊午	丁亥	丁巳	丙戌	乙卯	乙酉	甲寅	**甲申**	癸丑	乙酉	5
庚申	己丑	己未	戊子	戊午	丁亥	丙辰	**丙戌**	**乙卯**	乙酉	**甲寅**	丙戌	6
辛酉	庚寅	庚申	己丑	己未	戊子	丁巳	丁亥	丙辰	丙戌	乙卯	丁亥	7
壬戌	**辛卯**	**辛酉**	庚寅	**庚申**	**己丑**	**戊午**	戊子	丁巳	丁亥	丙辰	戊子	8
癸亥	壬辰	壬戌	**辛卯**	辛酉	庚寅	己未	己丑	戊午	戊子	丁巳	己丑	9
甲子	癸巳	癸亥	壬辰	壬戌	辛卯	庚申	庚寅	己未	己丑	戊午	庚寅	10
乙丑	甲午	甲子	癸巳	癸亥	壬辰	辛酉	辛卯	庚申	庚寅	己未	辛卯	11
丙寅	乙未	乙丑	甲午	甲子	癸巳	壬戌	壬辰	辛酉	辛卯	庚申	壬辰	12
丁卯	丙申	丙寅	乙未	乙丑	甲午	癸亥	癸巳	壬戌	壬辰	辛酉	癸巳	13
戊辰	丁酉	丁卯	丙申	丙寅	乙未	甲子	甲午	癸亥	癸巳	壬戌	甲午	14
己巳	戊戌	戊辰	丁酉	丁卯	丙申	乙丑	乙未	甲子	甲午	癸亥	乙未	15
庚午	己亥	己巳	戊戌	戊辰	丁酉	丙寅	丙申	乙丑	乙未	甲子	丙申	16
辛未	庚子	庚午	己亥	己巳	戊戌	丁卯	丁酉	丙寅	丙申	乙丑	丁酉	17
壬申	辛丑	辛未	庚子	庚午	己亥	戊辰	戊戌	丁卯	丁酉	丙寅	戊戌	18
癸酉	壬寅	壬申	辛丑	辛未	庚子	己巳	己亥	戊辰	戊戌	丁卯	己亥	19
甲戌	癸卯	癸酉	壬寅	壬申	辛丑	庚午	庚子	己巳	己亥	戊辰	庚子	20
乙亥	甲辰	甲戌	癸卯	癸酉	壬寅	辛未	辛丑	庚午	庚子	己巳	辛丑	21
丙子	乙巳	乙亥	甲辰	甲戌	癸卯	壬申	壬寅	辛未	辛丑	庚午	壬寅	22
丁丑	丙午	丙子	乙巳	乙亥	甲辰	癸酉	癸卯	壬申	壬寅	辛未	癸卯	23
戊寅	丁未	丁丑	丙午	丙子	乙巳	甲戌	甲辰	癸酉	癸卯	壬申	甲辰	24
己卯	戊申	戊寅	丁未	丁丑	丙午	乙亥	乙巳	甲戌	甲辰	癸酉	乙巳	25
庚辰	己酉	己卯	戊申	戊寅	丁未	丙子	丙午	乙亥	乙巳	甲戌	丙午	26
辛巳	庚戌	庚辰	己酉	己卯	戊申	丁丑	丁未	丙子	丙午	乙亥	丁未	27
壬午	辛亥	辛巳	庚戌	庚辰	己酉	戊寅	戊申	丁丑	丁未	丙子	戊申	28
癸未	壬子	壬午	辛亥	辛巳	庚戌	己卯	己酉	戊寅	戊申	丁丑		29
甲申	癸丑	癸未	壬子	壬午	辛亥	庚辰	庚戌	己卯	己酉	戊寅		30
乙酉	甲寅		癸丑		壬子	辛巳		庚辰		己卯		31

平成元年
1988年（昭和63・64年）戊辰　三碧木星

三碧	四緑	五黄	六白	七赤	八白	九紫	一白	二黒	三碧	四緑	五黄	九星
1月	12月	11月	10月	9月	8月	7月	6月	5月	4月	3月	2月	月
乙丑	甲子	癸亥	壬戌	辛酉	庚申	己未	戊午	丁巳	丙辰	乙卯	甲寅	月干支
5日后 5：46	7日前 6：34	7日后 1：49	8日前 10：45	7日后 7：12	7日后 4：20	7日前 6：33	5日后 8：15	5日后 4：02	4日后 10：39	5日后 5：47	4日后 11：43	節入日
辛酉	庚寅	庚申	己丑	己未	戊子	丁巳	丁亥	丙辰	丙戌	乙卯	丙戌	1
壬戌	辛卯	辛酉	庚寅	庚申	己丑	戊午	戊子	丁巳	丁亥	丙辰	丁亥	2
癸亥	壬辰	壬戌	辛卯	辛酉	庚寅	己未	己丑	戊午	戊子	丁巳	戊子	3
甲子	癸巳	癸亥	壬辰	壬戌	辛卯	庚申	庚寅	己未	己丑	戊午	己丑	4
乙丑	甲午	甲子	癸巳	癸亥	壬辰	辛酉	辛卯	庚申	庚寅	己未	庚寅	5
丙寅	乙未	乙丑	甲午	甲子	癸巳	壬戌	壬辰	辛酉	辛卯	庚申	辛卯	6
丁卯	丙申	丙寅	乙未	乙丑	甲午	癸亥	癸巳	壬戌	壬辰	辛酉	壬辰	7
戊辰	丁酉	丁卯	丙申	丙寅	乙未	甲子	甲午	癸亥	癸巳	壬戌	癸巳	8
己巳	戊戌	戊辰	丁酉	丁卯	丙申	乙丑	乙未	甲子	甲午	癸亥	甲午	9
庚午	己亥	己巳	戊戌	戊辰	丁酉	丙寅	丙申	乙丑	乙未	甲子	乙未	10
辛未	庚子	庚午	己亥	己巳	戊戌	丁卯	丁酉	丙寅	丙申	乙丑	丙申	11
壬申	辛丑	辛未	庚子	庚午	己亥	戊辰	戊戌	丁卯	丁酉	丙寅	丁酉	12
癸酉	壬寅	壬申	辛丑	辛未	庚子	己巳	己亥	戊辰	戊戌	丁卯	戊戌	13
甲戌	癸卯	癸酉	壬寅	壬申	辛丑	庚午	庚子	己巳	己亥	戊辰	己亥	14
乙亥	甲辰	甲戌	癸卯	癸酉	壬寅	辛未	辛丑	庚午	庚子	己巳	庚子	15
丙子	乙巳	乙亥	甲辰	甲戌	癸卯	壬申	壬寅	辛未	辛丑	庚午	辛丑	16
丁丑	丙午	丙子	乙巳	乙亥	甲辰	癸酉	癸卯	壬申	壬寅	辛未	壬寅	17
戊寅	丁未	丁丑	丙午	丙子	乙巳	甲戌	甲辰	癸酉	癸卯	壬申	癸卯	18
己卯	戊申	戊寅	丁未	丁丑	丙午	乙亥	乙巳	甲戌	甲辰	癸酉	甲辰	19
庚辰	己酉	己卯	戊申	戊寅	丁未	丙子	丙午	乙亥	乙巳	甲戌	乙巳	20
辛巳	庚戌	庚辰	己酉	己卯	戊申	丁丑	丁未	丙子	丙午	乙亥	丙午	21
壬午	辛亥	辛巳	庚戌	庚辰	己酉	戊寅	戊申	丁丑	丁未	丙子	丁未	22
癸未	壬子	壬午	辛亥	辛巳	庚戌	己卯	己酉	戊寅	戊申	丁丑	戊申	23
甲申	癸丑	癸未	壬子	壬午	辛亥	庚辰	庚戌	己卯	己酉	戊寅	己酉	24
乙酉	甲寅	甲申	癸丑	癸未	壬子	辛巳	辛亥	庚辰	庚戌	己卯	庚戌	25
丙戌	乙卯	乙酉	甲寅	甲申	癸丑	壬午	壬子	辛巳	辛亥	庚辰	辛亥	26
丁亥	丙辰	丙戌	乙卯	乙酉	甲寅	癸未	癸丑	壬午	壬子	辛巳	壬子	27
戊子	丁巳	丁亥	丙辰	丙戌	乙卯	甲申	甲寅	癸未	癸丑	壬午	癸丑	28
己丑	戊午	戊子	丁巳	丁亥	丙辰	乙酉	乙卯	甲申	甲寅	癸未	甲寅	29
庚寅	己未	己丑	戊午	戊子	丁巳	丙戌	丙辰	乙酉	乙卯	甲申		30
辛卯	庚申		己未		戊午	丁亥		丙戌		乙酉		31

＊1月7日に昭和天皇崩御、平成と改元

1989年（平成元年）己巳　二黒土星

九紫	一白	二黒	三碧	四緑	五黄	六白	七赤	八白	九紫	一白	二黒	九星
1月	12月	11月	10月	9月	8月	7月	6月	5月	4月	3月	2月	月
丁丑	丙子	乙亥	甲戌	癸酉	壬申	辛未	庚午	己巳	戊辰	丁卯	丙寅	月干支
5日后 11：33	7日后 0：21	7日后 7：34	8日后 4：27	8日前 0：54	7日后 10：04	7日后 0：19	6日前 2：05	5日后 9：54	5日前 4：30	5日后 11：34	4日前 5：27	節入日
丙寅	乙未	乙丑	甲午	甲子	癸巳	壬戌	壬辰	辛酉	辛卯	庚申	壬辰	1
丁卯	丙申	丙寅	乙未	乙丑	甲午	癸亥	癸巳	壬戌	壬辰	辛酉	癸巳	2
戊辰	丁酉	丁卯	丙申	丙寅	乙未	甲子	甲午	癸亥	癸巳	壬戌	甲午	3
己巳	戊戌	戊辰	丁酉	丁卯	丙申	乙丑	乙未	甲子	甲午	癸亥	**乙未**	4
庚午	己亥	己巳	戊戌	戊辰	丁酉	丙寅	丙申	**乙丑**	**乙未**	**甲子**	丙申	5
辛未	庚子	庚午	己亥	己巳	戊戌	丁卯	**丁酉**	丙寅	丙申	乙丑	丁酉	6
壬申	**辛丑**	**辛未**	庚子	庚午	**己亥**	**戊辰**	戊戌	丁卯	丁酉	丙寅	戊戌	7
癸酉	壬寅	壬申	**辛丑**	**辛未**	庚子	己巳	己亥	戊辰	戊戌	丁卯	己亥	8
甲戌	癸卯	癸酉	壬寅	壬申	辛丑	庚午	庚子	己巳	己亥	戊辰	庚子	9
乙亥	甲辰	甲戌	癸卯	癸酉	壬寅	辛未	辛丑	庚午	庚子	己巳	辛丑	10
丙子	乙巳	乙亥	甲辰	甲戌	癸卯	壬申	壬寅	辛未	辛丑	庚午	壬寅	11
丁丑	丙午	丙子	乙巳	乙亥	甲辰	癸酉	癸卯	壬申	壬寅	辛未	癸卯	12
戊寅	丁未	丁丑	丙午	丙子	乙巳	甲戌	甲辰	癸酉	癸卯	壬申	甲辰	13
己卯	戊申	戊寅	丁未	丁丑	丙午	乙亥	乙巳	甲戌	甲辰	癸酉	乙巳	14
庚辰	己酉	己卯	戊申	戊寅	丁未	丙子	丙午	乙亥	乙巳	甲戌	丙午	15
辛巳	庚戌	庚辰	己酉	己卯	戊申	丁丑	丁未	丙子	丙午	乙亥	丁未	16
壬午	辛亥	辛巳	庚戌	庚辰	己酉	戊寅	戊申	丁丑	丁未	丙子	戊申	17
癸未	壬子	壬午	辛亥	辛巳	庚戌	己卯	己酉	戊寅	戊申	丁丑	己酉	18
甲申	癸丑	癸未	壬子	壬午	辛亥	庚辰	庚戌	己卯	己酉	戊寅	庚戌	19
乙酉	甲寅	甲申	癸丑	癸未	壬子	辛巳	辛亥	庚辰	庚戌	己卯	辛亥	20
丙戌	乙卯	乙酉	甲寅	甲申	癸丑	壬午	壬子	辛巳	辛亥	庚辰	壬子	21
丁亥	丙辰	丙戌	乙卯	乙酉	甲寅	癸未	癸丑	壬午	壬子	辛巳	癸丑	22
戊子	丁巳	丁亥	丙辰	丙戌	乙卯	甲申	甲寅	癸未	癸丑	壬午	甲寅	23
己丑	戊午	戊子	丁巳	丁亥	丙辰	乙酉	乙卯	甲申	甲寅	癸未	乙卯	24
庚寅	己未	己丑	戊午	戊子	丁巳	丙戌	丙辰	乙酉	乙卯	甲申	丙辰	25
辛卯	庚申	庚寅	己未	己丑	戊午	丁亥	丁巳	丙戌	丙辰	乙酉	丁巳	26
壬辰	辛酉	辛卯	庚申	庚寅	己未	戊子	戊午	丁亥	丁巳	丙戌	戊午	27
癸巳	壬戌	壬辰	辛酉	辛卯	庚申	己丑	己未	戊子	戊午	丁亥	己未	28
甲午	癸亥	癸巳	壬戌	壬辰	辛酉	庚寅	庚申	己丑	己未	戊子		29
乙未	甲子	甲午	癸亥	癸巳	壬戌	辛卯	辛酉	庚寅	庚申	己丑		30
丙申	乙丑		甲子		癸亥	壬辰		辛卯		庚寅		31

1990年（平成2年）庚午　一白水星

六白	七赤	八白	九紫	一白	二黒	三碧	四緑	五黄	六白	七赤	八白	九星
1月	12月	11月	10月	9月	8月	7月	6月	5月	4月	3月	2月	月
己丑	戊子	丁亥	丙戌	乙酉	甲申	癸未	壬午	辛巳	庚辰	己卯	戊寅	月干支
6日前 5：28	7日后 6：14	8日前 1：23	8日后 10：14	8日前 6：37	8日前 3：46	7日后 6：00	6日前 7：46	6日前 3：35	5日前 10：13	6日前 5：19	4日前 11：14	節入日
辛未	庚子	庚午	己亥	己巳	戊戌	丁卯	丁酉	丙寅	丙申	乙丑	丁酉	1
壬申	辛丑	辛未	庚子	庚午	己亥	戊辰	戊戌	丁卯	丁酉	丙寅	戊戌	2
癸酉	壬寅	壬申	辛丑	辛未	庚子	己巳	己亥	戊辰	戊戌	丁卯	己亥	3
甲戌	癸卯	癸酉	壬寅	壬申	辛丑	庚午	庚子	己巳	己亥	戊辰	庚子	4
乙亥	甲辰	甲戌	癸卯	癸酉	壬寅	辛未	辛丑	庚午	庚子	己巳	辛丑	5
丙子	乙巳	乙亥	甲辰	甲戌	癸卯	壬申	壬寅	辛未	辛丑	庚午	壬寅	6
丁丑	丙午	丙子	乙巳	乙亥	甲辰	癸酉	癸卯	壬申	壬寅	辛未	癸卯	7
戊寅	丁未	丁丑	丙午	丙子	乙巳	甲戌	甲辰	癸酉	癸卯	壬申	甲辰	8
己卯	戊申	戊寅	丁未	丁丑	丙午	乙亥	乙巳	甲戌	甲辰	癸酉	乙巳	9
庚辰	己酉	己卯	戊申	戊寅	丁未	丙子	丙午	乙亥	乙巳	甲戌	丙午	10
辛巳	庚戌	庚辰	己酉	己卯	戊申	丁丑	丁未	丙子	丙午	乙亥	丁未	11
壬午	辛亥	辛巳	庚戌	庚辰	己酉	戊寅	戊申	丁丑	丁未	丙子	戊申	12
癸未	壬子	壬午	辛亥	辛巳	庚戌	己卯	己酉	戊寅	戊申	丁丑	己酉	13
甲申	癸丑	癸未	壬子	壬午	辛亥	庚辰	庚戌	己卯	己酉	戊寅	庚戌	14
乙酉	甲寅	甲申	癸丑	癸未	壬子	辛巳	辛亥	庚辰	庚戌	己卯	辛亥	15
丙戌	乙卯	乙酉	甲寅	甲申	癸丑	壬午	壬子	辛巳	辛亥	庚辰	壬子	16
丁亥	丙辰	丙戌	乙卯	乙酉	甲寅	癸未	癸丑	壬午	壬子	辛巳	癸丑	17
戊子	丁巳	丁亥	丙辰	丙戌	乙卯	甲申	甲寅	癸未	癸丑	壬午	甲寅	18
己丑	戊午	戊子	丁巳	丁亥	丙辰	乙酉	乙卯	甲申	甲寅	癸未	乙卯	19
庚寅	己未	己丑	戊午	戊子	丁巳	丙戌	丙辰	乙酉	乙卯	甲申	丙辰	20
辛卯	庚申	庚寅	己未	己丑	戊午	丁亥	丁巳	丙戌	丙辰	乙酉	丁巳	21
壬辰	辛酉	辛卯	庚申	庚寅	己未	戊子	戊午	丁亥	丁巳	丙戌	戊午	22
癸巳	壬戌	壬辰	辛酉	辛卯	庚申	己丑	己未	戊子	戊午	丁亥	己未	23
甲午	癸亥	癸巳	壬戌	壬辰	辛酉	庚寅	庚申	己丑	己未	戊子	庚申	24
乙未	甲子	甲午	癸亥	癸巳	壬戌	辛卯	辛酉	庚寅	庚申	己丑	辛酉	25
丙申	乙丑	乙未	甲子	甲午	癸亥	壬辰	壬戌	辛卯	辛酉	庚寅	壬戌	26
丁酉	丙寅	丙申	乙丑	乙未	甲子	癸巳	癸亥	壬辰	壬戌	辛卯	癸亥	27
戊戌	丁卯	丁酉	丙寅	丙申	乙丑	甲午	甲子	癸巳	癸亥	壬辰	甲子	28
己亥	戊辰	戊戌	丁卯	丁酉	丙寅	乙未	乙丑	甲午	甲子	癸巳		29
庚子	己巳	己亥	戊辰	戊戌	丁卯	丙申	丙寅	乙未	乙丑	甲午		30
辛丑	庚午		己巳		戊辰	丁酉		丙申		乙未		31

1991年（平成3年）辛未　九紫火星

三碧	四緑	五黄	六白	七赤	八白	九紫	一白	二黒	三碧	四緑	五黄	九星
1月	12月	11月	10月	9月	8月	7月	6月	5月	4月	3月	2月	月
辛丑	庚子	己亥	戊戌	丁酉	丙申	乙未	甲午	癸巳	壬辰	辛卯	庚寅	月干支
6日前 11：09	7日后 11：56	8日前 7：08	9日前 4：01	8日后 0：27	8日前 9：37	7日后 11：53	6日后 1：38	6日前 9：27	5日后 4：05	6日前 11：12	4日后 5：08	節入日
丙子	乙巳	乙亥	甲辰	甲戌	癸卯	壬申	壬寅	辛未	辛丑	庚午	壬寅	1
丁丑	丙午	丙子	乙巳	乙亥	甲辰	癸酉	癸卯	壬申	壬寅	辛未	癸卯	2
戊寅	丁未	丁丑	丙午	丙子	乙巳	甲戌	甲辰	癸酉	癸卯	壬申	甲辰	3
己卯	戊申	戊寅	丁未	丁丑	丙午	乙亥	乙巳	甲戌	甲辰	癸酉	**乙巳**	4
庚辰	己酉	己卯	戊申	戊寅	丁未	丙子	丙午	乙亥	**乙巳**	甲戌	丙午	5
辛巳	庚戌	庚辰	己酉	己卯	戊申	丁丑	**丁未**	**丙子**	丙午	**乙亥**	丁未	6
壬午	辛亥	辛巳	庚戌	庚辰	己酉	**戊寅**	戊申	丁丑	丁未	丙子	戊申	7
癸未	**壬子**	**壬午**	辛亥	**辛巳**	**庚戌**	己卯	己酉	戊寅	戊申	丁丑	己酉	8
甲申	癸丑	癸未	**壬子**	壬午	辛亥	庚辰	庚戌	己卯	己酉	戊寅	庚戌	9
乙酉	甲寅	甲申	癸丑	癸未	壬子	辛巳	辛亥	庚辰	庚戌	己卯	辛亥	10
丙戌	乙卯	乙酉	甲寅	甲申	癸丑	壬午	壬子	辛巳	辛亥	庚辰	壬子	11
丁亥	丙辰	丙戌	乙卯	乙酉	甲寅	癸未	癸丑	壬午	壬子	辛巳	癸丑	12
戊子	丁巳	丁亥	丙辰	丙戌	乙卯	甲申	甲寅	癸未	癸丑	壬午	甲寅	13
己丑	戊午	戊子	丁巳	丁亥	丙辰	乙酉	乙卯	甲申	甲寅	癸未	乙卯	14
庚寅	己未	己丑	戊午	戊子	丁巳	丙戌	丙辰	乙酉	乙卯	甲申	丙辰	15
辛卯	庚申	庚寅	己未	己丑	戊午	丁亥	丁巳	丙戌	丙辰	乙酉	丁巳	16
壬辰	辛酉	辛卯	庚申	庚寅	己未	戊子	戊午	丁亥	丁巳	丙戌	戊午	17
癸巳	壬戌	壬辰	辛酉	辛卯	庚申	己丑	己未	戊子	戊午	丁亥	己未	18
甲午	癸亥	癸巳	壬戌	壬辰	辛酉	庚寅	庚申	己丑	己未	戊子	庚申	19
乙未	甲子	甲午	癸亥	癸巳	壬戌	辛卯	辛酉	庚寅	庚申	己丑	辛酉	20
丙申	乙丑	乙未	甲子	甲午	癸亥	壬辰	壬戌	辛卯	辛酉	庚寅	壬戌	21
丁酉	丙寅	丙申	乙丑	乙未	甲子	癸巳	癸亥	壬辰	壬戌	辛卯	癸亥	22
戊戌	丁卯	丁酉	丙寅	丙申	乙丑	甲午	甲子	癸巳	癸亥	壬辰	甲子	23
己亥	戊辰	戊戌	丁卯	丁酉	丙寅	乙未	乙丑	甲午	甲子	癸巳	乙丑	24
庚子	己巳	己亥	戊辰	戊戌	丁卯	丙申	丙寅	乙未	乙丑	甲午	丙寅	25
辛丑	庚午	庚子	己巳	己亥	戊辰	丁酉	丁卯	丙申	丙寅	乙未	丁卯	26
壬寅	辛未	辛丑	庚午	庚子	己巳	戊戌	戊辰	丁酉	丁卯	丙申	戊辰	27
癸卯	壬申	壬寅	辛未	辛丑	庚午	己亥	己巳	戊戌	戊辰	丁酉	己巳	28
甲辰	癸酉	癸卯	壬申	壬寅	辛未	庚子	庚午	己亥	己巳	戊戌		29
乙巳	甲戌	甲辰	癸酉	癸卯	壬申	辛丑	辛未	庚子	庚午	己亥		30
丙午	乙亥		甲戌		癸酉	壬寅		辛丑		庚子		31

1992年（平成4年）壬申　八白土星

九紫	一白	二黒	三碧	四緑	五黄	六白	七赤	八白	九紫	一白	二黒	九星
1月	12月	11月	10月	9月	8月	7月	6月	5月	4月	3月	2月	月
癸丑	壬子	辛亥	庚戌	己酉	戊申	丁未	丙午	乙巳	甲辰	癸卯	壬寅	月干支
5日后 4：57	7日前 5：44	7日后 0：57	8日前 9：51	7日后 6：18	7日后 3：27	7日前 5：40	5日后 7：22	5日后 3：09	4日后 9：45	5日后 4：52	4日后 10：48	節入日
壬午	辛亥	辛巳	庚戌	庚辰	己酉	戊寅	戊申	丁丑	丁未	丙子	丁未	1
癸未	壬子	壬午	辛亥	辛巳	庚戌	己卯	己酉	戊寅	戊申	丁丑	戊申	2
甲申	癸丑	癸未	壬子	壬午	辛亥	庚辰	庚戌	己卯	己酉	戊寅	己酉	3
乙酉	甲寅	甲申	癸丑	癸未	壬子	辛巳	辛亥	庚辰	**庚戌**	己卯	**庚戌**	4
丙戌	乙卯	乙酉	甲寅	甲申	癸丑	壬午	**壬子**	**辛巳**	辛亥	**庚辰**	辛亥	5
丁亥	丙辰	丙戌	乙卯	乙酉	甲寅	癸未	癸丑	壬午	壬子	辛巳	壬子	6
戊子	**丁巳**	**丁亥**	丙辰	**丙戌**	**乙卯**	**甲申**	甲寅	癸未	癸丑	壬午	癸丑	7
己丑	戊午	戊子	**丁巳**	丁亥	丙辰	乙酉	乙卯	甲申	甲寅	癸未	甲寅	8
庚寅	己未	己丑	戊午	戊子	丁巳	丙戌	丙辰	乙酉	乙卯	甲申	乙卯	9
辛卯	庚申	庚寅	己未	己丑	戊午	丁亥	丁巳	丙戌	丙辰	乙酉	丙辰	10
壬辰	辛酉	辛卯	庚申	庚寅	己未	戊子	戊午	丁亥	丁巳	丙戌	丁巳	11
癸巳	壬戌	壬辰	辛酉	辛卯	庚申	己丑	己未	戊子	戊午	丁亥	戊午	12
甲午	癸亥	癸巳	壬戌	壬辰	辛酉	庚寅	庚申	己丑	己未	戊子	己未	13
乙未	甲子	甲午	癸亥	癸巳	壬戌	辛卯	辛酉	庚寅	庚申	己丑	庚申	14
丙申	乙丑	乙未	甲子	甲午	癸亥	壬辰	壬戌	辛卯	辛酉	庚寅	辛酉	15
丁酉	丙寅	丙申	乙丑	乙未	甲子	癸巳	癸亥	壬辰	壬戌	辛卯	壬戌	16
戊戌	丁卯	丁酉	丙寅	丙申	乙丑	甲午	甲子	癸巳	癸亥	壬辰	癸亥	17
己亥	戊辰	戊戌	丁卯	丁酉	丙寅	乙未	乙丑	甲午	甲子	癸巳	甲子	18
庚子	己巳	己亥	戊辰	戊戌	丁卯	丙申	丙寅	乙未	乙丑	甲午	乙丑	19
辛丑	庚午	庚子	己巳	己亥	戊辰	丁酉	丁卯	丙申	丙寅	乙未	丙寅	20
壬寅	辛未	辛丑	庚午	庚子	己巳	戊戌	戊辰	丁酉	丁卯	丙申	丁卯	21
癸卯	壬申	壬寅	辛未	辛丑	庚午	己亥	己巳	戊戌	戊辰	丁酉	戊辰	22
甲辰	癸酉	癸卯	壬申	壬寅	辛未	庚子	庚午	己亥	己巳	戊戌	己巳	23
乙巳	甲戌	甲辰	癸酉	癸卯	壬申	辛丑	辛未	庚子	庚午	己亥	庚午	24
丙午	乙亥	乙巳	甲戌	甲辰	癸酉	壬寅	壬申	辛丑	辛未	庚子	辛未	25
丁未	丙子	丙午	乙亥	乙巳	甲戌	癸卯	癸酉	壬寅	壬申	辛丑	壬申	26
戊申	丁丑	丁未	丙子	丙午	乙亥	甲辰	甲戌	癸卯	癸酉	壬寅	癸酉	27
己酉	戊寅	戊申	丁丑	丁未	丙子	乙巳	乙亥	甲辰	甲戌	癸卯	甲戌	28
庚戌	己卯	己酉	戊寅	戊申	丁丑	丙午	丙子	乙巳	乙亥	甲辰	乙亥	29
辛亥	庚辰	庚戌	己卯	己酉	戊寅	丁未	丁丑	丙午	丙子	乙巳		30
壬子	辛巳		庚辰		己卯	戊申		丁未		丙午		31

1993年（平成5年）癸酉　七赤金星

六白	七赤	八白	九紫	一白	二黒	三碧	四緑	五黄	六白	七赤	八白	九星
1月	12月	11月	10月	9月	8月	7月	6月	5月	4月	3月	2月	月
乙丑	甲子	癸亥	壬戌	辛酉	庚申	己未	戊午	丁巳	丙辰	乙卯	甲寅	月干支
5日后 10：48	7日前 11：34	7日后 6：46	8日后 3：40	8日前 0：08	7日后 9：18	7日前 11：32	6日前 1：15	5日后 9：02	5日前 3：27	5日后 10：43	4日前 4：37	節入日
丁亥	丙辰	丙戌	乙卯	乙酉	甲寅	癸未	癸丑	壬午	壬子	辛巳	癸丑	1
戊子	丁巳	丁亥	丙辰	丙戌	乙卯	甲申	甲寅	癸未	癸丑	壬午	甲寅	2
己丑	戊午	戊子	丁巳	丁亥	丙辰	乙酉	乙卯	甲申	甲寅	癸未	乙卯	3
庚寅	己未	己丑	戊午	戊子	丁巳	丙戌	丙辰	乙酉	乙卯	甲申	**丙辰**	4
辛卯	庚申	庚寅	己未	己丑	戊午	丁亥	丁巳	**丙戌**	**丙辰**	**乙酉**	丁巳	5
壬辰	辛酉	辛卯	庚申	庚寅	己未	戊子	**戊午**	丁亥	丁巳	丙戌	戊午	6
癸巳	**壬戌**	**壬辰**	辛酉	辛卯	**庚申**	**己丑**	己未	戊子	戊午	丁亥	己未	7
甲午	癸亥	癸巳	**壬戌**	**壬辰**	辛酉	庚寅	庚申	己丑	己未	戊子	庚申	8
乙未	甲子	甲午	癸亥	癸巳	壬戌	辛卯	辛酉	庚寅	庚申	己丑	辛酉	9
丙申	乙丑	乙未	甲子	甲午	癸亥	壬辰	壬戌	辛卯	辛酉	庚寅	壬戌	10
丁酉	丙寅	丙申	乙丑	乙未	甲子	癸巳	癸亥	壬辰	壬戌	辛卯	癸亥	11
戊戌	丁卯	丁酉	丙寅	丙申	乙丑	甲午	甲子	癸巳	癸亥	壬辰	甲子	12
己亥	戊辰	戊戌	丁卯	丁酉	丙寅	乙未	乙丑	甲午	甲子	癸巳	乙丑	13
庚子	己巳	己亥	戊辰	戊戌	丁卯	丙申	丙寅	乙未	乙丑	甲午	丙寅	14
辛丑	庚午	庚子	己巳	己亥	戊辰	丁酉	丁卯	丙申	丙寅	乙未	丁卯	15
壬寅	辛未	辛丑	庚午	庚子	己巳	戊戌	戊辰	丁酉	丁卯	丙申	戊辰	16
癸卯	壬申	壬寅	辛未	辛丑	庚午	己亥	己巳	戊戌	戊辰	丁酉	己巳	17
甲辰	癸酉	癸卯	壬申	壬寅	辛未	庚子	庚午	己亥	己巳	戊戌	庚午	18
乙巳	甲戌	甲辰	癸酉	癸卯	壬申	辛丑	辛未	庚子	庚午	己亥	辛未	19
丙午	乙亥	乙巳	甲戌	甲辰	癸酉	壬寅	壬申	辛丑	辛未	庚子	壬申	20
丁未	丙子	丙午	乙亥	乙巳	甲戌	癸卯	癸酉	壬寅	壬申	辛丑	癸酉	21
戊申	丁丑	丁未	丙子	丙午	乙亥	甲辰	甲戌	癸卯	癸酉	壬寅	甲戌	22
己酉	戊寅	戊申	丁丑	丁未	丙子	乙巳	乙亥	甲辰	甲戌	癸卯	乙亥	23
庚戌	己卯	己酉	戊寅	戊申	丁丑	丙午	丙子	乙巳	乙亥	甲辰	丙子	24
辛亥	庚辰	庚戌	己卯	己酉	戊寅	丁未	丁丑	丙午	丙子	乙巳	丁丑	25
壬子	辛巳	辛亥	庚辰	庚戌	己卯	戊申	戊寅	丁未	丁丑	丙午	戊寅	26
癸丑	壬午	壬子	辛巳	辛亥	庚辰	己酉	己卯	戊申	戊寅	丁未	己卯	27
甲寅	癸未	癸丑	壬午	壬子	辛巳	庚戌	庚辰	己酉	己卯	戊申	庚辰	28
乙卯	甲申	甲寅	癸未	癸丑	壬午	辛亥	辛巳	庚戌	庚辰	己酉		29
丙辰	乙酉	乙卯	甲申	甲寅	癸未	壬子	壬午	辛亥	辛巳	庚戌		30
丁巳	丙戌		乙酉		甲申	癸丑		壬子		辛亥		31

1994年（平成6年）甲戌　六白金星

三碧	四緑	五黄	六白	七赤	八白	九紫	一白	二黒	三碧	四緑	五黄	九星
1月	12月	11月	10月	9月	8月	7月	6月	5月	4月	3月	2月	月
丁丑	丙子	乙亥	甲戌	癸酉	壬申	辛未	庚午	己巳	戊辰	丁卯	丙寅	月干支
6日前 4:34	7日后 5:23	8日前 0:36	8日后 9:29	8日前 5:55	8日前 3:04	7日后 5:19	6日前 7:05	6日前 2:54	5日前 9:32	6日前 4:38	4日前 10:31	節入日
壬辰	辛酉	辛卯	庚申	庚寅	己未	戊子	戊午	丁亥	丁巳	丙戌	戊午	1
癸巳	壬戌	壬辰	辛酉	辛卯	庚申	己丑	己未	戊子	戊午	丁亥	己未	2
甲午	癸亥	癸巳	壬戌	壬辰	辛酉	庚寅	庚申	己丑	己未	戊子	庚申	3
乙未	甲子	甲午	癸亥	癸巳	壬戌	辛卯	辛酉	庚寅	庚申	己丑	**辛酉**	4
丙申	乙丑	乙未	甲子	甲午	癸亥	壬辰	壬戌	辛卯	**辛酉**	庚寅	壬戌	5
丁酉	丙寅	丙申	乙丑	乙未	甲子	癸巳	**癸亥**	**壬辰**	壬戌	**辛卯**	癸亥	6
戊戌	**丁卯**	丁酉	丙寅	丙申	乙丑	**甲午**	甲子	癸巳	癸亥	壬辰	甲子	7
己亥	戊辰	**戊戌**	**丁卯**	**丁酉**	**丙寅**	乙未	乙丑	甲午	甲子	癸巳	乙丑	8
庚子	己巳	己亥	戊辰	戊戌	丁卯	丙申	丙寅	乙未	乙丑	甲午	丙寅	9
辛丑	庚午	庚子	己巳	己亥	戊辰	丁酉	丁卯	丙申	丙寅	乙未	丁卯	10
壬寅	辛未	辛丑	庚午	庚子	己巳	戊戌	戊辰	丁酉	丁卯	丙申	戊辰	11
癸卯	壬申	壬寅	辛未	辛丑	庚午	己亥	己巳	戊戌	戊辰	丁酉	己巳	12
甲辰	癸酉	癸卯	壬申	壬寅	辛未	庚子	庚午	己亥	己巳	戊戌	庚午	13
乙巳	甲戌	甲辰	癸酉	癸卯	壬申	辛丑	辛未	庚子	庚午	己亥	辛未	14
丙午	乙亥	乙巳	甲戌	甲辰	癸酉	壬寅	壬申	辛丑	辛未	庚子	壬申	15
丁未	丙子	丙午	乙亥	乙巳	甲戌	癸卯	癸酉	壬寅	壬申	辛丑	癸酉	16
戊申	丁丑	丁未	丙子	丙午	乙亥	甲辰	甲戌	癸卯	癸酉	壬寅	甲戌	17
己酉	戊寅	戊申	丁丑	丁未	丙子	乙巳	乙亥	甲辰	甲戌	癸卯	乙亥	18
庚戌	己卯	己酉	戊寅	戊申	丁丑	丙午	丙子	乙巳	乙亥	甲辰	丙子	19
辛亥	庚辰	庚戌	己卯	己酉	戊寅	丁未	丁丑	丙午	丙子	乙巳	丁丑	20
壬子	辛巳	辛亥	庚辰	庚戌	己卯	戊申	戊寅	丁未	丁丑	丙午	戊寅	21
癸丑	壬午	壬子	辛巳	辛亥	庚辰	己酉	己卯	戊申	戊寅	丁未	己卯	22
甲寅	癸未	癸丑	壬午	壬子	辛巳	庚戌	庚辰	己酉	己卯	戊申	庚辰	23
乙卯	甲申	甲寅	癸未	癸丑	壬午	辛亥	辛巳	庚戌	庚辰	己酉	辛巳	24
丙辰	乙酉	乙卯	甲申	甲寅	癸未	壬子	壬午	辛亥	辛巳	庚戌	壬午	25
丁巳	丙戌	丙辰	乙酉	乙卯	甲申	癸丑	癸未	壬子	壬午	辛亥	癸未	26
戊午	丁亥	丁巳	丙戌	丙辰	乙酉	甲寅	甲申	癸丑	癸未	壬子	甲申	27
己未	戊子	戊午	丁亥	丁巳	丙戌	乙卯	乙酉	甲寅	甲申	癸丑	乙酉	28
庚申	己丑	己未	戊子	戊午	丁亥	丙辰	丙戌	乙卯	乙酉	甲寅		29
辛酉	庚寅	庚申	己丑	己未	戊子	丁巳	丁亥	丙辰	丙戌	乙卯		30
壬戌	辛卯		庚寅		己丑	戊午		丁巳		丙辰		31

1995年（平成7年）乙亥　五黄土星

九紫	一白	二黒	三碧	四緑	五黄	六白	七赤	八白	九紫	一白	二黒	九星
1月	12月	11月	10月	9月	8月	7月	6月	5月	4月	3月	2月	月
己丑	戊子	丁亥	丙戌	乙酉	甲申	癸未	壬午	辛巳	庚辰	己卯	戊寅	月干支
6日前 10：31	7日后 11：22	8日前 6：36	9日前 3：27	8日前 11：49	8日前 8：52	7日后 11：01	6日后 0：42	6日前 8：30	5日后 3：08	6日前 10：16	4日后 4：13	節入日
丁酉	丙寅	丙申	乙丑	乙未	甲子	癸巳	癸亥	壬辰	壬戌	辛卯	癸亥	1
戊戌	丁卯	丁酉	丙寅	丙申	乙丑	甲午	甲子	癸巳	癸亥	壬辰	甲子	2
己亥	戊辰	戊戌	丁卯	丁酉	丙寅	乙未	乙丑	甲午	甲子	癸巳	乙丑	3
庚子	己巳	己亥	戊辰	戊戌	丁卯	丙申	丙寅	乙未	乙丑	甲午	**丙寅**	4
辛丑	庚午	庚子	己巳	己亥	戊辰	丁酉	丁卯	丙申	**丙寅**	乙未	丁卯	5
壬寅	辛未	辛丑	庚午	庚子	己巳	戊戌	**戊辰**	**丁酉**	丁卯	**丙申**	戊辰	6
癸卯	**壬申**	壬寅	辛未	辛丑	庚午	**己亥**	己巳	戊戌	戊辰	丁酉	己巳	7
甲辰	癸酉	**癸卯**	壬申	**壬寅**	**辛未**	庚子	庚午	己亥	己巳	戊戌	庚午	8
乙巳	甲戌	甲辰	**癸酉**	癸卯	壬申	辛丑	辛未	庚子	庚午	己亥	辛未	9
丙午	乙亥	乙巳	甲戌	甲辰	癸酉	壬寅	壬申	辛丑	辛未	庚子	壬申	10
丁未	丙子	丙午	乙亥	乙巳	甲戌	癸卯	癸酉	壬寅	壬申	辛丑	癸酉	11
戊申	丁丑	丁未	丙子	丙午	乙亥	甲辰	甲戌	癸卯	癸酉	壬寅	甲戌	12
己酉	戊寅	戊申	丁丑	丁未	丙子	乙巳	乙亥	甲辰	甲戌	癸卯	乙亥	13
庚戌	己卯	己酉	戊寅	戊申	丁丑	丙午	丙子	乙巳	乙亥	甲辰	丙子	14
辛亥	庚辰	庚戌	己卯	己酉	戊寅	丁未	丁丑	丙午	丙子	乙巳	丁丑	15
壬子	辛巳	辛亥	庚辰	庚戌	己卯	戊申	戊寅	丁未	丁丑	丙午	戊寅	16
癸丑	壬午	壬子	辛巳	辛亥	庚辰	己酉	己卯	戊申	戊寅	丁未	己卯	17
甲寅	癸未	癸丑	壬午	壬子	辛巳	庚戌	庚辰	己酉	己卯	戊申	庚辰	18
乙卯	甲申	甲寅	癸未	癸丑	壬午	辛亥	辛巳	庚戌	庚辰	己酉	辛巳	19
丙辰	乙酉	乙卯	甲申	甲寅	癸未	壬子	壬午	辛亥	辛巳	庚戌	壬午	20
丁巳	丙戌	丙辰	乙酉	乙卯	甲申	癸丑	癸未	壬子	壬午	辛亥	癸未	21
戊午	丁亥	丁巳	丙戌	丙辰	乙酉	甲寅	甲申	癸丑	癸未	壬子	甲申	22
己未	戊子	戊午	丁亥	丁巳	丙戌	乙卯	乙酉	甲寅	甲申	癸丑	乙酉	23
庚申	己丑	己未	戊子	戊午	丁亥	丙辰	丙戌	乙卯	乙酉	甲寅	丙戌	24
辛酉	庚寅	庚申	己丑	己未	戊子	丁巳	丁亥	丙辰	丙戌	乙卯	丁亥	25
壬戌	辛卯	辛酉	庚寅	庚申	己丑	戊午	戊子	丁巳	丁亥	丙辰	戊子	26
癸亥	壬辰	壬戌	辛卯	辛酉	庚寅	己未	己丑	戊午	戊子	丁巳	己丑	27
甲子	癸巳	癸亥	壬辰	壬戌	辛卯	庚申	庚寅	己未	己丑	戊午	庚寅	28
乙丑	甲午	甲子	癸巳	癸亥	壬辰	辛酉	辛卯	庚申	庚寅	己未		29
丙寅	乙未	乙丑	甲午	甲子	癸巳	壬戌	壬辰	辛酉	辛卯	庚申		30
丁卯	丙申		乙未		甲午	癸亥		壬戌		辛酉		31

1996年（平成8年）丙子　四緑木星

六白	七赤	八白	九紫	一白	二黒	三碧	四緑	五黄	六白	七赤	八白	九星
1月	12月	11月	10月	9月	8月	7月	6月	5月	4月	3月	2月	月
辛丑	庚子	己亥	戊戌	丁酉	丙申	乙未	甲午	癸巳	壬辰	辛卯	庚寅	月干支
5日后 4：34	7日前 5：14	7日后 0：27	8日前 9：19	7日后 5：42	7日后 2：43	7日前 5：00	5日后 6：41	5日后 2：26	4日后 9：02	5日后 4：10	4日后 10：08	節入日
癸卯	壬申	壬寅	辛未	辛丑	庚午	己亥	己巳	戊戌	戊辰	丁酉	戊辰	1
甲辰	癸酉	癸卯	壬申	壬寅	辛未	庚子	庚午	己亥	己巳	戊戌	己巳	2
乙巳	甲戌	甲辰	癸酉	癸卯	壬申	辛丑	辛未	庚子	庚午	己亥	庚午	3
丙午	乙亥	乙巳	甲戌	甲辰	癸酉	壬寅	壬申	辛丑	辛未	庚子	辛未	4
丁未	丙子	丙午	乙亥	乙巳	甲戌	癸卯	癸酉	壬寅	壬申	辛丑	壬申	5
戊申	丁丑	丁未	丙子	丙午	乙亥	甲辰	甲戌	癸卯	癸酉	壬寅	癸酉	6
己酉	戊寅	戊申	丁丑	丁未	丙子	乙巳	乙亥	甲辰	甲戌	癸卯	甲戌	7
庚戌	己卯	己酉	戊寅	戊申	丁丑	丙午	丙子	乙巳	乙亥	甲辰	乙亥	8
辛亥	庚辰	庚戌	己卯	己酉	戊寅	丁未	丁丑	丙午	丙子	乙巳	丙子	9
壬子	辛巳	辛亥	庚辰	庚戌	己卯	戊申	戊寅	丁未	丁丑	丙午	丁丑	10
癸丑	壬午	壬子	辛巳	辛亥	庚辰	己酉	己卯	戊申	戊寅	丁未	戊寅	11
甲寅	癸未	癸丑	壬午	壬子	辛巳	庚戌	庚辰	己酉	己卯	戊申	己卯	12
乙卯	甲申	甲寅	癸未	癸丑	壬午	辛亥	辛巳	庚戌	庚辰	己酉	庚辰	13
丙辰	乙酉	乙卯	甲申	甲寅	癸未	壬子	壬午	辛亥	辛巳	庚戌	辛巳	14
丁巳	丙戌	丙辰	乙酉	乙卯	甲申	癸丑	癸未	壬子	壬午	辛亥	壬午	15
戊午	丁亥	丁巳	丙戌	丙辰	乙酉	甲寅	甲申	癸丑	癸未	壬子	癸未	16
己未	戊子	戊午	丁亥	丁巳	丙戌	乙卯	乙酉	甲寅	甲申	癸丑	甲申	17
庚申	己丑	己未	戊子	戊午	丁亥	丙辰	丙戌	乙卯	乙酉	甲寅	乙酉	18
辛酉	庚寅	庚申	己丑	己未	戊子	丁巳	丁亥	丙辰	丙戌	乙卯	丙戌	19
壬戌	辛卯	辛酉	庚寅	庚申	己丑	戊午	戊子	丁巳	丁亥	丙辰	丁亥	20
癸亥	壬辰	壬戌	辛卯	辛酉	庚寅	己未	己丑	戊午	戊子	丁巳	戊子	21
甲子	癸巳	癸亥	壬辰	壬戌	辛卯	庚申	庚寅	己未	己丑	戊午	己丑	22
乙丑	甲午	甲子	癸巳	癸亥	壬辰	辛酉	辛卯	庚申	庚寅	己未	庚寅	23
丙寅	乙未	乙丑	甲午	甲子	癸巳	壬戌	壬辰	辛酉	辛卯	庚申	辛卯	24
丁卯	丙申	丙寅	乙未	乙丑	甲午	癸亥	癸巳	壬戌	壬辰	辛酉	壬辰	25
戊辰	丁酉	丁卯	丙申	丙寅	乙未	甲子	甲午	癸亥	癸巳	壬戌	癸巳	26
己巳	戊戌	戊辰	丁酉	丁卯	丙申	乙丑	乙未	甲子	甲午	癸亥	甲午	27
庚午	己亥	己巳	戊戌	戊辰	丁酉	丙寅	丙申	乙丑	乙未	甲子	乙未	28
辛未	庚子	庚午	己亥	己巳	戊戌	丁卯	丁酉	丙寅	丙申	乙丑	丙申	29
壬申	辛丑	辛未	庚子	庚午	己亥	戊辰	戊戌	丁卯	丁酉	丙寅		30
癸酉	壬寅		辛丑		庚子	己巳		戊辰		丁卯		31

1997年（平成9年）丁丑　三碧木星

三碧	四緑	五黄	六白	七赤	八白	九紫	一白	二黒	三碧	四緑	五黄	九星
1月	12月	11月	10月	9月	8月	7月	6月	5月	4月	3月	2月	月
癸丑	壬子	辛亥	庚戌	己酉	戊申	丁未	丙午	乙巳	甲辰	癸卯	壬寅	月干支
5日后 10：18	7日前 11：05	7日后 6：15	8日后 3：05	7日后 11：29	7日后 8：36	7日前 10：49	6日前 0：33	5日后 8：19	5日前 2：56	5日后 10：04	4日前 4：02	節入日
戊申	丁丑	丁未	丙子	丙午	乙亥	甲辰	甲戌	癸卯	癸酉	壬寅	甲戌	1
己酉	戊寅	戊申	丁丑	丁未	丙子	乙巳	乙亥	甲辰	甲戌	癸卯	乙亥	2
庚戌	己卯	己酉	戊寅	戊申	丁丑	丙午	丙子	乙巳	乙亥	甲辰	丙子	3
辛亥	庚辰	庚戌	己卯	己酉	戊寅	丁未	丁丑	丙午	丙子	乙巳	**丁丑**	4
壬子	辛巳	辛亥	庚辰	庚戌	己卯	戊申	戊寅	**丁未**	**丁丑**	**丙午**	戊寅	5
癸丑	壬午	壬子	辛巳	辛亥	庚辰	己酉	**己卯**	戊申	戊寅	丁未	己卯	6
甲寅	**癸未**	**癸丑**	壬午	**壬子**	**辛巳**	**庚戌**	庚辰	己酉	己卯	戊申	庚辰	7
乙卯	甲申	甲寅	**癸未**	癸丑	壬午	辛亥	辛巳	庚戌	庚辰	己酉	辛巳	8
丙辰	乙酉	乙卯	甲申	甲寅	癸未	壬子	壬午	辛亥	辛巳	庚戌	壬午	9
丁巳	丙戌	丙辰	乙酉	乙卯	甲申	癸丑	癸未	壬子	壬午	辛亥	癸未	10
戊午	丁亥	丁巳	丙戌	丙辰	乙酉	甲寅	甲申	癸丑	癸未	壬子	甲申	11
己未	戊子	戊午	丁亥	丁巳	丙戌	乙卯	乙酉	甲寅	甲申	癸丑	乙酉	12
庚申	己丑	己未	戊子	戊午	丁亥	丙辰	丙戌	乙卯	乙酉	甲寅	丙戌	13
辛酉	庚寅	庚申	己丑	己未	戊子	丁巳	丁亥	丙辰	丙戌	乙卯	丁亥	14
壬戌	辛卯	辛酉	庚寅	庚申	己丑	戊午	戊子	丁巳	丁亥	丙辰	戊子	15
癸亥	壬辰	壬戌	辛卯	辛酉	庚寅	己未	己丑	戊午	戊子	丁巳	己丑	16
甲子	癸巳	癸亥	壬辰	壬戌	辛卯	庚申	庚寅	己未	己丑	戊午	庚寅	17
乙丑	甲午	甲子	癸巳	癸亥	壬辰	辛酉	辛卯	庚申	庚寅	己未	辛卯	18
丙寅	乙未	乙丑	甲午	甲子	癸巳	壬戌	壬辰	辛酉	辛卯	庚申	壬辰	19
丁卯	丙申	丙寅	乙未	乙丑	甲午	癸亥	癸巳	壬戌	壬辰	辛酉	癸巳	20
戊辰	丁酉	丁卯	丙申	丙寅	乙未	甲子	甲午	癸亥	癸巳	壬戌	甲午	21
己巳	戊戌	戊辰	丁酉	丁卯	丙申	乙丑	乙未	甲子	甲午	癸亥	乙未	22
庚午	己亥	己巳	戊戌	戊辰	丁酉	丙寅	丙申	乙丑	乙未	甲子	丙申	23
辛未	庚子	庚午	己亥	己巳	戊戌	丁卯	丁酉	丙寅	丙申	乙丑	丁酉	24
壬申	辛丑	辛未	庚子	庚午	己亥	戊辰	戊戌	丁卯	丁酉	丙寅	戊戌	25
癸酉	壬寅	壬申	辛丑	辛未	庚子	己巳	己亥	戊辰	戊戌	丁卯	己亥	26
甲戌	癸卯	癸酉	壬寅	壬申	辛丑	庚午	庚子	己巳	己亥	戊辰	庚子	27
乙亥	甲辰	甲戌	癸卯	癸酉	壬寅	辛未	辛丑	庚午	庚子	己巳	辛丑	28
丙子	乙巳	乙亥	甲辰	甲戌	癸卯	壬申	壬寅	辛未	辛丑	庚午		29
丁丑	丙午	丙子	乙巳	乙亥	甲辰	癸酉	癸卯	壬申	壬寅	辛未		30
戊寅	丁未		丙午		乙巳	甲戌		癸酉		壬申		31

1998年（平成10年）戊寅　二黒土星

九紫	一白	二黒	三碧	四緑	五黄	六白	七赤	八白	九紫	一白	二黒	九星
1月	12月	11月	10月	9月	8月	7月	6月	5月	4月	3月	2月	月
乙丑	甲子	癸亥	壬戌	辛酉	庚申	己未	戊午	丁巳	丙辰	乙卯	甲寅	月干支
6日前 4：17	7日后 5：02	8日前 0：08	8日后 8：56	8日前 5：16	8日前 2：20	7日后 4：30	6日前 6：13	6日前 2：03	5日前 8：45	6日前 3：57	4日前 9：57	節入日
癸丑	壬午	壬子	辛巳	辛亥	庚辰	己酉	己卯	戊申	戊寅	丁未	己卯	1
甲寅	癸未	癸丑	壬午	壬子	辛巳	庚戌	庚辰	己酉	己卯	戊申	庚辰	2
乙卯	甲申	甲寅	癸未	癸丑	壬午	辛亥	辛巳	庚戌	庚辰	己酉	辛巳	3
丙辰	乙酉	乙卯	甲申	甲寅	癸未	壬子	壬午	辛亥	辛巳	庚戌	壬午	4
丁巳	丙戌	丙辰	乙酉	乙卯	甲申	癸丑	癸未	壬子	壬午	辛亥	癸未	5
戊午	丁亥	丁巳	丙戌	丙辰	乙酉	甲寅	甲申	癸丑	癸未	壬子	甲申	6
己未	戊子	戊午	丁亥	丁巳	丙戌	乙卯	乙酉	甲寅	甲申	癸丑	乙酉	7
庚申	己丑	己未	戊子	戊午	丁亥	丙辰	丙戌	乙卯	乙酉	甲寅	丙戌	8
辛酉	庚寅	庚申	己丑	己未	戊子	丁巳	丁亥	丙辰	丙戌	乙卯	丁亥	9
壬戌	辛卯	辛酉	庚寅	庚申	己丑	戊午	戊子	丁巳	丁亥	丙辰	戊子	10
癸亥	壬辰	壬戌	辛卯	辛酉	庚寅	己未	己丑	戊午	戊子	丁巳	己丑	11
甲子	癸巳	癸亥	壬辰	壬戌	辛卯	庚申	庚寅	己未	己丑	戊午	庚寅	12
乙丑	甲午	甲子	癸巳	癸亥	壬辰	辛酉	辛卯	庚申	庚寅	己未	辛卯	13
丙寅	乙未	乙丑	甲午	甲子	癸巳	壬戌	壬辰	辛酉	辛卯	庚申	壬辰	14
丁卯	丙申	丙寅	乙未	乙丑	甲午	癸亥	癸巳	壬戌	壬辰	辛酉	癸巳	15
戊辰	丁酉	丁卯	丙申	丙寅	乙未	甲子	甲午	癸亥	癸巳	壬戌	甲午	16
己巳	戊戌	戊辰	丁酉	丁卯	丙申	乙丑	乙未	甲子	甲午	癸亥	乙未	17
庚午	己亥	己巳	戊戌	戊辰	丁酉	丙寅	丙申	乙丑	乙未	甲子	丙申	18
辛未	庚子	庚午	己亥	己巳	戊戌	丁卯	丁酉	丙寅	丙申	乙丑	丁酉	19
壬申	辛丑	辛未	庚子	庚午	己亥	戊辰	戊戌	丁卯	丁酉	丙寅	戊戌	20
癸酉	壬寅	壬申	辛丑	辛未	庚子	己巳	己亥	戊辰	戊戌	丁卯	己亥	21
甲戌	癸卯	癸酉	壬寅	壬申	辛丑	庚午	庚子	己巳	己亥	戊辰	庚子	22
乙亥	甲辰	甲戌	癸卯	癸酉	壬寅	辛未	辛丑	庚午	庚子	己巳	辛丑	23
丙子	乙巳	乙亥	甲辰	甲戌	癸卯	壬申	壬寅	辛未	辛丑	庚午	壬寅	24
丁丑	丙午	丙子	乙巳	乙亥	甲辰	癸酉	癸卯	壬申	壬寅	辛未	癸卯	25
戊寅	丁未	丁丑	丙午	丙子	乙巳	甲戌	甲辰	癸酉	癸卯	壬申	甲辰	26
己卯	戊申	戊寅	丁未	丁丑	丙午	乙亥	乙巳	甲戌	甲辰	癸酉	乙巳	27
庚辰	己酉	己卯	戊申	戊寅	丁未	丙子	丙午	乙亥	乙巳	甲戌	丙午	28
辛巳	庚戌	庚辰	己酉	己卯	戊申	丁丑	丁未	丙子	丙午	乙亥		29
壬午	辛亥	辛巳	庚戌	庚辰	己酉	戊寅	戊申	丁丑	丁未	丙子		30
癸未	壬子		辛亥		庚戌	己卯		戊寅		丁丑		31

1999年（平成11年）己卯　一白水星

六白	七赤	八白	九紫	一白	二黒	三碧	四緑	五黄	六白	七赤	八白	九星
1月	12月	11月	10月	9月	8月	7月	6月	5月	4月	3月	2月	月
丁丑	丙子	乙亥	甲戌	癸酉	壬申	辛未	庚午	己巳	戊辰	丁卯	丙寅	月干支
6日前 10：01	7日后 10：47	8日前 5：58	9日前 2：48	8日前 11：10	8日前 8：14	7日后 10：25	6日后 0：09	6日前 8：01	5日后 2：45	6日前 9：58	4日后 3：57	節入日
戊午	丁亥	丁巳	丙戌	丙辰	乙酉	甲寅	甲申	癸丑	癸未	壬子	甲申	1
己未	戊子	戊午	丁亥	丁巳	丙戌	乙卯	乙酉	甲寅	甲申	癸丑	乙酉	2
庚申	己丑	己未	戊子	戊午	丁亥	丙辰	丙戌	乙卯	乙酉	甲寅	丙戌	3
辛酉	庚寅	庚申	己丑	己未	戊子	丁巳	丁亥	丙辰	丙戌	乙卯	**丁亥**	4
壬戌	辛卯	辛酉	庚寅	庚申	己丑	戊午	戊子	丁巳	**丁亥**	丙辰	戊子	5
癸亥	壬辰	壬戌	辛卯	辛酉	庚寅	己未	**己丑**	**戊午**	戊子	**丁巳**	己丑	6
甲子	**癸巳**	癸亥	壬辰	壬戌	辛卯	**庚申**	庚寅	己未	己丑	戊午	庚寅	7
乙丑	甲午	**甲子**	癸巳	**癸亥**	**壬辰**	辛酉	辛卯	庚申	庚寅	己未	辛卯	8
丙寅	乙未	乙丑	**甲午**	甲子	癸巳	壬戌	壬辰	辛酉	辛卯	庚申	壬辰	9
丁卯	丙申	丙寅	乙未	乙丑	甲午	癸亥	癸巳	壬戌	壬辰	辛酉	癸巳	10
戊辰	丁酉	丁卯	丙申	丙寅	乙未	甲子	甲午	癸亥	癸巳	壬戌	甲午	11
己巳	戊戌	戊辰	丁酉	丁卯	丙申	乙丑	乙未	甲子	甲午	癸亥	乙未	12
庚午	己亥	己巳	戊戌	戊辰	丁酉	丙寅	丙申	乙丑	乙未	甲子	丙申	13
辛未	庚子	庚午	己亥	己巳	戊戌	丁卯	丁酉	丙寅	丙申	乙丑	丁酉	14
壬申	辛丑	辛未	庚子	庚午	己亥	戊辰	戊戌	丁卯	丁酉	丙寅	戊戌	15
癸酉	壬寅	壬申	辛丑	辛未	庚子	己巳	己亥	戊辰	戊戌	丁卯	己亥	16
甲戌	癸卯	癸酉	壬寅	壬申	辛丑	庚午	庚子	己巳	己亥	戊辰	庚子	17
乙亥	甲辰	甲戌	癸卯	癸酉	壬寅	辛未	辛丑	庚午	庚子	己巳	辛丑	18
丙子	乙巳	乙亥	甲辰	甲戌	癸卯	壬申	壬寅	辛未	辛丑	庚午	壬寅	19
丁丑	丙午	丙子	乙巳	乙亥	甲辰	癸酉	癸卯	壬申	壬寅	辛未	癸卯	20
戊寅	丁未	丁丑	丙午	丙子	乙巳	甲戌	甲辰	癸酉	癸卯	壬申	甲辰	21
己卯	戊申	戊寅	丁未	丁丑	丙午	乙亥	乙巳	甲戌	甲辰	癸酉	乙巳	22
庚辰	己酉	己卯	戊申	戊寅	丁未	丙子	丙午	乙亥	乙巳	甲戌	丙午	23
辛巳	庚戌	庚辰	己酉	己卯	戊申	丁丑	丁未	丙子	丙午	乙亥	丁未	24
壬午	辛亥	辛巳	庚戌	庚辰	己酉	戊寅	戊申	丁丑	丁未	丙子	戊申	25
癸未	壬子	壬午	辛亥	辛巳	庚戌	己卯	己酉	戊寅	戊申	丁丑	己酉	26
甲申	癸丑	癸未	壬子	壬午	辛亥	庚辰	庚戌	己卯	己酉	戊寅	庚戌	27
乙酉	甲寅	甲申	癸丑	癸未	壬子	辛巳	辛亥	庚辰	庚戌	己卯	辛亥	28
丙戌	乙卯	乙酉	甲寅	甲申	癸丑	壬午	壬子	辛巳	辛亥	庚辰		29
丁亥	丙辰	丙戌	乙卯	乙酉	甲寅	癸未	癸丑	壬午	壬子	辛巳		30
戊子	丁巳		丙辰		乙卯	甲申		癸未		壬午		31

2000年（平成12年）庚辰　九紫火星

三碧	四緑	五黄	六白	七赤	八白	九紫	一白	二黒	三碧	四緑	五黄	九星
1月	12月	11月	10月	9月	8月	7月	6月	5月	4月	3月	2月	月
己丑	戊子	丁亥	丙戌	乙酉	甲申	癸未	壬午	辛巳	庚辰	己卯	戊寅	月干支
5日后 3：49	7日前 4：37	7日前 11：48	8日前 8：38	7日后 4：59	7日后 2：03	7日前 4：14	5日后 5：59	5日后 1：50	4日后 8：32	5日后 3：43	4日后 9：40	節入日
甲子	癸巳	癸亥	壬辰	壬戌	辛卯	庚申	庚寅	己未	己丑	戊午	己丑	1
乙丑	甲午	甲子	癸巳	癸亥	壬辰	辛酉	辛卯	庚申	庚寅	己未	庚寅	2
丙寅	乙未	乙丑	甲午	甲子	癸巳	壬戌	壬辰	辛酉	辛卯	庚申	辛卯	3
丁卯	丙申	丙寅	乙未	乙丑	甲午	癸亥	癸巳	壬戌	**壬辰**	辛酉	**壬辰**	4
戊辰	丁酉	丁卯	丙申	丙寅	乙未	甲子	**甲午**	**癸亥**	癸巳	**壬戌**	癸巳	5
己巳	戊戌	戊辰	丁酉	丁卯	丙申	乙丑	乙未	甲子	甲午	癸亥	甲午	6
庚午	**己亥**	**己巳**	戊戌	**戊辰**	**丁酉**	**丙寅**	丙申	乙丑	乙未	甲子	乙未	7
辛未	庚子	庚午	**己亥**	己巳	戊戌	丁卯	丁酉	丙寅	丙申	乙丑	丙申	8
壬申	辛丑	辛未	庚子	庚午	己亥	戊辰	戊戌	丁卯	丁酉	丙寅	丁酉	9
癸酉	壬寅	壬申	辛丑	辛未	庚子	己巳	己亥	戊辰	戊戌	丁卯	戊戌	10
甲戌	癸卯	癸酉	壬寅	壬申	辛丑	庚午	庚子	己巳	己亥	戊辰	己亥	11
乙亥	甲辰	甲戌	癸卯	癸酉	壬寅	辛未	辛丑	庚午	庚子	己巳	庚子	12
丙子	乙巳	乙亥	甲辰	甲戌	癸卯	壬申	壬寅	辛未	辛丑	庚午	辛丑	13
丁丑	丙午	丙子	乙巳	乙亥	甲辰	癸酉	癸卯	壬申	壬寅	辛未	壬寅	14
戊寅	丁未	丁丑	丙午	丙子	乙巳	甲戌	甲辰	癸酉	癸卯	壬申	癸卯	15
己卯	戊申	戊寅	丁未	丁丑	丙午	乙亥	乙巳	甲戌	甲辰	癸酉	甲辰	16
庚辰	己酉	己卯	戊申	戊寅	丁未	丙子	丙午	乙亥	乙巳	甲戌	乙巳	17
辛巳	庚戌	庚辰	己酉	己卯	戊申	丁丑	丁未	丙子	丙午	乙亥	丙午	18
壬午	辛亥	辛巳	庚戌	庚辰	己酉	戊寅	戊申	丁丑	丁未	丙子	丁未	19
癸未	壬子	壬午	辛亥	辛巳	庚戌	己卯	己酉	戊寅	戊申	丁丑	戊申	20
甲申	癸丑	癸未	壬子	壬午	辛亥	庚辰	庚戌	己卯	己酉	戊寅	己酉	21
乙酉	甲寅	甲申	癸丑	癸未	壬子	辛巳	辛亥	庚辰	庚戌	己卯	庚戌	22
丙戌	乙卯	乙酉	甲寅	甲申	癸丑	壬午	壬子	辛巳	辛亥	庚辰	辛亥	23
丁亥	丙辰	丙戌	乙卯	乙酉	甲寅	癸未	癸丑	壬午	壬子	辛巳	壬子	24
戊子	丁巳	丁亥	丙辰	丙戌	乙卯	甲申	甲寅	癸未	癸丑	壬午	癸丑	25
己丑	戊午	戊子	丁巳	丁亥	丙辰	乙酉	乙卯	甲申	甲寅	癸未	甲寅	26
庚寅	己未	己丑	戊午	戊子	丁巳	丙戌	丙辰	乙酉	乙卯	甲申	乙卯	27
辛卯	庚申	庚寅	己未	己丑	戊午	丁亥	丁巳	丙戌	丙辰	乙酉	丙辰	28
壬辰	辛酉	辛卯	庚申	庚寅	己未	戊子	戊午	丁亥	丁巳	丙戌	丁巳	29
癸巳	壬戌	壬辰	辛酉	辛卯	庚申	己丑	己未	戊子	戊午	丁亥		30
甲午	癸亥		壬戌		辛酉	庚寅		己丑		戊子		31

早見表

干支順位と空亡早見表

六十干支表										空亡（天中殺）	
1 甲子	2 乙丑	3 丙寅	4 丁卯	5 戊辰	6 己巳	7 庚午	8 辛未	9 壬申	10 癸酉	戌・亥	10月・11月
11 甲戌	12 乙亥	13 丙子	14 丁丑	15 戊寅	16 己卯	17 庚辰	18 辛巳	19 壬午	20 癸未	申・酉	8月・9月
21 甲申	22 乙酉	23 丙戌	24 丁亥	25 戊子	26 己丑	27 庚寅	28 辛卯	29 壬辰	30 癸巳	午・未	6月・7月
31 甲午	32 乙未	33 丙申	34 丁酉	35 戊戌	36 己亥	37 庚子	38 辛丑	39 壬寅	40 癸卯	辰・巳	4月・5月
41 甲辰	42 乙巳	43 丙午	44 丁未	45 戊申	46 己酉	47 庚戌	48 辛亥	49 壬子	50 癸丑	寅・卯	2月・3月
51 甲寅	52 乙卯	53 丙辰	54 丁巳	55 戊午	56 己未	57 庚申	58 辛酉	59 壬戌	60 癸亥	子・丑	12月・1月

通変星〈生日の干からみる〉

癸	壬	辛	庚	己	戊	丁	丙	乙	甲	日干／主星
癸	壬	辛	庚	己	戊	丁	丙	乙	甲	比肩
壬	癸	庚	辛	戊	己	丙	丁	甲	乙	劫財
乙	甲	癸	壬	辛	庚	己	戊	丁	丙	食神
甲	乙	壬	癸	庚	辛	戊	己	丙	丁	傷官
丁	丙	乙	甲	癸	壬	辛	庚	己	戊	偏財
丙	丁	甲	乙	壬	癸	庚	辛	戊	己	正財
己	戊	丁	丙	乙	甲	癸	壬	辛	庚	偏官
戊	己	丙	丁	甲	乙	壬	癸	庚	辛	正官
辛	庚	己	戊	丁	丙	乙	甲	癸	壬	偏印
庚	辛	戊	己	丙	丁	甲	乙	壬	癸	印綬

十二運（十二副星）〈生日の干からみる〉

癸	壬	辛	庚	己	戊	丁	丙	乙	甲	生日／運星
卯	申	子	巳	酉	寅	酉	寅	午	亥	長生
寅	酉	亥	午	申	卯	申	卯	巳	子	沐浴
丑	戌	戌	未	未	辰	未	辰	辰	丑	冠帯
子	亥	酉	申	午	巳	午	巳	卯	寅	建禄
亥	子	申	酉	巳	午	巳	午	寅	卯	帝旺
戌	丑	未	戌	辰	未	辰	未	丑	辰	衰
酉	寅	午	亥	卯	申	卯	申	子	巳	病
申	卯	巳	子	寅	酉	寅	酉	亥	午	死
未	辰	辰	丑	丑	戌	丑	戌	戌	未	墓
午	巳	卯	寅	子	亥	子	亥	酉	申	絶
巳	午	寅	卯	亥	子	亥	子	申	酉	胎
辰	未	丑	辰	戌	丑	戌	丑	未	戌	養

時の干支早見表					
時刻＼日干	甲・己日	乙・庚日	丙・辛日	丁・壬日	戊・癸日
午前０時〜１時	甲子	丙子	戊子	庚子	壬子
午前１時〜３時	乙丑	丁丑	己丑	辛丑	癸丑
午前３時〜５時	丙寅	戊寅	庚寅	壬寅	甲寅
午前５時〜７時	丁卯	己卯	辛卯	癸卯	乙卯
午前７時〜９時	戊辰	庚辰	壬辰	甲辰	丙辰
午前９時〜11時	己巳	辛巳	癸巳	乙巳	丁巳
午前11時〜午后１時	庚午	壬午	甲午	丙午	戊午
午后１時〜３時	辛未	癸未	乙未	丁未	己未
午后３時〜５時	壬申	甲申	丙申	戊申	庚申
午后５時〜７時	癸酉	乙酉	丁酉	己酉	辛酉
午后７時〜９時	甲戌	丙戌	戊戌	庚戌	壬戌
午后９時〜11時	乙亥	丁亥	己亥	辛亥	癸亥
午后11時〜12時	丙子	戊子	庚子	壬子	甲子

蔵干表

△丑	□子	○亥	△戌	□酉	○申	△未	□午	○巳	△辰	□卯	○寅	十二支／蔵干
癸 9	10 壬	戊 7	辛 9	10 庚	戊 7	丁 9	10 丙	戊 7	乙 9	10 甲	戊 7	余気
辛 3		甲 5	丁 3		壬 6	乙 3	10 己	庚 8	癸 3		丙 7	中気
己 19	21 癸	壬 18	戊 19	20 辛	庚 18	己 19	10 丁	丙 16	戊 18	21 乙	甲 14	正気
	冬			秋			夏			春		四季
	北			西			南			東		方角
AM 1–3	11–AM 1	9–11	7–9	5–7	3–5	1–3	PM 11–1	9–11	7–9	5–7	AM 3–5	時刻

四季 四庫 四墓　△…土用　○…四孟 四隅　□…四正

おわりに

四柱推命はたいへん難しい学問なのですが、初心者の方でも理解できるように、基礎の基礎から、できる限りわかりやすく書いたつもりです。また、多少、勉強されている方にとっても、ところどころに奥義?らしき箇所をちりばめていますので、読み解いていただければ幸いです。

そのうえで、もっと勉強したいと思われる方は、是非２２２頁にある教室へお越し下さい。原則として四月と十月の開講ですが、授業見学もできますし、途中入会も可能です。開講前の「一日体験レッスン」もあります。直接各教室へお問い合わせください。

なお、著者に直接鑑定を希望される方は、毎週月曜日にＪＲ天王寺駅地下鉄一階の「占いさいら」（電話〇六―六七七三―五八九六）に出ておりますので、直接いらしてください。著者の鑑定時間は、午後一時から午後八時までです。予約制ではありませんので、先客がある場合は少々お待ちいただく場合がありますので何卒ご容赦願います。

著者は現在、自宅での鑑定は行っておりません。電話やファックス、インターネットなどによるご質問や鑑定にはお答えできませんのでご了承願います。

本書が、悩める人たちの一助になれば、著者の喜びはこれに勝るものはありません。

著者

参考文献

「趣味学入門四柱推命」甲斐郁子著　関西書院
「四柱推命」№1～5甲斐郁子著
「趣味学入門四柱推命（財運編）」甲斐郁子・山田凰聖著
「楽しく学ぶ四柱推命」山田凰聖著　東洋出版・三想社
「本当の自分に出会える本」山田凰聖著　東洋出版・三想社
「ピンチをチャンスに変える本」山田凰聖著　知道出版
「ピンチをチャンスに変える四柱推命」山田凰聖著　知道出版
「万年暦」甲斐四柱推命学院編集　新風書房
「ケイコとマナブ」「仕事と資格」「稼げる資格」
「好きを仕事にする本」以上（株）リクルート
「13歳のハローワーク」村上龍・はまのゆか著　幻冬社
「最新最強の資格の取り方・選び方全ガイド」成美堂出版
「２０２０資格取り方選び方全ガイド」髙橋書店
「万年暦（完全版）」甲斐四柱推命学院編集　知道出版

「四柱推命」が学べる教室一覧

1、あべの教室（近鉄文化サロン阿倍野
大阪市阿倍野区阿倍野筋 2-1-40（and アンド 4 階）
TEL06-6625-1771

2、上本町教室（近鉄文化サロン上本町）
大阪市天王寺区上本町 6-1-55（近鉄百貨店上本町店 10 階）
TEL06-6775-3545

3、堺タカシマヤ教室（JEUGIA カルチャーセンター）
堺市堺区三国ケ丘御幸通 59（堺タカシマヤ・地下 1 階）
TEL0722-225-1766

4、イオンモール橿原教室（JEUGIA カルチャーセンター）
奈良県橿原市曲川町 7-20-1（イオンモール橿原 3 階）
TEL0744-424-3025

5、阪急梅田教室（大阪産経学園）
大阪市北区芝田 1-1-4（阪急ターミナルビル 7 階）
TEL06-6373-1241

6、池田教室（イオンカルチャークラブ池田駅前店）
池田市満寿美町 2-2（ダイエー池田駅前店西館 3 階）
TEL072-752-2033

7、伊丹昆陽教室（JEUGIA カルチャーセンター）
伊丹市池尻 4-1-1（イオンモール伊丹昆陽 2 階）
TEL072-782-8820

8、豊中緑丘教室（JEUGIA カルチャーセンター）
豊中市緑丘 4-1（イオンタウン豊中緑丘 2 階）
TEL06-4865-3530

9、なんばパークス教室（JEUGIA カルチャーセンター）
大阪市浪速区難波中 2-10-70（なんばパークス 7 階）
TEL06-6647-2207

10、大阪ドームシティ教室（イオンカルチャークラブ）
大阪市西区千代崎 3-13-1（イオンモール大阪ドームシティ 2 階）
TEL06-6584-2775

＊上記案内は、2019 年 7 月現在の内容です。変更の場合もあります。
最新情報は HP でご確認ください。
http://www.yamada-kosei.com/index-youtube.btm/

著者プロフィール

山田凰聖（やまだ こうせい）

昭和27年大阪生まれ。甲斐四柱推命学院学院長。
よみうり文化センター、近鉄文化サロン阿倍野、JEUGIAカルチャーセンターなどで「よくわかる四柱推命」の講座を担当。主な著書に『よくわかる手相の見方』『幸せを呼ぶ易タロット』『ツキと開運とをよぶ気学・方位学』共著『万年暦』（いずれも知道出版）などがある。

HP https://www.yamada-kosei.com　甲斐四柱推命学院　検索

よくわかる四《し》柱《ちゅう》推《すい》命《めい》占《うらな》い

2013年9月15日　初版第1刷発行
2019年7月25日　改訂第2刷
編　者　山田凰聖
発行者　鎌田順雄
発行所　知道出版
〒101-0051 東京都千代田区神田神保町1-7-3 三光堂ビル4F
TEL 03-5282-3185　FAX 03-5282-3186
http://www.chido.co.jp
印　刷　平河工業社

ISBN978-4-88664-253-0